한국적 복음주의 선교학

박보경

한국적 복음주의 선교학

초판 1쇄 인쇄 | 2021년 12월 16일
초판 1쇄 발행 | 2021년 12월 23일

지은이 박보경
펴낸이 김운용
펴낸곳 장로회신학대학교 출판부

등록 제1979-2호
주소 04965 서울시 광진구 광장로5길 25-1 (광장동)
전화 02-450-0795
팩스 02-450-0797
이메일 ptpress@puts.ac.kr
홈페이지 http://www.puts.ac.kr

값 18,000원
ISBN 978-89-7369-477-8 93230

한국적 복음주의 선교학

이 책은 2016년 출간된 『통전적 복음주의 선교학』의 내용을 신학적으로 심화해서 담고 있다. 통전적 복음주의 선교학이 한국교회 현장에서 나와야 한다고 확신하여, "한국적" 복음주의 선교학을 형성하고자 한다.

● 박보경 지음

장로회신학대학교출판부

서문

　2016년에 『통전적 복음주의 선교학』을 출간한 후, 필자의 삶에는 많은 변화와 신학적 확장이 있었다. 이 책은 이러한 필자의 내적 변화를 반영하고 있다. 이번 책은 지난번 책과 마찬가지로 "복음주의 선교학"이라는 신학적 입장을 견지하려고 노력하였다. 그런 의미에서 이 책은 2016년에 출간된 『통전적 복음주의 선교학』의 후속이다. 다만 이 책에서는 복음주의 진영의 선교학을 좀 정교하게 발전시키려고 하였다. 비교적 오랫동안 신학교에서 강의를 하면서 깨닫게 된 것은 20세기 가장 중요한 선교 신학적 발견이라고 말하는 "미시오 데이" Missio Dei 의 개념이 여전히 너무 추상적이며, 형이상학적이어서 현장에 적용하기에는 다소 모호하다는 점이었다. 물론 필자는 '선교는 하나님으로부터 시작된다'는 미시오 데이의 대전제를 수용하지만, 미시오 데이를 세상 속에서 구현하는 존재로서의 지역교회와 구성원으로서의 성도들의 역할을 중요하게 생각한다는 점에서 교회중심적 선교학을 펼치고자 하였다. 또한 필자의 신학은 통전성을 지향하면서도 복음주의 진영 안에서 소위 "급진적 제자도"를 주장하는 신학적 입장을 따르는 복음주의 선교학을 견지하려고 하였다.

필자가 복음주의 진영의 선교학을 견지하려고 했던 또 다른 이유는 이때 즈음 일어났던 본인의 삶의 경험 때문이다. 이때 즈음 필자는 개인적으로 큰 고난의 시간을 통과하였다. 바로 평생 동역자요 배우자였던 남편 장요한 목사를 먼저 주님께 보낸 일이었다. 그 경험은 어쩌면 필자의 복음주의적 신앙을 다시 회복하는 계기가 되었다. 인간 실존의 가장 중요한 질문, 즉, "우리는 어떻게 죽음을 이겨낼 수 있는가?"라는 질문 앞에서, 또한 우리가 얼마나 유한하고 무능한 존재인지를 다시 한번 깨달으면서 필자는 십자가와 부활 신앙으로 다시 회복되는 경험을 하였다. 그리고 부활 신앙이 지성과 논리로 설명되거나 설득되는 것이 아니라, 오히려 깨어짐과 절망의 자리에서 신비로운 방식으로 움터온다는 사실을 배울 수 있었다.

둘째로 지난번 책과 이번 책의 큰 차이점은 "한국적"이란 단어에서 발견될 수 있다. 2016년 이후 필자에게 일어난 신학적 변화 중하나가 바로 다수세계 교회의 구성원으로서의 한국 선교학이 나아가야 할 방향에 대한 고민이 본격화된 것이었다. 2016년 이후 필자는 한국적 선교학이 한국교회의 토양에서 탄생해야 한다는 사실을 좀 더뼈저리게 깨닫게 되었다. 그것은 아마도 필자가 세계선교학회 International Association for Mission Studies의 부회장으로 2016년 선출되면서 시작된 신학적 지평의 확장이라는 변화인 듯하다. 국제적인 학자들과 교류하게 되면서 필자는 더욱 절실하게 아시아와 아프리카와 남미로 구성된 다수세계의 신학함에 깊은 관심을 가지게 된 것이다. 또한 21세기 변화된 세계기독교 지형도 안에서 한국인 여성 신학자로서 필자의 역할이 무엇인지를 다시 생각하게 하였다. 이때를 전후로 한국 선교신학계의 차세대 학자들이 세계교회를 섬길 수 있도록 필자가 징검다리가 되어야겠다고 생각하였다. 또한 세계가 주목한 한국선교현장을 신학화 하는 작업이 필요한 것을 깨달았고, 평생을 바쳐 현장에서 몸소 한국교회의 선교사역을 위해 헌신한 한국 선교사들의 이야기들을 세계교회와 나눌 학자 선교사를 발굴하고, 이들을 세계교회를 향해 섬길 수 있도록 도와야겠다고 생각했다. 결국 2020년 6월에 "한국얍스펠로쉽"이라는 단체를 시작하게 된 것은 이런 맥락에서 진행된 것이었다. 바라기는 이 단체를 통해서 향후 한국선교학자들이 세계교회를 섬길 우수한 학자를 배출하는 데 조그마한 도움이 될 수 있기를 기대하고 있다.

　　이 책은 2016년 통전적 복음주의 선교학을 출간한 이후 필자의 인생에서 가장 어렵고 힘든 지난 5년간 집필했던 글들을 모은 것이다. 총 3부로 나누어지는데, 1부에서는 복음주의 진영의 선교를 지향하는 로잔운동이 한국교회가 어떻게 만나야 할지를 주로 고심하였다. 2부에서는 한국교회의 역사 안에서 선교적 성찰을 제공하는 인물의 이야기들을 중심으로 구성하였다. 복음주의 선교학이 진정으로 한국적이기 위해서는 한국교회의 역사 안으로 들어가서 우리들의 이야기를 찾아야 하기 때문이다. 3부에서는 복음주의 선교학의 관점에서 오늘날의 한국교회 현장을 살폈다. 이 글들은 현재의 한국교회가 직면한 다양한 이슈들을 다루고 있다고 하겠다. 이렇게 책으로 묶어서 전체를 살펴보니, 지성적 활동으로서의 집필 활동이라지만, 필자의 존재가 모두 참여하다 보니 글마다 온도가 다르다. 이 책의 어떤 글에는 필자의 아픔과 절망의 순간, 신학적 성장의 시간을 보내면서 집필한 글도 있어서 다소 격정적인 감정이 담겨 있기도 하다. 필자는 이 책이 고단한 여행자들을 위해 마련된 주막집 주모의 '따뜻한 국밥' 같은 글이 되길 바란다. 또한 이 책이 자신에게 주어진 소명의 길을 오늘도 여전히 걸어가고 있는 고단한 여행자들에게 잠시의 쉬어가도록 마련한 환대의 공간이 되길 원한다. 바라기는 이 책이 아픔이 만연한 오늘 같은 시대 안에서 하나님의 선교를 위한 우리 자신의 과제가 무엇인지를 고심하는 신학도들과 목회자들에게 작은 통찰의 기회가 되길 바란다.

2021년 9월
광장동 연구실에서

박보경 목사

목차

1부

복음주의 선교학,
한국교회와 만나다

1장

로잔운동과 일터사역

이 글은 "한국적 일터사역의 형성모색: 로잔운동을 중심으로," 『선교와 신학』 50집 (2020. 2:225-27)에서 처음 발표되었음.

1. 들어가는 말

일터사역 Workplace Ministry 은 최근 복음주의 진영 안에서 새로운 선교운동으로 활발하게 전개되는 새로운 선교 전략 패러다임이다. 일터사역에서는 평신도들의 6일간의 주중의 삶이 가장 선교적 존재로 드러나야 하는 시간이며, 일터야말로 불신자들과의 관계 속에서 그리스도인들이 복음을 삶으로 전달하는 현장임을 주장한다. 또한 일터사역은 교회구성원의 대부분을 차지하는 평신도들이야말로 일상 속에서 예수 그리스도의 복음을 전파하는 하나님의 선교의 대행자임을 강조한다. 뿐만 아니라, 일터사역은 왜곡된 이원론과 성직주의가 발생시킨 교회 내에서의 평신도의 열등한 지위를 회복하려고 노력한다.

로잔운동 안에서 일터사역의 선교전략이 등장한 것은 2004년의 파타야 포럼부터였다. 이후 2010년의 로잔3차대회에서 활발하게 논의되었고, 마침내 2019년 6월에 글로벌한 차원의 광범위한 대회로 마닐라에서 열렸다. 현재 로잔운동은 세계복음화를 위한 다양한 주제들을 35개의 이슈 네트워크로 운영하고 있다. 특히 일터사역 네트워크 Workplace Network 는 흩여진 하나님의 백성으로서의 성도들로 하여금 하나님 나라의 확장을 위한 노력을 자신의 일터에서 구현하도록 돕고 있다. 뿐만 아니라, 다양한 신학교육 현장과 연계하여 목회자들로 하여금 직업 vocation 과 일 work 과 사역 ministry 의 주제들과 관련된 내용을 이해하도록 돕고 있다. 뿐만 아니라, 일터사역 네트워크는 일터사역에 대한 보다 통전적 이해를 시도하기 위해 노력하고, 일터사역과 관련된 사역을 전개하는 선교단체들과 연대하여, 다양한 일터현장에서 사역하는 그리스도인들이 일터에 대한 건전한 신학적 이해를 가질 수 있도록 돕고 있다. 나아가 일터사역 네트워크는 일터와 관련된 다양한 자료들을 확보하여, 신학교육현장에서 일터사역에 관련된 교육과정을 개발하고 육성하도록 돕는 일도 하고 있다.[1]

필자는 2019년 6월 25일부터 30일까지 마닐라에서 열린 글로벌 일터사역 포럼 Global Workplace Forum 에 참석한 바 있다. 이 대회는 로잔운동 안에서 일터사역으로 가장 광범위하게 열린 국제대회였다. 대회를 참석하면서 일터사역의 중요성에 깊이 공감하게 되었는데, 특히 한국교회에 만연한 목회자 중심주의와 평신도의 목회자에 대한 의존적 태도, 이로 인해 나타나는 다양한 교회안의 위계적 구조를 극복하기 위해서는, 특히 한국교회의 갱신과 나아가 사회적 공신력의 회복을 위해서는 일터사역의 활성화가 필요하다고 판단하였다. 또한 한국교회의 주일중심의 신앙형태와 이에 따르는 그리스도인들의 삶과 신앙의 괴리, 이로 인한 그리스도인들의 말과 삶이 공적 영역인 사회에 영향을 미치지 못하게 된 점, 그리고 이로 인한 교회의 사회적 공신력의 하락 등은 결국 그리스도인들의 삶의 현장의 온전한 제자도의 실

1   https://www.lausanne.org/networks/issues/workplace-ministry (2019년 12월 20일 접속).

천으로만 가능하다는 것을 인식하게 되었다.

　이 장에서는 한국교회 안에서의 일터사역의 활성화를 모색하고자 한다. 먼저 파타야 포럼 이전의 로잔운동이 어떻게 일터사역을 탄생시키게 되었는지, 이어서 2004년 파타야 포럼의 일터사역의 내용을 자세히 살피고, 2010년 로잔 3차대회와 이어지는 대회들에서 일터사역이 어떻게 발전했는지를 살핀다. 또한 2019년 글로벌 일터사역 포럼을 개괄하여 로잔운동 안에서의 일터사역의 발전과정을 개괄한다. 마지막으로 일터사역의 한국적 형성을 위한 방안을 제시하고자 한다.

2 | 일터사역의 기초 마련: 1989년 마닐라대회

　로잔운동의 일터사역은 일반 평신도들이 세계복음화의 과제에 어떻게 참여할지를 고심하면서 개발된 선교전략이다. 따라서 로잔운동의 초기 단계에서는 평신도를 따로 강조하여 선교의 동력으로 인식하거나, 이들을 동력화 하려는 의도적 노력은 발견되지 않는다. 그렇다고 하더라도 전반적으로 세계복음화를 위한 노력에 평신도의 참여가 당연히 전제되어있었던 것으로 보인다. 이러한 전제는 특히 로잔언약 6항의 문구에 반영된 것으로 생각되는데, 로잔언약 제 6항에는 교회와 전도라는 제목 아래 세계복음화의 과업을 수행하기 위해서는 교회 전체가 필요함을 강조하고 있기 때문이다.[2] 이 부분은 이후에 로잔운동 안에서 복음전파와 선교를 위한 평신도의 역할을 강조하는 일터사역이 탄생하는데 기초를 제공한 셈이다.

평신도를 세계복음화의 중요한 행위자로 뚜렷하게 인식한 것은 1989년 2차 로잔대회에 이르러서였다. 마닐라 대회에서는 세계복음화를 위한 평신도의 책임과 관련된 발표가 있었는데,[3] 특히 이 대회에서는 평신도야말로 선교의 중요한 동력이 된다고 주장하였는데, 즉, 목회자의 경우, 교회 안에서의 외부인들이 찾아올 때만 접촉이 가능해 다소 소극적인 만남이 이루어지는 반면, 평신도들은 직접 세상 속에서 외부인들을 접촉하게 되는 적극적인 접촉자들이기에 따라서 평신도들이 이 위대한 선교적 과업에서 구경꾼으로 있지 말고 적극적인 참여자로 나서기를 도전하였다.[4]

마닐라 대회에서의 다른 발표자, 포드 메디슨Ford Madison은 복음전파의 통로서의 평범한 사람Ordinary Person들의 중요성을 강조하였다. 그는 복음의 전달은 위대한 전도자에 의해서가 아니라 일상의 평범한 이웃들을 통해서 이루어진다고 주장한다. 특히 평범한 평신도들의 가족과 친구들의 관계를 통해서 복음이 전달되는 경우가 대부분이기 때문에 일상의 현장에서의 불신자와의 우정을 복음전파의 매개체로 사

---

2 https://www.lausanne.org/content/covenant/lausanne-covenant#cov (2019년 12월 5일 접속).
3 Lee Yih, "The Mandate of Laity II: A Theology of Laity," in *Proclaim Until Christ Comes: Calling the Whole Church to Take the Whole Gospel to the Whole World*, ed. J. D. Douglas (Minneapolis: World Wide Publication, 1990), 95.
4 위의 글, 95.

용해야 하며, 결국, 평신도들의 세계복음화를 위한 협력이 중요함을 강조하였다.[5]

마닐라 선언문에도 로잔 언약에서는 나타나지 않았던 세계복음화를 위한 평신도의 역할을 강조하는 문구들이 등장한다. 먼저 마닐라 선언문 1부 12항에서는 "우리는 하나님이 모든 교회와 모든 성도들에게 그리스도를 온 세계에 알리는 과제를 부여하셨음을 믿기에 평신도Lay나 성직자Ordained나 모두가 다 이 일을 위해 동원되고 훈련되어야함을 단언한다"고 천명하였다. 여기 처음으로 평신도에 대한 언급이 등장한다.[6]

마닐라 선언문 2부에서는 훨씬 더 구체적으로 세계복음화를 위한 평신도의 참여를 요청한다. 마닐라 선언문 2부 중에서 특히 "모든 교회"Whole Church 부분에서 집중적으로 평신도의 역할을 강조하고 있다. 6항에는 인간의 증거 Human Witness라는 제목 아래 선교사역에 참여하는 인간의 노력에 대하여 다루고 있다. 특히 이곳에서는 평신도의 증거 Lay witness 사역을 강조한다. 선언문은 말하기를, "하나님은 목사나 선교사 혹은 전도자만 부르신 것이 아니라, 교회의 모든 구성원들을 증거사역으로 부르셨다." 또한 선언문은 "교회의 역사 안에서 목회자가 평신도들을 지배해왔던 것은 큰 죄악이었음을 고백하며 회개한다. 그리고 이러한 잘못으로 인해 목회자와 평신도가 동일하게 하나님이 원하시는 원래적 역할을 감당하지 못하게 되었고, 그 결과

---

5   Ford Madison, "The Mandate of the Laity III: The Mandate of Laity," in *Proclaim Until Christ Comes*, 98.
6   https://www.lausanne.org/content/manifesto/the-manila-manifesto (2019년 12월 5일 접속).

로 교회는 약화되고, 복음전파 사업은 결국 장애를 받아왔다"고 고백한다. 또한 마닐라 선언문은 교회가 그동안 수 세기 동안 주장해왔던 만인제사장직 Priesthood of All Believers 을 한걸음 발전시켜 "모두 믿는 자가 사역자" the Ministry of all believers 를 천명하기에 이른다.[7] 여기 마닐라 선언문에 등장하는 "모든 믿는 자가 사역자"라는 개념은 향후 2004년 파타야 포럼 때 등장한 일터사역에서 구체화되었다.

　　마닐라 선언문에서 주목할 것은 평신도의 사역을 강조하는 현장으로 가정과 직장이 언급되고 있다는 점이다. 여기서 직장, 곧 일터 Workplace 와 관련된 내용이 처음 등장한다. 선언문은 "평신도의 증거행위는 교회에서뿐 아니라, 자신들의 집 at home 과 일터 at work 에서 우정 friendship 을 통해 일어나는 것이다." 이 두 장소는 모든 성도들이 공통적으로 참여하는 곳이며, 삶이 진행되는 곳이기도 하다. 특히 일터 Work-place 는 대부분의 그리스도인들이 자신에게 주어진 하루의 절반 이상을 보내는 곳이다. 마닐라 선언문은 여기서 일의 신학적 선언, 즉, "일은 거룩한 부르심이다" Work is divine calling 라고 천명한다. 결국 마닐라 선언문은 그리스도인들이 일터에서 수행하는 업무의 정직성과 배려와 정의실현에 대한 관심과 업무의 탁월성을 통해서 그리스도를 증거하게 된다는 사실을 확인한다.

　　정리하면, 로잔운동의 초기에는 세계복음화의 과제를 성취하기 위한 평신도의 역할을 강조하는 일터사역에 대한 강조점은 크게 나타나지 않지만, 2000년이 넘어서면서 등장한 일터사역의 기초를

7　위의 글, 2부 6항.

제공하는 개념들은 대표적인 대회들에서 등장하기 시작한다. 특히 마닐라대회의 경우 평신도의 역할의 중요성을 인식하는 발표와 이를 반영한 평신도 역할의 강조가 마닐라 선언문에 등장하고 있다. 특히 일터에 대한 언급이 처음 등장하고, 부분적이지만, 일터에 대한 신학적 언급이 등장하기도 한다. 특히 마닐라 대회는 일터사역의 탄생을 위한 기초를 마련한 셈이다. 일터사역에 대한 본격적인 논의는 2004년 제2차 파타야 대회에서 본격적으로 등장한다.

3 │ 일터사역의 탄생: 2004년 파타야 포럼

일터사역이란 단어가 로잔운동 안에서 탄생된 것은 2004년 파타야 포럼에서 비롯되었다. 2004년에 열린 파타야 포럼은 로잔운동의 역사 안에서 중요한 분기점을 제공한 대회였다. 이 대회는 로잔운동의 새로운 활성의 기회를 제공했다. 파타야 포럼은 1980년에 진행된 1차 파타야 포럼의 정신을 이어받아 세계복음화를 위한 선교전략의 개발에 집중한 대회였다. 그래서 당시 31개의 이슈그룹이 각각의 세계복음화를 위한 효율적 복음전파의 방안을 위한 논의를 소그룹으로 토론하여 발표하게 되었다. 그중에서 "일터사역" 이슈그룹은 그동안 로잔운동에서 꾸준히 언급되어왔던 세계복음화를 위한 평신도의 역할을 보다 적극적으로 토론할 장을 마련한 셈이었다. 그리고 모임의 결과는 로잔 특별보고서 40번으로 남겨졌다.

로잔특별보고서 40번은 일터사역에 대한 광범위한 논의를 펼쳤기 때문에 본 장에서는 이에 대해 좀더 살펴보고자 한다. 보고서는 먼저 일터에 대한 정의Definition을 시도한다. 여기서 보고서는 일터 Marketplace 혹은 Workplace를 "인간의 경제적 거래를 발생시키는 모든 공간"으로 정의한다,[8] 여기서 말하는 일터란 사업 공동체로서 한 지역적 차원, 혹은 국가적 차원뿐 아니라 국제적인 차원까지도 확장될 수 있으며, 참여하는 자들이나 타인에게 경제적 영향을 미치는 공간을 모두 포함한다.[9] 여기서 말하는 '일터'란 경제적 활동이 일어나는 곳이라는 의미에서 매일 매일의 저임금 노동자들이 가득한 시장터가 될 수도 있고, 사무실에서 근무하는 직장현장이 될 수 있다. 이 일터는 가사 노동에서부터 자원봉사까지 포함된다.[10] 이렇게 일터사역에서 말하는 '일터'란 매우 광범위한 의미로 사용된다.

일터사역 이슈그룹이 파타야 대회에서 집중적으로 다룬 것은 '일요일과 월요일 간의 간격' Gap between Sunday and Monday과 '신앙과 일 사이의 간격' Gap between Faith and Work을 극복하는 방안을 마련하는 것이었다. 이 간격의 신학적 원인으로 가장 두드러지는 것이 바로 왜곡된 이원론적인 사고 체계와 이에 근거한 성경의 사적 오용 Privatized Misuse of Bible

---

8 C. Neil Johnson, "Transformation to, within, and through the Marketplace," in *A Unifying Vision of the Church's Mission*, ed. Luis K. Bush (Thailand: Forum for World Evangelization, 2004), 63-4.

9 Lausanne Movement, "Marketplace Ministry," Lausanne Occasional Paper, No. 40, https://www.lausanne.org/content/lop/marketplace-ministry-lop-40 (2019년 12월 30일 접속), 2.

10 위의 문서, 4.

이다. 이원론은 그리스도인의 신관 뿐 아니라, 인간관, 교회관 등에 심도 있는 영향을 끼쳤고, 그리스도인들로 하여금 자신의 일터 현장에서 하나님의 말씀을 구체적으로 적용하지 못하도록 방해하고 있다.[11] 또한 왜곡된 이원론으로 인해 그리스도인들은 기독교의 윤리적 지침들을 공적 삶의 영역에서 적극적으로 적용하지 못하도록 방해받고 있고, 자신이 몸담고 있는 사회 안에서 일어나는 다양한 이슈들에 관하여 기독교적 관점으로 성찰하지 못하고있다.[12] 일과 신앙의 간격을 만들어내는 또 다른 원인으로는 현대사회 안에서의 성직자의 역할에 대한 변화된 관점 때문이다. 다변화된 현대사회 안에서 성직자는 이제 종교인으로서의 새로운 전문 직종으로 이해된다. 이러한 성직자의 이미지는 현대사회 안에서의 종교인의 주변화 현상과 함께 목회자 스스로 사회의 다른 영역에 대한 기독교적 성찰을 제공하는 것을 불편하게 느끼도록 만들었다. 목회자는 사회의 다른 직업의 영역에서는 비전문가라는 정체성으로 인해, 공적 영역의 삶에 대하여 적극적으로 대응하는 것을 주저하게 만들어 버렸다고 한탄한다.[13]

보고서는 일과 신앙의 간격을 극복하기 위한 방안을 몇 가지로 제시하는데, 그중에서 몇 가지만 살펴보자. 첫째로, 삼위일체 하나님의 일하심에 대한 보다 철저한 이해와 적용이 필요하다고 강조한다. 먼저 성부 하나님의 창조적 사역은 그리스도인들의 세상과의 관계에 있어서의 문화적 위임의 근거를 제시하며, 성자 하나님의 화해적 사

---

11 위의 문서, 11.
12 위의 문서, 12.
13 위의 문서, 13-14.

역은 그리스도인들의 복음전파사역의 근거가 되고, 성령 하나님의 변혁적이며 치유하시는 사역은 직업의 현장에서의 그리스도인들의 다양한 은사, 즉, 행정의 은사, 리더십의 은사, 자비의 은사 등의 개발이 근거가 된다.[14]

둘째로, 일과 신앙의 간격을 극복하기 위해서는 그리스도인들이 복음전도의 위임과 문화적 위임의 균형적으로 이해할 때 가능하다고 주장한다.[15] 문제는 그동안 많은 복음주의 진영의 그리스도인들이 문화적 위임과 관련된 사역에 참여하는 것을 복음전파사역보다는 열등한 것으로 인식하는 것이다. 그러나 하나님의 창조하시는 사역에 참여하는 문화명령은 복음전파의 명령과 동등하게 중요한 명령임을 강조할 필요가 있다.[16]

셋째로, 신앙과 일의 간격을 극복하기 위해서는 교회론의 변화가 필요하다.[17] 주일 중심의 모이는 교회 패러다임은 사역자를 교회의 목회자로 제한하지만, 성도 전체가 사역자라는 "흩어지는 교회 패러다임"과 균형을 이루어야 한다. 이러한 변화를 위해서는 종교개혁자들의 "만인제사장설"과 "직업소명설"을 보다 철저하게 적용할 필요가 있다. 물론 종교개혁자들의 만인제사장설은 중세교회의 성직자 중심의 교회관을 수정하고, 평신도들의 삶의 현장에서의 직업을 하나님으로부터 받은 소명으로 인식하도록 부분적으로 공헌했다. 그럼에도

---

14 위의 문서, 20.
15 위의 문서, 21.
16 위의 문서, 23.
17 위의 문서, 25.

불구하고 만인제사장설과 직업소명설은 더욱 철저하게 적용하여 완성해가야 할 과제이다. 따라서 오늘날의 복음주의 진영의 그리스도인들은 기독교 문화 안에서 여전히 잔존하는 성속의 구분을 깨고, 또 성직자와 평신도를 분리시키고 있는 직업의 위계 hierarchy of vocations 를 깨뜨려야만 한다.

넷째로 신앙과 일의 간격을 극복하기 위해서는 평신도를 위한 신학교육이 절실히 요구된다. 최근 신학교육현장에 급증하는 평신도들을 향한 신학교육의 변화를 통해 이들의 삶과 신앙의 통합을 위한 훈련과 교육이 일어날 때 바람직한 일터사역의 가능성이 높아질 수 있다. 오늘날 평신도를 위한 신학교육은 신학교육 안에서 작은 부분에 불과하지만, 그 규모와 숫자는 점차 많아지고 있는데, 이들이 보다 적극적으로 일터현장에서 기독교적 가치관으로 일할 수 있도록 교육과정을 개발해야 할 과제가 있다고 하였다.[18]

이제 요약해보자. 2004년 파타야 포럼은 복음전파의 새로운 동력으로서의 평신도의 중요성을 꾸준히 강조하여왔던 로잔운동 내에서 "일터사역"이 공식적으로 탄생된 대회가 되었다. 로잔 특별보고서 40번에 의하면, 일터사역의 가장 중요한 과제는 주일과 월요일 사이의 간격, 일과 신앙 사이의 간격을 극복하는 것이다. 즉, 일과 신앙의 통합을 지향하는 것이다. 그러므로 파타야 포럼이 말하는 일터사역이란 바로 일과 신앙의 간격을 극복하고, 모든 성도로 하여금 자신의 일터현장이 곧 하나님의 통치를 구현해야 하는 현장이라는 사실을

---

18 위의 문서, 33.

인식하게 하는 새로운 선교패러다임이다. 새로운 선교패러다임으로서 일터사역은 일터신학의 기초에 근거하는데, 일터신학의 핵심적 주장은 대체로 다음과 같은 신학적 성찰로 요약된다. 즉, 성과 속의 왜곡된 이원론의 극복, 만인 제사장설에 근거한 전 성도의 사역자화, 성도의 일터현장의 직업소명설의 철저한 실행, 평신도를 위한 신학교육의 활성화를 들 수 있겠다.

4 | 일터사역의 발전: 2010년 로잔3차대회와 그 이후

2010년 남아공의 케이프타운에서 열린 로잔3차대회는 그전부터 대회를 준비하는 작은 대회들이 있었기에 가능했다. 특히 2007년부터 3년 동안 진행된 로잔신학분과에서 진행한 대회가 2010년 대회를 준비하는데 크게 기여하였다. 이주에서 특히 신학분과 위원장이었던 크리스토퍼 라이트는 2007년 대회 때에 일터사역에 대한 성경적 근거를 제시하였다.[19] 이 글에서 그는 일터를 공적 광장으로서의 "일의 세계"로 정의내리고 있다. 그는 일터사역에서 논의하는 일터란 단

---

19 Chris Wright, "Following Jesus in a Globalized Marketplace," in https://www.lausanne.org/content/lop/following-jesus-in-the-globalized-marketplace-lop-62-c (2019년 12월 30일 접속).

순히 경제적 생산활동만을 의미하는 것 이상인데, 즉, 인간이 참여하는 모든 종류의 생산 활동을 내포한다고 하였다.[20] 이때를 전후하여 일터에 대한 정의가 다소 경제적 차원을 담지하고 있는 Marketplace에서 서서히 보다 넓은 의미의 Workplace의 개념으로 확장되는 것 같다. 그리고 2010년의 3차 로잔대회에 일터사역에 대한 광범위한 발전이 가능할 수 있었다.

2010년에 남아공 케이프타운에서 열린 3차 로잔대회에서 일터사역은 크게 확장되고 참가자들의 특별한 주목을 받았다. 이때 일터사역은 대회의 오후인 멀티플렉스 시간에 발표되었다. 일터사역과 관련된 멀티플렉스의 발표 중에, 특히 마크 그린Mark Greene은 교회가 어떻게 일터사역을 포용하지 못하는지에 대하여, 또한 티모시 리우Timonty Liu는 일터현장에서 일하는 평신도를 새로운 형태의 선교사로 간주하도록 도전하였고, 제리 화이트Jerry White는 많은 사람들이 가까운 친구와 동료들의 우정을 통해서 복음을 받아들이게 된다고 강조하면서 이러한 복음전도의 현장인 일터현장을 그리스도인의 소명의 현장으로 간주해야 한다고 강조하였다. 이 강연은 1,300여명의 참가자들이 몰려들어 강연장을 가득 채웠다.[21]

3차 로잔대회에서 일터사역이 크게 주목받게 된 것은 윌리 카티우가Willy Katiuga의 사전발표 원고Advance Paper의 역할이 컸다. 카티우가는 대회전에 "People at Work: Preparing to be the Whole Church"

---

20 위의 문서, 1.

21 Julia Cameron, "Being the Whole Church: Leaders Encouraged to View the Workplace as Mission," in https://www.lausanne.org/gatherings/related/workplace-as-mission (2019년 12월 30일 접속).

를 발표하였는데, 대회 전부터 많은 사람들의 주목을 받았다. 이 글은 대회가 시작되기 전부터 이미 많은 사람들의 뜨거운 반응을 전 세계로부터 불러일으켰다. 그의 글은 전 세계적으로 12,800번 이상 읽혔고, 대회 중에는 월요일 오후에 진행했던 "일터에서의 사람들: 온전한 교회가 되도록 준비하기"는 너무 많은 사람들의 관심과 인기로 인해, 대회가 끝나는 토요일에 다시 마련될 정도로 폭발적인 반응을 보였다.[22] 일터사역 멀티플렉스에서 카티우가는 일터야말로 "복음을 체화시키는embodying 이상적인 장소"라고 주장하였다. 그는 "교회로 하여금 일터에서 살아나서 일터를 거룩하게 해야 한다. 우리의 일터는 생존을 위해 존재하는 것이 아니라, 하나님의 생명을 일터 현장으로 불어넣기 위해 존재한다"고 주장하였다.[23]

대회가 끝나고 발표된 케이프타운 서약의 2부에도 일터사역과 관련된 내용이 등장했다. 서약문 2부의 첫 번째 항목인 "진리와 일터" Truth and Workplace에서는 모든 그리스도인들이 몸담고 있는 일터현장에서 어떻게 진리를 선포할 것 인지를 다루고 있다. 선언문은 "일"이 하나님의 선하신 창조행위 안에서 이해되어야 한다고 주장한다. 또한 선언문은 그동안 교회는 성과 속을 분리하는 이원론에 근거하여 종교적 행위는 하나님께 속한 것이며, 비종교적 삶과 행위는 세속적인 것으로 인식하는 잘못을 저질러왔다고 고백한다. 그리고 공적 영역으로서의 일터는 복음 전도와 사회변혁을 위한 거대한 기회를 제공하는 곳

22 위의 문서.
23 Willy Kotiuga, "People at Work: Preparing to be the Whole Church," https://www.lausanne.org/content/people-at-work-preparing-to-be-the-whole-church (2019년 12월 25일 접속).

이기에, 교회는 성속 이원론이라는 비성경적 전제와 그것의 해로운 영향들을 저항할 것을 촉구한다.[24]

나아가 선언문은 일터현장의 성도들을 구체적으로 복음전파와 변혁적 존재로 세우는 구체적인 행동강령도 제시한다. 그중에서 특히 몇 가지를 살펴보면, 평신도들이 하나님의 선교를 위해 동력화되기 위해서는 가장 큰 장애물이 되고 있는 왜곡된 이원론과 그 폐해를 향하여 저항하고 도전하는 일, 또한 모든 믿는 자로 하여금 자신의 매일의 사역과 선교를 하나님이 주신 그 노동의 현장에서 주셨다는 것을 확증하고 목회자와 교회지도자들이 지역사회와 일터에서의 모든 평신도들의 사역들을 지지하도록 도전하는 일, 뿐만 아니라, 모든 하나님의 백성들이 전 삶의 영역에서 변혁적 제자도를 실천하고 자신의 일터 현장에서 선교적 존재로 살아가도록 격려하는 일 등을 제시하였다.[25]

일터사역 네트워크에서는 3차 로잔대회의 결과물인 케이프타운 선언문의 내용을 구체적으로 실현하기 위한 후속모임을 2013년에 진행하였다. 첫 공식적 후속모임이 말레이시아의 쿠알라룸푸르에서 '일의 신학을 가르치는 일에 대한 지역대회' Lausanne Regional Consultation on the Teaching of Theology of Work 로 열렸다. 이 대회는 특별히 일터현장에서 사역하는 평신도들을 위한 신학교육을 어떻게 해야 할 것인지에 대하여 집중적으로 논의하였다. 일터현장에서 일하는 평신도들이 자신의 삶

---

24 Capetown Committment, II-A-3, "Truth and the Workplace," https://www.lausanne.org/content/ctc/ctcommitment#p1-9 (2019년 12월 30일 접속).

25 Lausanne Movement, *The Cape Town Commitment: Study Edition*, 최형근 역, 『케이프타운 서약: 하나님의 선교를 위한 복음주의 헌장』 (서울: IVP, 2014), 71.

의 현장을 하나님의 선교의 현장으로 이해하기 위해서는 일터 신학의 형성과 신학교육 안에서의 일터신학의 교육이 매우 중요하다. 그러나 그동안의 신학교육은 일터현장에 있는 그리스도인들에게는 적합하게 개발되지 못하였다. 이 대회는 이러한 기존의 신학교육의 한계를 인식하고, 향후 일터사역의 활성화를 위해서 일터신학의 형성을 위한 노력이 필수적임을 강조한다. 뿐만 아니라, 교회현장에 만연한 실제적 이원론을 극복하기 위한 노력을 펼쳐야하며, 나아가 신학교육 현장 안에서의 이원론적 이해를 극복하여 실제 신학교육이 전임사역자들만을 위한 것이 아니라는 인식의 전환을 강조하였다. 나아가 이 대회는 일터사역의 바람직한 모델을 적극적으로 개발하고, 다양한 일터사역 관련 단체들의 연대를 시도하며, 이와 관련된 다양한 연구 활동을 통해서 신학의 영역 안에서 보다 활발하게 일터사역에 대한 신학적 작업을 마련할 필요가 있음을 확인하였다.[26]

2012년부터 로잔운동이 발행하는 로잔 글로벌 분석 Lausanne Global Analysis에서도 일터사역에 대한 관심은 꾸준히 증가하였다. 특히, 윌리엄 메센저 William Messenger가 로잔운동이 일터사역에 더욱 관심을 가질 필요가 있다고 주장한다. 특히 그는 2007년에 만들어진 '일의 신학 프로젝트' Theology of Work Project; 이하 TOW 프로젝트[27]의 편집장이었는데, 이 'TOW 프로젝트'는 로잔의 일터사역 네트워크와 함께 일터신학의 형성에 지대한 영향을 미쳤다. 메센저는 일터사역이 세계복음화를 위한

---

26 https://www.lausanne.org/content/statement/consultation-statement-theology-of-work (2019년 12월 25일 접속).

27 TOW 프로젝트는 https://www.theologyofwork.org/를 참고하라(2019년 12월 30일 접속).

과제에 있어서 중요한 이유에 대하여 그는 크게 두 가지 차원, 즉, 접근성 Access 과 변혁적 요소 Transforming 가능성 때문이라고 주장한다. 그는 일터야말로 복음전도의 열매를 맺을 수 있는 의미 있는 현장이라고 주장한다. 일터는 그리스도인들이 불신자들과 깊이 있는 만남이 가능한 유일한 곳이며, 사람들은 일생동안 일터에서 적어도 일만 시간 이상을 보내게 되는데 이곳에서 사람들은 일과 관심을 나누는 친밀한 관계를 경험하게 된다. 이러한 친밀한 관계는 하나님과 신앙과 같은 의미 있는 주제를 다룰 수 있는 심리적 공간을 제공할 수 있다. 그에 따르면, 변혁적 차원으로도 일터는 중요하다. 일터는 이웃사랑을 실천하여 사람과 조직과 문화를 더 온전하게 변혁시킬 수 있는 현장이기도하기 때문이다.[28] 이와 같이 로잔3차대회 이후 일터사역은 점차 더 넓은 공감대를 형성하였는데, 특별히 2007년 일과 신앙을 통합하는 목적으로 만들어진 TOW 프로젝트가 탄생됨으로써, 일터사역은 세계복음주의 진영안에서 더욱 확대되었다.

이제 요약해보자. 2010년 케이프타운 대회에서는 일터사역과 관련된 강연은 인기있는 강연 중 하나였다. 2004년의 파타야 포럼에서 등장한 일터사역이 이제 본격적으로 주목을 받기 시작한 셈이었다. 이때 'Marketplace'라는 단어가 'Workplace'로 변화되는 것도 볼 수 있다. 대회 이후에 발표된 케이프타운 서약의 2부에서도 구체적으로 일터사역에 관련된 문구들이 등장했다. 이것은 2004년 파타야 포

28 William Messenger, "Mission in the Workplace: Encouraging Access and Transformation Through Workplace Ministry," *Lausanne Global Analysis* 2, no. 3 (June 2013) in https://www.lausanne.org/content/lga/2013-06/mission-in-the-workplace-encouraging-access-and-transformation-through-workplace-ministry (2019년 12월 30일 접속).

럼의 경우와 비교되는데, 파타야 포럼의 경우, 선언문 형태로 일터사역에 대하여 언급하는 문구가 나타나지 않았으나, 2010년의 케이프 타운 선언문에는 일터사역에 대한 구체적인 문구가 등장한 것이다. 또한 2010년 3차 로잔대회는 새로운 선교전략으로서의 일터사역에 대한 이해가 더 넓은 복음주의 공동체 안에서 공유되는 기회를 제공 하였다. 특히 2010년 이후 케이프타운 서약의 내용에 담긴 다양한 주 제들을 심화시키는 소규모 대회들이 활발하게 전개되었고, TOW 프 로젝트는 일터신학의 형성에 공헌하였다. 결국 일터사역과 관련된 다 양한 기관들의 협력적 노력에 의해서 일터사역의 발전이 이루어졌다.

5 | 일터사역의 확대: 2019년 글로벌 일터사역 포럼

2019년에 이르러 로잔운동은 일터사역에 대한 중대한 진일보 가 이루어졌다. 바로 로잔운동의 역사에 있어서 일터사역과 관련하여 가장 대규모의 글로벌 대회가 개최된 것이다. 이것은 복음주의 진영 안에서 일터사역의 중대한 확대의 경험이 되었다. 이 대회는 전 세계 약 110개의 나라로부터 온 900명의 참가자들이 5일 동안 일터사역 의 다양한 측면들을 성찰하는 시간이 되었다.

2019년 마닐라 포럼의 가장 뚜렷한 특징으로는 소위 세속영역에서 일하는 평신도들을 우선 초청함으로써 소위 일터사역자들이 주도하는 모임으로 만들었다는 점이다. 사실 과거에는 주로 신앙과 일Work에 대한 광범위한 토론은 목회자나 교회지도자, 신학자들에 의해서 주도되었다. 그러나 이 대회는 사회의 다양한 영역의 그리스도인 직업인들이 그곳에서 어떻게 하나님 나라를 구현해내는가를 고민하도록 구상되었기에 실제 일터현장에 있는 자들이 주도적으로 자신들의 이야기를 성찰하고 토론한다는 점이 특별했다. 뿐만 아니라, 초청자 선발에 있어서 이슈네트워크별, 대륙별, 성별, 나이별로 참가자들을 골고루 분포하여 그야말로 다양한세대와 성별과 인종의 서로 다른 관점을 반영하려고 노력했다.

　　대회를 주도한 일터사역 네트워크의 책임자Catalyst였던 토마스 리우Thomas Liu는 이번 대회가 철저하게 일터현장에서 하나님 나라의 가치를 구현하는 평신도들이 중심이 되는 대회가 되어야 한다고 강조한다. 그는 로잔운동에서 말하는 "사회의 모든 영역에 하나님 나라의 가치를 구현한다"는 의미가 진정으로 어떻게 나타나야 하는지 질문한다. 그는 평신도의 삶의 90%가 실제로 사회현장에서 지내고 있는데, 만약 기독교가 이러한 삶의 현장에 대하여 관심을 가지지 않으면서 사람들로 하여금 기독교에 관심을 가지도록 요청할 수 있겠는가? 라고 반문하면서, "오늘날의 교회의 구성원의 99%에 해당하는 평신도들은 자신들의 90%이상의 시간을 자신의 일터와 가정과 학교와 지역사회에서 시간을 보내면서 살아가고 있기에 이러한 곳에서 하나님 나라의 가치를 구현한다는 의미를 바르게 이해하도록 평신도들에게 도전할 필요가 있다"고 강조했다.[29]

대회의 개회강연에서 로잔운동의 총재인 마이클 오Michael Oh는 그동안 세계복음화를 방해했던 중요한 잘못으로 목회자 중심주의를 지적하였다. 특히 그는 교회공동체의 1%에 해당하는 목회자들이 실제 99%를 차지하는 평신도들의 도움으로 존재하는 지금의 교회구조에 대하여 문제제기한다. 그는 "평신도들은 목회자의 사역을 후원하기 위해 존재하는 것이 아니라, 목회자들이야말로, 평신도의 사역을 돕기 위해 존재한다"라고 강조한다.[30] 그의 개회연설에서도 감지할 수 있듯이 대회는 철저하게 일터현장에서의 평신도의 역할을 대회 내내 강조하였다.

대회 중 매일 다루어지는 매일의 주제도 평신도 그리스도인들이 6일간 몸담고 있는 일터현장과 관련하여 다루어졌다. 첫째 날에는 "직업과 정체성", 둘째 날은 "창의적 제자도," 셋째 날에는 "내일의 일터", 넷째 날에는 "믿음이 일하게 하기"의 주제로 진행되었다. 매일 오전에는 세부주제와 관련된 기조강연이 있었고, 저녁에는 로잔 이슈그룹에 따라 선정된 다양한 주제들이 추가적으로 다루었는데, 예를 들어 "도시사역", "이주노동자문제", "기업가 정신", "가사노동", "일터에서의 여성", "취약아동들", "가난한자들 위한 정의", "창조세계의 돌봄", "새로운 기술개발과 상처와 희망" 등과 같은 일터현장과 관련된 다양한 주제들이 총망라되어 다루어졌다.[31]

---

29   Timothy Liu, "The Whole of Whole Gospel," 2018년 4월 18일, https://www.lausanne.org/updates/the-whole-of-the-whole-gospel (2019년 12월 30일 접속).

30   Michael Oh, "An Apology to the Christian 99%, from the 1%," Christianity Today, June 13, 2019. https://www.christianitytoday.com/ct/2019,2019/june-web-only/apology- christian-99-1-percent-lausanne-gwf-michael-oh.html (2019년 12월 30일 접속).

2019년 일터사역포럼은 케이프타운 이후 일터사역만을 다루는 전 세계적인 규모로 대회가 진행되었다는 점에서 매우 의미가 깊은 대회였다. 특히 2013년의 지역대회는 일터사역과 관련된 일의 신학을 신학교육 안에서 어떻게 실천할 것인가를 집중적으로 다루었기 때문에 사실, 일터사역 전반에 걸친 광범위한 토론이 전개된 것은 아니었다. 따라서 2019년 글로벌 일터사역 포럼은 그 규모뿐 아니라, 일터사역과 관련된 다양한 주제들을 총망라했다는 점에서도 주목할 만하다. 그럼에도 불구하고, 제한된 시간과 공간 안에 관련된 다양한 주제들을 다루어야했기 때문에 각각의 주제들이 박람회처럼 각각의 주제들이 조금씩 다루어짐으로써 다소 피상적인 접근을 피하기를 어려웠다. 일에 대한 이해도 다분히 순진하여, 일터현장의 폭력성, 지도력의 남용, 보다 거시적인 구조적 악의 문제 등이 충분히 다루어지지는 못했다는 아쉬움이 있었다. 또한 노동에 대한 심도 있는 신학적 성찰이 대회의 강연 중에서는 충분하게 드러나지 못한 것도 아쉬운 점이었다.

---

31 이일, "일터에서 하나님 나라를 고민한다는 것," 『복음과 상황』, 2019년 7월 31일, http://www.goscon.co.kr/news/quickView.html (2019년 12월 10일 접속).

6. **한국교회의 일터사역의 활성화를 위한 과제**

일터사역은 복음주의 진영 안에서의 새로운 선교전략으로써, 그리스도인들의 일터 현장이 바로 예수 그리스도의 복음을 삶으로 증거하는 선교 현장이라는 주장에 근거하여, 일상의 현장을 복음증거사역의 현장으로 인식하게 하는 운동이다. 이러한 일터사역은 지난 수년 동안 꾸준히 한국교회 안으로 소개되어 왔으며, 한국교회 안에서 일터사역의 내용을 적용하려는 위한 노력이 어느 정도 진행되어 왔었다. 특히 직장사역 관련 전문기관들은 한국교회 안에서 일터사역의 활성화를 위한 선구자적 역할을 해왔다. 그러나 한국교회는 여전히 강력한 왜곡된 이원론에 의해 장악당해 지역교회의 생태계 안으로 일터사역이 충분히 자리잡지 못하고 평신도들의 삶에 영향을 미치고 있지 못하고, 지역교회의 평신도들은 여전히 신앙과 일 사이의 괴리감을 심각하게 경험하고 있다. 이러한 상황에서 한국적 일터사역의 형성을 위한 과제는 무엇일까? 본 장에서는 특별히 한국적 일터신학의 형성을 위한 신학적 과제를 살펴보자.

첫째, 한국교회의 일터사역의 활성화를 위해서는 선교적 교회론과 일터사역과의 활발한 접목이 필요하다. 최근 주목받는 선교적 교회론은 평신도의 정체성과 역할에 대하여 신학적인 논의를 발전시켜 어느덧 한국선교학계에 가장 중요한 선교학적 담론으로 자리를 잡고 있다. 특히 선교적 교회론에서 최근 강조되는 이론 중의 하나가 선교적 존재로서의 평신도의 삶에 대한 성찰이다. 선교적 교회론에서 평신도는 세상 속에서 흩어진 하나님의 백성으로 선교적 제자도를 실천하는 존재로서 다시 조명된다. 특히 선교적 제자도를 구체화시킨 한국일은 "선교적 그리스도인"라는 개념을 발전시켰다. 그에게 있어서 선교적 그리스도인이란 교회 안과 밖에서 봉사의 일을 함으로써 그리스도의 몸을 세워나가는 존재이다.[32] 한국일은 "루터의 소명론에 대한 선교적 해석과 적용-선교적 그리스도인"에서 "선교적 그리스도인"에 대한 논의를 발전시키는데, 그에 의하면 "선교적 그리스도인"이란 모든 그리스도인들이 세상으로 파송받은 선교적 존재로서의 사명을 인식하는 것이며, 이런 관점에서 소명은 위로부터의 하나님의 부르심이라면, 파송은 소명을 실천하는 방식으로 세상으로의 보내심을 의미한다.[33] 따라서 모든 그리스도인은 삼위일체 하나님으로부터 자신의 일상의 현장으로 파송받은 존재이며, 선교란 그리스도인의 모든 삶속에서 실천해야 하는 소명이다. 즉, 그리스도인은 모두 "선교적 그리스도인"으로서 "선교적 삶"을 살아야 하는 소명적 존재이다.[34]

　　따라서 한국교회의 성도들이 온전한 선교적 제자도를 실천하기 위해서는 자신의 일터현장이 바로 소명의 현장이며, 일터현장에서의 직업이 바로 자신의 사역이라는 관점이 필요하다. 그러나 한국교회 성도들은 아직도 왜곡된 이원론적 견해가 지배적이다. 실제 한국

---

32 한국일, 『선교적 교회의 이론과 실제』 (서울: 장로회신학대학교 출판부, 2016) 68-69.

33 한국일, "루터의 소명론에 대한 선교적 해석과 적용-선교적 그리스도인," 『장신논단』 49, no. 4 (2017.12), 310-311.

34 위의 글, 324.

교회성도들은 일상생활의 대부분의 시간을 직장과 같은 일반 사회 안에서 보내는 평신도들은, 전문 목회자들과 같이 교회 안에서의 활동에 몰두하기보다는 자신의 삶의 자리를 선교적 행위를 일으키는 현장으로 이해해야 한다. 그리고 바로 그렇게 할 때에, 한국교회의 평신도들은 자연스럽게 우리 사회를 변혁시킬 주체자의 위치에 서게 될 것이다.[35] 무엇을 말하는가? 한국적 일터사역의 형성을 위해서는 성속의 잘못된 이원론을 극복하고, 한국교회 평신도들을 위한 선교적 제자도를 강조하는 신학적 성찰들을 일터사역과의 접목하여 융합을 시도할 때, 한국적 일터신학의 형성에 공헌할 수 있다.

둘째로, 한국교회 안에서의 일터사역의 활성화를 위해서는 일터사역 전문기관들의 성찰과 구체적 전략들이 지역교회 생태계 안으로 적극적으로 진입할 필요가 있다. 그동안 일터사역은 주로 직장인 그리스도인들의 직장 안에서의 사역을 중심으로 진행해왔다. 예를 들어, 한국교회의 일터사역과 관련된 가장 오래된 전문기관이 바로 일터개발원Workplace Development Institute[36]의 경우, 원래 1993년에 방선기 목사에 의해 처음 직장사역연구소로 시작되었던 기관이다. 물론 이 기관은 2000년도 후반에 다시 직장사역연합으로 발전하여, 현재 사단법인 일터개발원으로 확대 및 재정비되어 한국 내 일터사역의 발전을 위한 구심적 역할을 하고 있다. 따라서 일터개발원은 로잔운동이 일터사역을 본격화하기 전부터 한국인들의 직장현장 안에서 일과 신앙

---

35 최형근, "로잔운동에 나타난 공공신학의 선교학적 함의," 『ACTS 신학저널』 제38집 (2018), 378.

36 사단법인 일터개발원에 대하여는 http://wdi.kr/?ckattempt=1을 참고하라 (2020년 1월 2일 접속).

을 접목하려는 노력을 선구자적으로 펼쳐 왔다. 최근에 일터개발원은 그 산하에 직장사역연구소와 직장사역 훈련센터, WaW Wisdom in Work-place 아카데미 CS 네트워크 Chaplain Service Network 과 같은 일터개발원 소속의 유관기관들과 함께 한국형 일터사역 형성에 적극적인 노력을 펼치고 있다. 최근에는 비슷한 유형의 일터사역 관련 기관들과 보다 넓은 연대와 협력 관계를 맺고 한국내의 일터의 현장의 그리스도인들의 일과 신앙을 연결하는 노력을 돕고 있다. 최근 시작한 일품교회 만들기 프로젝트는 "일터사역을 품는 교회"를 만드는 것인데, 이것은 그동안의 일터사역이 일터현장의 그리스도인들에게 집중했다면, 일터사역의 활성화를 위해서는 지역교회의 협력이 없이는 불가능하다는 인식에 근거하여 일터사역을 지역교회 생태계로 진입하려는 시도라고 보여진다. 이는 바람직한 시도인데, 필자가 판단하기에도 그동안의 일터사역과 관련된 주장들이 좀 더 지역교회 생태계 안으로 진입하기위해서는 지역교회의 목회자들과 좀 더 긴밀하게 일터사역의 핵심을 소통해야 할 필요가 있다. 일품교회 프로젝트가 성공적으로 한국교회 안으로 진입하기 위해서는 특정교단에 지나치게 의존된 모습으로 일품교회운동을 펼치기보다는 한국개신교의 다양한 교단적 배경을 지닌 교회들이 참여하여 한국교회 전체 안으로 진입할 수 있도록 노력해야 하는데, 이를 위해서는 한국로잔위원회와 같은 초교파적 특성을 지닌 선교기관과 연대하여 이 운동을 전개할 필요가 있다. 이 외에도 일터사역을 지역교회 생태계로 이끌게 하기 위해서는 신학교육 현장을 적극 활용할 필요가 있는데, 예를 들어 각 신학교에서 일터사역에 대한 보다 적극적인 연구와 적용을 위한 연구업적을 만들어내는 것이다. 그중의 하나가 바로 목회학 박사과정에서 일터사역에 대한 연구를 진행하는 것이다. 최근 몇 년간 꾸준히 목회학박사학위의 논문으로 선교적 교회론의 지역교회 적용과 관련된 연구가 전개되었었다. 이것은 실제 선교적 교회론이 지역교회 생태계로 진입하는데 크게 기여하였다. 필자가 판단하기에 일터사역에 대한 비슷한 노력들이 향후 몇 년 동안 진행될 때 서서히 일터사역의 지역교회 생태계의 진입이 가능해질 것이다. 일터사역이 지역교회 목회자의 시선을 잡게 될 때, 지역교회중심의 한국교회의 특성상 자연스럽게 지역교회 생태계 안으로 일터사역이 구체적으로 정착할 수 있을 것이다.

셋째로, 한국교회 안에서의 일터사역의 활성화를 위해서는 일의 신학Theology of Work의 통전적 이해를 형성할 필요가 있다. 일의 신학은 이미 여러 신학자들에 의해서 활발하게 연구되었다. 가장 최근에 활발하게 일의 신학을 펼친 폴 스티븐스Paul Stevens의 주장은 한국적 일터신학에 적용할 일에 대한 건강한 성경적 견해를 제공한다. 스티븐스 의하면 "일은 영적 성장의 수단이 되며, 심지어는 일 자체가 영적 훈련이 될 수 있다. 또한 일은 공동체를 세우며, 이웃을 섬기는 통로가 된다. 또한 일은 피조물의 잠재력을 현실화시킬 수 있고, 서로 돕는 존재로서 온 지구와 모든 생명이 우리를 섬기듯 우리도 일을 통해서 온 지구와 모든 생명체를 섬길 수 있다."[37] 스티븐스는 사업에 대한 성경적 견해를 언급하면서도 비슷한견해를 펼친다. 그에게 있어서 사

---

37 Paul Stevens, *Work Matters: Lessons from Scriptures*, 주성현 역, 『일의 신학』 (서울: CUP, 2014), 35-37.

업은 창조세계의 잠재력을 개발하라는 하나님의 부르심의 일환이기에 하나님과의 공동창조 Co-creativity 혹은 적어도 창조의 보조활동 Sub-creativity 로까지 이해할 수 있다고 주장한다.[38] 그에게 있어서 사업은 인간의 삶을 향상하고 아름답게 가꾸라는 하나님의 부르심이며, 또한 인간의 삶을 향상하고 세계를 만들어가는 World-making 수단이며,[39] 이 땅에서 공동체를 건설하고, 세계적 풍요와 하나됨을 이루라는 부르심이며, 또한 부를 창출하고 가난을 줄이라는 부르심이다.[40] 대체적으로 일에 대한 성경적 견해는 일에 대한 긍정적 관점이 주를 이루고있는 듯하다. 물론 이러한 일에 대한 긍정적 관점은 한국적 일터사역의 형성에 반드시 필요한 것이 사실이다.

그러나 실제 오늘날과 같은 복잡한 세계경제 안에서 일에 대한 이러한 성경적 관점은 통전적으로 이해될 필요가 있는데 왜냐하면 오늘날 일반 평신도들의 일터현장에서 경험하는 일은 성경적 관점에서 말하는 '긍정적인' 관점의 일에 대한 견해보다는 훨씬 '부정적인' 관점이 지배적이기 때문이다. 예를 들어보자. 많은 일터의 현장은 신자유주의적 가치관에 근거한 다국적 기업의 부속물처럼 존재하며 자신도 모르는 사이에 가난한 자와 부유한 자 간의 자원의 불균형을 심화시키는 일을 부추기는 역할을 할 수 있다. 자신의 속한 일터현장이 무분별한 개발의 결과 경험되는 생태계의 파괴의 현장이 될 수도 있다.

---

38   Paul Stevens, *Doing God's Business*, 홍병룡 역, 『일터신학: 하나님의 사업을 꿈꾸는 이들을 위한 성경적 지침』 (서울: IVP, 2018), 39-40.

39   위의 책, 41.

40   위의 책, 44-48.

우리들의 일터현장은 부유한 자들의 이익을 위해 가난한 사람들을 더욱 가난하게 만드는 오염된 자본주의의 폐해를 부추기는 행위가 될 수도 있다. 우리들의 일터현장은 탐욕과 죄악으로 인해 철저하게 오염되었고, 그 결과 이 오염된 일터는 개인을 파괴하고 공동체를 무너뜨린다. 일은 어느덧 창조행위가 아니라 인간성 말살과 중독과 소비주의의 시녀 노릇의 현장이 되기도 한다.[41] 어디 그뿐인가? 일은 참여하는 존재 개개인에게도 미치는 억압적 요소는 언급하지 않더라도, 특히 일에 파묻혀 살거나, 과도한 업무와 휴식 없는 노동에 시달리는 사람들에게는 일은 축복이 아니라 자신의 삶을 갉아먹는 파괴적 행위이다.[42] 얼마나 많은 경우, 일의 목적이 자아성취가 아니라, 자신의 공허한 영혼을 채우기 위한 헛된 소비를 위한 것이 되어버렸던가?[43] 우리는 돈을 위해 일을 한다는 말이 나올 정도이다. 따라서 일의 신학이 지나치게 일을 단순하고 낭만적인 관점으로만 강조하고, 일터현장의 폭력성을 외면하게 되면, 일터현장을 향한 교회의 예언자적 사역은 위축될 수밖에 없다. 따라서 일의 신학은, 일터의 현장에서 발생하는 다양한 억압적 요소로 인해 고통받고 절망하는 가난하고 소외받는 자들을 위한 예언자적 사역이 함께 진행될 때 참다운 설득력을 가지게 될 것이다.[44]

---

41 Darby Karthleen Ray, *Working*, 홍병룡 역, 『일』 (서울: 포이에마, 2012), 36.

42 위의 책, 66.

43 위의 책, 36-37.

44 크리스토퍼 라이트는 일터를 향한 성도의 과제 중에서 구별됨(Distinctiveness)의 과제와 예언자적 역할의 과제를 강조함으로써 균형적 이해를 시도하고 있다. 이에 대하여는 Christopher Wright, "Following Jesus in a Globalized Marketplace"를 참고하라.

넷째, 한국교회에서의 일터신학의 활성화를 위해서는 국내 신학교에서의 신학교육 대상의 다변화가 절실히 필요하다. 그동안 신학교육은 목회자 양성에 주로 집중하였다. 그 결과 평신도를 위한 신학교육은 주로 비학위과정으로 다루어지는 것이 고작이었다. 그러나 신학교육은 일부 극소수 목회자나, 종교전문가로서의 성직자 혹은 풀타임 선교사들의 전유물이 될 수 없다. 최근 세계교회는 신학교육의 과제를 오늘날의 세계 속에서 하나님의 선교에 참여하도록 하나님의 백성을 세우는 일로 광범위하게 정의내리기 시작했다. 세계교회협의회에서 발표한 '신학교육의 미래에 관한 글로벌 연구보고서'Global Study Report on the Future of Theological Education에서는 신학교육을 안수받은 목회자를 길러내는 일로 제한하지 않는다. 오히려 신학교육은 그리스도인 성인Adult을 위해 근본적으로 필요하다고 주장한다. 신학교육은 기독교인으로서의 정체성과 그 정체성에 근거한 실천에 대한 성찰을 목표로 하는데, 즉, 자신의 기독교 정체성에 대하여, 그리고 자신이 몸담고 있는 세상과의 관계에 대하여, 나아가 오늘날 주어진 하나님의 선교의 과제에 대하여 비평적으로 성찰할 수 있도록 돕는 과정이다.[45] 이러한 세계적 추세만 보더라도 이제 신학교육은 목회자들의 전유물이 될 수 없다. 즉, 신학교육의 대상을 평신도로 확대할 필요가 있다. 이런 관점에서 한국적 일터신학의 형성을 위해서는 평신도를 신학교육의 대상으로 인식하고 이들에게 필요한 교육목표와 커리큘럼을 개발할 필요

45　Mélisande Lorke and Dietrich Werner, eds., *Ecumenical Visions: A Reader for Theological Education, Supplemental Readings* (Geneva: World Council of Churches, 2013), 124.

가 있다.

　필자가 생각하기에 이러한 신학교육의 대상의 다변화는 장기적으로 한국교회의 갱신을 위한 방안이 되기도 한다. 왜냐하면 평신도들을 위한 신학교육은 자신들을 목회자의 보조자로 정도로 인식하던 평신도들이 자신이 몸담은 사회뿐 아니라, 교회의 내적 사역에도 주도적으로 참여하게 될수있기 때문이다. 최형근은 로잔운동에 나타나는 공적신학의 특징을 정리하면서, 로잔운동이 일터사역을 강조하는 것이야말로, "만인 제사장직"의 철저한 실행을 주장하는 것이며 또한 잃어버린 평신도의 위상을 회복하는 것인데, 이것이야말로 로잔운동이 공적신학의 특성을 지니게 하는 측면이라고 주장한다.[46] 따라서 일터사역의 활성화는 한국교회 안에서의 공적신학의 강화를 이끌어내는데 기여할 수 있다. 사실 최근 들어 등장하는 한국교회의 대사회적 공신력의 하락을 가속화시키는 것은 목회자의 성적 타락, 목회자 세습, 교회의 정 문제, 및 대형교회의 목회자의 윤리적 부재로 인한 한국교회의 대사회적 공신력의 하락에 기인한 경우가 적지 않다. 물론 이러한 문제는 몇 개의 대형교회만의 문제는 아니다. 그러나 사회의 주목을 받는 대형교회의 대사회적 공신력의 하락은 결국 한국교회 전체에 대한 사회적 실망으로 이어지면서 한국교회는 심각한 위기에 직면해 있다. 그런데 이러한 교회의 비윤리적 행위의 원인은 교회 안의 민주적인 의사결정 과정의 결핍에서 오는 문제이거나, 지역교회의 성도들의 인식 속에서 공적 존재로서의 교회에 대한 신학적 이해

46　최형근, "로잔운동에 나타난 공공신학의 선교학적 함의," 『ACTS신학저널』 38 (2018, 12), 376.

의 결핍이 그 원인인 경우가 대부분이다. 그런데, 이러한 문제는 평신도들이 교회 안에서의 수동적 존재로서의 정체성을 극복하고 건강한 교회를 만들기 위한 노력에 보다 적극적으로 참여하게 함으로써, 교회내의 다양한 의사결정과정을 보다 민주적으로 진행하도록 건전한 견제세력의 역할을 함으로써 극복할 수 있다. 결국 신학교육을 통해 건전한 신학적 분별력을 제공받는 평신도는 이제 사회의 일터 현장 뿐 아니라, 지역교회 안에서의 신학적 성찰을 제공할 수 있는 인적자원으로 활용될 수 있을 것이다.

7. 나오는 말

이 장에서 필자는 로잔운동의 주요 대회와 문서들을 중심으로 일터사역의 탄생과 발전 및 확대의 과정을 살피고, 일터사역이 제공하는 신학적 성찰을 통해 한국교회가 새롭게 활성화되는 방안을 모색하였다. 로잔운동의 일터사역은 왜곡된 이원론적 사고를 극복하고, 평신도의 열등한 지위를 회복하여 평신도의 일터현장이 하나님의 선교에 동참하는 현장임을 강조함으로써 평신도들로 하여금 자신의 일터현장에서 복음전파의 도구로 사용되기 위해서 마련된 새로운 선교전략이다. 이 전략은 2004년 로잔운동이 주최한 파타야 포럼에서 처음 제시되었다. 이후 다양한 대회들을 통해서 지속적으로 발전한 일터사역은 이제 세계복음주의 진영의 중요한 선교전략으로 자리를 잡았다.

로잔운동에서 전개하는 일터신학은 오늘날 일과 신앙의 괴리감이 심각한 한국교회의 그리스도인들에게 자신의 일터현장을 하나님의 선교의 현장으로 이해하게 함으로써 일터와 신앙의 괴리감을 극복하고, 사회 안에서의 공적 신앙을 실천하는데 기여할 수 있다. 바라기는 한국교회 안에서의 평신도와 목회자간의 평등한 관계의 회복과 함께 일터사역의 한국교회 안에서의 활성화, 그리고 왜곡된 성속의 이원론과 성직자 중심주의의 극복을 통해서 한국교회가 새롭게 갱신될 수 있기를 바란다.

2장

로잔운동과 교회개혁

이 글은 "로잔운동의 관점에서 본 교회개혁", 『선교신학』 49집 (2018. 2: 257-287)에서 처음 발표되었음.

2장 로잔운동과 교회개혁

1. 들어가는 말

2017년의 한국교회는 종교개혁 500주년을 맞이하여 그것을 기념하는 많은 대회들과 행사들로 분주하였다. 종교개혁 500주년을 맞이하여 강조되는 것이 바로 한국교회의 개혁이다. 종교개혁자들의 죽음을 각오한 교회개혁의 정신을 다시 회복하여 21세기를 살아가는 교회를 다시 새롭게 만들고자 하는 마음으로 수많은 대회들과 모임들이 진행되어왔다. 필자는 종교개혁 500주년을 맞이하는 오늘날의 한국교회에 가장 필요한 것은 철저한 회개를 통한 교회개혁이라고 확신한다. 어떻게 하면 한국교회의 개혁을 이루어낼 수 있을까? 한국교회의 병폐들을 마주하다 보면 압도당해 아무것도 할 수 없을 것 같은 절망감을 느낀다. 그럼에도 불구하고 한국교회가 회생하는 것은 교회개혁을 위한 전교회적 노력으로만 가능하다는 사실을 뼈저리게 인식하면서 교회개혁의 길을 다시 한 번 겸손히 찾는다. 질문은 이것인데, 교회 개혁에 대하여 로잔운동은 어떻게 이해하고 있으며 어떻게 실천하는가?

사실, 로잔운동은 세계복음화를 위한 신학과 전략개발을 위해 꾸준히 노력해왔다. 미전도종족 선교의 새로운 전략개발을 시작점으로 하여 최근에는 Bussines As Mission 선교전략, 능력대결을 통한 선교전략, 관문도시를 통한 선교전략, 이주민들을 통한 선교전략 등등의 다양한 전략들이 제시되고 있다. 그렇다면 로잔운동은 교회개혁에 대하여 어떻게 말하고 있는가? 사실 로잔운동은 교회개혁에 대하여 직접적으로 다루지는 않았다. 그러나 좀 더 면밀히 살펴보면, 로잔운동은 간접적으로 교회개혁을 위한 중요한 메시지를 던져왔다. 대표적인 예로 케이프타운에서 진행된 3차 로잔대회에서의 크리스토퍼 라이트 Christopher Wright 의 강연을 들 수 있다. 이 강연에서 그는 하나님의 선교의 대행자로 부름받은 교회가 오히려 세계선교를 향한 하나님의 소망을 이루는데 가장 심각한 장애물이 되었다고 비판하면서 하나님의 선교를 위한 교회의 회개와 개혁을 강조하였다. 그의 강연은 로잔운동이 간접적으로나마 교회개혁에 대하여 매우 중요한 메시지를 던지고 있음을 보여주는 것이었다.

따라서 이번 장에서는 로잔운동이 그동안 교회개혁에 대하여 어떻게 말하고 있는지를 역사적으로 살피고자 한다. 먼저 1974년부터 1989년까지의 시기, 둘째로 1990년부터 2004년까지의 쇠퇴기, 다음으로 2004년부터 2010년까지의 재점화기, 그리고 2010년 이후의 시기로 나누어서 살필 것이다. 이를 위해 로잔문서들을 일차자료로 선택하여 로잔운동 안에서 교회개혁에 대하여 어떤 관점을 제시하는지를 서술적으로 살피는 것을 목적으로 한다.

2 | 교회 개혁에 대한 초기 로잔운동의 입장: 마닐라 대회까지

1974년에 로잔세계복음화대회가 시작될 때, 로잔운동은 교회의 개혁을 위하여 발족된 운동은 아니었다. 그런데 세계복음화를 위한 교회의 헌신에는 선교를 방해하는 내부적 장애물들을 제거하는 일도 함께 진행되어야 한다는 인식은 로잔운동 초기부터 나타났다. 선교를 방해하는 내부적 장애물에 대한 언급은 로잔언약 6항에 등장한다. 로잔언약 6항에서는 교회가 복음전도를 위한 존재가 아니라, 오히려 걸림돌이 되어왔음을 고백하고 회개를 요청한다.

> 십자가를 전하는 교회는 스스로 십자가의 흔적을 지녀야 한다. 교회가 만일 복음을 배반하거나, 하나님에 대한 산 믿음이 없거나, 혹은 사람에 대한 진실한 사랑이 없거나, 사업추진과 재정을 포함한 모든 일에 있어 철저한 정직성이 결여될 때 교회는 오히려 복음전도의 장애물이 되어버린다.[1]

로잔언약 해설서에서 존 스토트 John Stott 는 로잔언약의 6항이 교회의 신뢰성 church's credibility 에 대한 불편한 질문을 던지고 있다고 설명하면서, "교회된 우리가 복음을 선포하더라도 과연 우리가 선포하는

---

[1]   Lausanne Movement, 『케이프타운 서약: 하나님의 선교를 위한 복음주의 헌장』, 221.

복음이 과연 세상에서 제대로 들려지고 있는가? 다시 말해 세상이 우리가 선포하는 복음에 귀 기울이고 있는가?"라고 반문한다. 또한 우리가 선포하는 복음은 오직 우리의 정직성을 통해서만 세상에게 들려질 수 있다고 지적한다.[2] 한걸음 더 나아가 이 해설서는 교회가 전도의 걸림돌이 되는 경우를 4가지로 요약하였다. 즉, 첫째, 교회가 복음을 배반하거나, 둘째, 하나님께 대한 산 믿음이 없거나, 셋째, 사람에게 대한 진실한 사랑이 없거나, 넷째, 사업추진과 재정을 포함한 모든 일에 있어서 철저한 정직성이 결여될 때라고 요약하였다.[3]

이와 같이 로잔언약 안에서 교회의 자기반성적 태도를 분명하게 표현하는 문구는 사무엘 에스코바를 비롯한 '급진적 제자도'를 강조하는 그룹들에 의해서 문제 제기된 내용을 반영한 것이었다. 사무엘 에스코바는 선언문 작성 위원 중 한 사람이었는데, 로잔언약의 작성과 관련하여 당시의 상황을 회상하면서, '로잔대회와 같이 큰 대회가 진행될 때 흔히 나타나기 쉬운 승리주의를 지양하기 위해서 반드시 교회의 '자기반성'이 구체적으로 선언문에 표현되어야한다고 주장하였다. 그 결과로 로잔언약의 서론에도 추가적으로 자기반성적 표현, "… 우리의 실패를 통회하고 아직 미완성으로 남아 있는 복음화 사역에 도전을 받는다."라는 문구를 삽입하게 된 것이다.[4] 이것은 로잔언약작성의 초기 단계에서부터 로잔운동이 세계선교뿐 아니라, 교

---

2 John Stott, "The Lausanne Covenant: An Exposition and Commentary," https://www.lausanne.org/content/lop/lop-3#6 (2017년 10월 1일 접속).

3 위의 문서.

4 Samuel Escobar, "Book Review: The Lausanne Movement: A Range of Perspective," *Journal of Latin American Theology* 11, no. 2 (2016), 192.

회의 개혁을 함께 논의하였다는 것을 보여준다.[5]

로잔운동 안에서 교회의 개혁과 회개를 요구하는 선언들은 1980년대에 들어와서도 다양한 대회들과 선언문들에서 나타났다. 특히 1980년에 진행된 파타야 전도대회는 로잔대회이후 두 번째로 국제적 규모의 대회였다. 그런데 파타야 대회의 결과물로 발표된 '태국 선언문'에도 전도자로서의 교회가 마땅히 지녀야 할 태도와 행동 중에 많은 오류와 허물들이 있었음을 고백한다. 일반적으로 파타야 대회는 로잔진영 안에서 좀 더 보수적 성향의 대회로 인식되고 있지만, 실제 태국 선언문에서는 교회의 회개 촉구가 로잔언약보다는 더 구체적으로 언급되었다. 선언문은 말한다. "타인들이 복음에 저항하는 것은 때때로 우리의 잘못 때문이다. 제국주의, 노예제도, 그리스도의 이름으로 자행된 종교적 박해, 인종적 우월감과 편견, 성적 억압, 문화적 비민감성, 고통 받고 억압 받는 자에 대한 무관심 등과 같은 것들이다. 이것은 교회의 증거를 손상시킨 악행이며, 타인이 신앙의 길로 들어오는데 장애물이 된다."[6]

교회개혁에 대한 보다 적극적인 관심은 1980년에 진행된 '단순한 삶에로의 요청 Call to Simply lifestyle 에 관한 대회'에서 다루어졌다. 이 대회는 로잔진영 안에서 가장 진보적 성향을 보이는 대회였기에 교회개혁을 위한 예언자적 목소리가 높은 것은 당연했다. 이 대회 이후에 발표된 '단순한 삶에 대한 복음주의자들의 헌신' 선언문에도 교회의

---

5   Robert A. Hunt, "The History of the Lausanne Movement, 1974-2010," *International Bulletin of Missionary Research* 35, no. 2 (April 2011), 83.

6   "The Thailand Statement, https://www.lausanne.org/content/statement/thailand-statement (2017년 10월 7일 접속).

회개에 대하여 언급하고 있다. 즉, "책임 있는 삶으로의 요청은 책임 있는 증인에로의 요청과 분리될 수 없다. 왜냐하면, 우리들의 메시지는 그 메시지와 충돌되는 삶을 살 때 심각하게 훼손되기 때문이다." 나아가 선언문은 "만약 탐욕으로부터 명백하게 자신을 구하지 못할 때, 그리스도의 구원을 정직하게 선포하는 것은 불가능하다. 또한 만약 우리의 소유에 대한 바른 청지기적 실천이 없을 때, 그리스도의 주권을 정직하게 선포하는 것도 불가능하다. 또한 도움이 필요한 자들에게 우리의 마음을 닫아버릴 때, 그리스도의 사랑을 정직하게 선포하는 것도 불가능하다. 그리스도인들이 타인들과 고통 중에 있는 자들을 돌볼 때에야 비로소 예수 그리스도는 더욱 가시적이며 매력적으로 드러난다."[7] 이 선언문은 교회가 그동안 탐욕으로부터 자유롭지 못하였고, 바른 청지기적 삶을 살지 못하였으며, 타인을 돌보는 실천을 통한 참다운 증인의 삶을 살지 못하였음을 인정하며, 결국 세계복음화를 위한 노력에 있어서 없어서는 안 될 부분이 바로 교회의 개혁임을 강조한다고 하겠다.

1989년에 로잔 2차 대회 발표된 마닐라 선언에서도 교회의 정직성에 대하여 자세히 언급하고 있다. 마닐라 선언 제2부의 7항에서 증인의 정직성integrity 부분의 7항에서는 "변화된 삶보다 더 명확하게 복음을 전하는 방법이 없고, 개인적 불일치보다 더 전도의 방해가 되는 것이 없다... 우리의 정직성이 가장 강력한 증거가 된다"고 선언한

---

7 "An Evangelical Commitment to Simple Lifestyle," https://www.lausanne.org/content/lop/lop-20 (2017년 10월 8일 접속).

다.[8] 이어서 7항은 교회된 우리들의 이기적 야심, 부정직, 탐욕으로부터 우리가 철저하게 죽고, 우리의 증거가 검소함, 만족함, 너그러운 삶으로 드러날 때에, 비로소 십자가를 지고 그리스도를 따르라는 우리의 도전이 그 타당성을 지니게 된다고 강조하였다. 또한 7항은 교회가 전도의 걸림돌이 되었던 수많은 잘못들을 언급하는데, 즉, 개인적 삶이나 교회에서 그리스도적 언행의 일관성 부재, 물질적 탐욕과 직업적 교만과 경쟁, 기독교사역 안에서의 경쟁, 젊은 지도자에 대한 시기, 선교에서의 가부장적 자세, 상호책임의 결여, 성에 대한 기독교적 기준의 상실, 인종적, 사회적 성적 차별 등을 구체적으로 열거한다. 이어서 선언문은 "이 모든 세속적인 것들로 인해 교회가 세상 문화에 도전해서 그 문화를 변화시키기는커녕, 오히려 오늘날의 세상 문화가 교회를 붕괴시키고 있다. 우리는 개인적으로나 신앙 공동체 안에서 말로는 그리스도를 긍정하지만, 행동으로는 그리스도를 부정했던 것에 대해 매우 부끄럽게 회개한다. 우리의 일관성 없는 삶으로 인해 증거가 신뢰성을 상실하고 있다"고 회개를 촉구한다.[9]

　　정리하면, 초기 로잔운동은 비록 교회개혁을 위한 운동으로 시작된 것은 아니었으나, 세계선교를 위한 교회개혁을 다루고 있었다. 로잔대회의 발족에서부터 1989년 2차대회로서 마닐라대회에 이르기까지 로잔진영 안에서의 교회개혁의 필요성은 꾸준히 언급되고 있었다. 특히 교회의 탐욕, 교만, 경쟁, 부정직함, 이기적 야심 등과 같은

---

8 "The Manila Manifesto," https://www.lausanne.org/content/manifesto/the-manila-manifesto (2017년 10월 7일 접속).

9 위의 문서.

주제들은 교회개혁을 위해 버려야 할 중요한 단어들로 등장하였다. 이러한 주제들은 이후 로잔운동에서 교회개혁과 관련된 중요한 단어로 지속적으로 등장하게 된다.

3 | 로잔운동 안에서의 교회개혁에 관한 주제의 실종: 2004년 파타야 대회까지

1974년부터 1989년까지의 첫 15년간의 로잔운동은 몇 차례 중요한 대회들을 치루면서 세계교회의 선교운동과 복음주의 진영의 그리스도인들에게 중요한 영향력을 미쳤다. 그러나 1989년 이후 로잔운동은 쇠퇴기에 접어들었다. 쇠퇴의 원인은 다양했다. 먼저 로잔운동에 참가하는 사람들의 신학적 차이가 중요한 원인 중 하나였다. 예를 들어 미국복음주의 선교학자들을 중심으로 전개되는 미전도종족 선교와 10/40창 전략과 같은 전략적/실용주의적 접근이 세계복음화를 위한 전도전략은 미전도종족이 처한 사회정치적 요소를 간과하는 약점을 보였다. 이러한 이유들과 관련하여 일부 제 3세계 지도자들은 고의적으로 불참을 선언함으로써 불만을 표출하기도 했다.[10]

---

10 John Stott, "Twenty Years After Lausanne: Some Personal Reflections," *International Bulletin of Missionary Research* 19, no. 2 (April, 1995), 52.

엘리스터 채프만Elister Chapman은 로잔운동 안에서 일어난 쇠퇴의 현상을 복음주의진영의 신학적 갈등을 분석하면서, 그 접근이 논쟁에 참여하는 방식이 아니라, 회피하는 방식이었다고 평가한다. 즉, 1974년 로잔세계복음화대회가 빌리 그래함의 지도력으로 복음주의진영의 가장 광범위한 집단이 참여하는 놀라운 성과를 보였으나, 시간이 지나면서 로잔진영 안에서의 각자 다른 입장의 집단들이 차이점을 해소하기 위한 참여의 길 path of engagement 이 아니라, 회피의 길 path of avoidance 을 선택하였다고 분석한 것인데, 이 분석은 1990년 이후의 로잔진영의 흐름을 정확하게 진단한 것이었다.[11] 신학적 논쟁은 특히 은사주의자들과 비은사주의자들 간의 긴장으로 표면화되었다. 특히 마닐라대회는 은사주의자들이 대거 참여하면서 로잔대회의 새로운 목소리가 등장하였는데, 특히 오순절주의와 은사주의자들 조직 안에서 나타나는 위계적 접근으로 인해, 남방교회의 복음주의 지도자들을 더욱 주변부로 밀어버렸기 때문이라는 지적도 있다.[12] 또한 마닐라대회에서 지나치게 많은 경비를 지출한 결과 중요한 재정적 후원자였던 빌리 그래함이 로잔운동에 대한 심각한 불만을 드러내어 재정적 지원을 대폭 줄인 것도 중요한 원인이었다. 빌리 그래함 전도협회의 재정적 후원이 급감하면서 로잔운동 자체가 심각한 타격을 입을 수밖에 없었다. 결국 마닐라 대회가 열린 지 5년만인 1994년에 로잔운동은 그 구조를 재조정할 수밖에 없었다.[13]

11   Elister Chapman, "Evangelical International Relations in Post-Colonial World: The Lausanne Movement and the Challenge of Diversity, 1974-89," *Missiology: An International Review* 37, no. 3 (July 2009), 363.

12   John Stott, "Twenty Years After Lausanne: Some Personal Reflections," 52,

전반적으로 이 시기는 로잔운동 자체가 쇠퇴하였기에 교회개혁과 관련된 어떤 문건을 찾기는 어렵다. 그런데 이중에서도 1995년에 존 스토트가 발표한 글은 교회개혁과 관련된 중요한 의미있는 메시지를 담고 있다. 이 글은 로잔운동 20주년을 맞이하여 발표되었는데, 이때 존 스토트는 앞으로의 로잔운동의 방향성에 대하여 다소 불만스러운 마음을 표현하였다. 이 글에서 스토트는 로잔운동이 승리주의의 위험에 빠졌다고 우려하였다.[14] 이어서 그는 로잔운동이 나가야 할 향후 방향에 대하여 크게 5가지로 언급하였다. 그것은 첫째 세계 복음화를 위한 더 큰 연합greater unity을 지향하며, 둘째, 복음의 더 뚜렷한 가시화greater visibility를 위해 노력하며, 셋째, 복음의 더 명확한 이해greater clarity를 지향하며, 넷째, 그리스도와 더욱 일치된greater consistency 성육신적 선교를 지향하며, 다섯째, 하나님 앞에서의 더 성숙한 겸손함greater humility의 실천을 지향하는 것을 로잔운동의 미래적 방향으로 제시하였다.[15] 이것은 매우 예언자적 메시지였다. 특히 두 번째 항목인 복음의 더 선명한 가시화greater visibility를 주목해볼 필요가 있는데, 스토트는 여기서 '우리가 전하는 메시지가 변혁하는 능력이 보이지 않는다면, 그 메시지가 그 신뢰성을 잃게 된다'고 지적하면서, "복음의 소통은 듣는 것뿐 아니라 보여 지는 것으로도 가능하다. 복음의 가시화는 개인적, 지역적, 사회적인 차원으로 동시에 이루어져야 한다"고 주장한다. 즉, 복음은 개인적 차원뿐 아니라, 지역교회의 삶에서도 가시

---

13   Robert A. Hunt, "The History of the Lausanne Movement, 1974-2010," 84.

14   John Stott, "Twenty Years After Lausanne: Some Personal Reflections," 53.

15   위의 글, 53-55.

화되어야 하며, 사회적 행동Social Action의 다양한 형태로도 가시화되어야 한다. 그는 교회가 그리스도의 제자로서 선교사적 겸손함missionary humility을 회복할 필요가 있다고 주장한다. 그는 선교사적 겸손함에 대하여 강조하는데, 즉, 문화적 우월성과 제국주의적 태도를 거부를 통해, 상호존중mutual respect과 진정성 있는 우정genuine friendship을 실천함으로써 선교사적 겸손으로 복음을 나누어야 함을 강조한다.[16]

　　2000년을 넘어서면서 로잔진영에도 중요한 변화가 일어났다. 특히 2001년 9/11 테러는 세계상황의 중요한 변화를 가져왔고, 결국 2004년에 태국의 파타야에서 열린 세계복음화를 위한 로잔포럼은 중요한 전환점을 알리는 계기가 되었다. 2004년의 파타야 대회는 3차 로잔대회로 불려야 한다는 주장이 나올 정도로 대규모의 국제대회였다. 대회가 시작되기 전 국제로잔위원회는 변화된 상황에서 효과적 복음화를 이루는데 주된 장애물이 무엇인지를 먼저 설문조사하기로 하였고 이에 따라서 대회는 조사된 각각의 주제들을 중심으로 총 31개의 이슈그룹으로 나누어져 소그룹 대회가 진행되었다. 그런데 31개의 이슈그룹 중에서 교회개혁과 관련된 주제를 다루는 그룹은 없었다. 즉 세계복음화를 위한 노력의 일환으로 교회개혁의 문제를 따로 다루지는 않았으나, 교회개혁이 전혀 토론되지 않았다고는 볼 수 없다. 교회개혁과 관련된 주제들은 다양한 이슈그룹에서 산발적으로 토론된 것으로 보인다. 예를 들어 세계복음화를 위한 지역교회의 역할 부분에서는 교회가 어떻게 변화되어야하는지를 다루고 있고, 통전적

16　위의 글, 55.

선교를 위한 이슈그룹에서도 부분적으로 다루어졌다. 윌버트 쉥크Wil-bert Shenk에 의하면 이 대회에서 선교의 새로운 패러다임으로 "변혁" Transformation의 비전이 등장하였다고 평가하였다. 특히 아르헨티나의 르네 파딜라는 변혁의 신학적 기초를 제시하면서, "통전적 선교를 실천하기 위한 가장 우선적 과제는 통전적 교회integral church되는 것"이라고 하였다.[17] 다시 말해 비록 직접적인 교회개혁에 대한 언급이나 토론은 없었다고 하더라도 통전적 선교와 변혁의 주제가 부각을 드러내었다는 것 자체만으로도 이제 그동안의 선교방식에 대한 근본적 문제제기가 일어나고 있었고, 자연스럽게 향후 모임에서는 교회개혁의 문제가 중요한 주제로 등장할 수밖에 없었다.

정리하면, 1990년 이후부터 로잔운동은 그 활력을 많이 상실하고 쇠퇴의 길을 걸었다. 1990년대의 로잔운동은 몇 개의 작은 대회들로 그 명맥을 유지하였다. 따라서 로잔운동 자체의 쇠퇴기간에 교회개혁에 대한 입장은 몇 개를 제외하고는 대체적으로 실종되었다. 그러다가 로잔운동의 새로운 활력이 2004년을 분기점으로 형성되면서 세계선교를 위한 다양한 전략들이 다시 등장하기 시작하였다. 세계선교를 향한 교회의 노력에 중요한 방해물들을 다룸에 있어서 교회 자체가 심각한 방해물이라는 인식은 크게 강조되지는 못했다. 다만 통전적 접근을 강조하는 급진적 제자도 그룹에 의해서 교회의 개혁은 여전히 중요한 주제로 언급되었기에 다소 산발적으로 교회개혁의 문

---

17 Wilbert R. Shenk, "2004 Forum for World Evangelization: A Report," *International Bulletinof Missionary Research* 29, no. 1 (January 2005), 31.

제가 약간씩 다루어지는 정도였다.

4 | 로잔운동의 교회개혁을 위한 예언자적 도전의 재점화: 2004년부터 2010년까지

로잔운동이 과거 어느 때보다 뚜렷하게 교회개혁에 대한 목소리를 낸 것은 2010년 이르러서였다. 2010년 케이프타운 대회에서 특히 대회의 네 번째 날에 진행되었던 교회와 관련된 주제를 다루는 날 오전 강의에서 크리스토퍼 라이트Christopher Wright는 교회 개혁과 관련된 매우 탁월한 강연을 하였다. 이 강연은 로잔운동이 세계선교를 위한 노력에 있어서 교회의 회개와 개혁이 얼마나 중요한지를 강조하는 매우 예언자적 강연이었다. 이 강연은 향후 3차 로잔대회에서 가장 인상 깊은 강연이 되었고, 이후 그의 강연 영상은 케이프타운 대회 기간 중에 발표된 연설 중에서도 가장 많은 사람들이 본 영상이 되었다.

크리스토퍼 라이트는 이 날 발표에서 "세계복음화를 위한 하나님의 소망에 가장 큰 장애물은 외부적인 것이 아니라, 바로 교회 자신이다. 즉, 세상을 위한 하나님의 구원사역에 가장 압도적인 장애는 바로 하나님의 백성들이다."라고 주장하였다. 그는 교회가 하나님의 구원사역에 바르게 참여하기 위해서는 더 많은 권력power, 교만pride과 인기 popularity와 성공 Success, 부 Wealth와 탐욕 Greed의 유혹으로부터 싸워야 한다고 도전하였다. 그는 교회의 우상 숭배, 즉, 권력 지향성과 교만함, 나아가 성공과 부와 탐욕의 우상을 제거하고, 단순함 Simplicity, 겸손함 Humility, 정직함 Integrity한 교회로 회복되도록 요청하였다. 이때 등장한 세가지 덕목은 지난 40년간 로잔진영 안에서의 교회를 향한 자기반성적 성찰의 핵심 키워드였고, 앞장에서 필자가 언급한 존 스토트의 글에서 등장하는 로잔운동의 미래를 전망하면서 제시하였던 5가지 방향과 일맥상통한 것이었고, 향후 진행되는 로잔진영 안에서의 교회 개혁운동의 핵심 내용이 되었다.[18]

사실, 이 날의 라이트의 강연은 갑자기 등장한 것은 아니었다. 신학분과 위원장이었던 라이트의 주도하에 로잔신학분과 Lausanne Theology Working Group에서는 2008년부터 2010년까지 로잔의 슬로건인 '온전한 복음을 온 교회가 온 세계에'의 각각의 문구에 근거하여 매년 한차례씩 총 3회의 분과 대회를 진행했다. 이 대회들은 3차 로잔대회를 준비하기 위해 각각의 주제를 심도 있게 다룸으로써 신학적 토대를 마련하기 위한 것이었다.[19] 그리고 이 세번의 대회들을 종합하여 "온 교회가 온전한 복음을 온 세계에"라는 보고서가 로잔신학분과에 의해서 채택 및 발표되었다. 이 보고서는 이후 신학분과에서 준비한 케이트 타운 서약을 탄생하는데 중요한 토대가 되었다.[20] 그런데, 이 보

---

18 Chris Wright, "Calling the Church Back to Humility, Integrity and Simplicity," https://www.lausanne.org/content/calling-the-church-back-to-humility-integrity-and-simplicity-2 (2010년 11월 3일 접속).

19 로잔의 슬로건에 따라서 각각 "온전한 복음"(Whole Gospel)에 관한 대회는 치앙마이에서 2008년에, "온 교회"(Whole Church)에 관한 대회는 2009년에 파나마에서, 그리고 "온 세계"(Whole World)에 관한 대회는 2010년 2월에 베이루트에서 열렸다.

고서에서 교회개혁의 문제를 상당한 분량으로 심도 있게 다루고 있다. 특히 보고서의 II-B항에서는 교회의 거룩성 회복의 중요성을 다루고 있는데, 이 부분에서 보고서는 거룩함이 선교의 중심적인 것임에도 불구하고, 전도에만 배타적으로 강조하였고, 제자삼음에 충분한 관심을 보여주지 못했음을 회개한다. 또한 바로 이러한 잘못 때문에 우리들이 교회와 선교를 오염시키고 있다고 통회한다. 나아가 거룩함은 선교의 중심이며, 선한 전도good evangelism는 그리스도인들이 거룩함의 열매로서의 선행을 행할 때 발생함을 천명하였다.[21]

이 보고서에서는 그동안 교회가 선교적 거룩함을 표현하지 못한 영역, 특히 물질주의적 탐욕, 잘못된 애국주의, 다양한 폭력, 인종적 오만, 이기심, 성차별의 우상숭배를 언급하고 있다. 이 보고서는 교회가 그동안 저지른 우상숭배를 회개하고, 삶과 증언에 있어서의 예언자적이며 선교적 거룩함prophetic and missional holiness of life and witness을 얻기 위해 기도해야 한다고 강조한다.[22] 이 보고서는 2010년의 로잔 3차대회를 준비하는 과정 중에 서서히 교회개혁의 문제를 과거 어느 때보다 더 중요한 주제로 로잔운동이 부각시키도록 만들었다. 그리고 라이트의 예언자적 강연은 바로 이러한 맥락에서 발표된 것이었다.

한편, 2010년 로잔 3차대회가 시작되기 전에 크리스토퍼 라이트는 자신의 강연을 위한 대회가 시작되기 얼마 전에 먼저 발표하였

---

20 Lausanne Movement Theology Working Group, "The Whole Church Taking the Whole Gospel to the Whole World (Condensed)," in https://www.lausanne.org/content/twg-three-wholes-condensed (2017년 10월 30일 접속).

21 위의 문서.

22 위의 문서.

다. 이 문건을 살펴보면 라이트가 얼마나 대회 중의 발표에서 보다 더 구체적으로 교회의 부패에 대하여 통렬하게 문제 제기하는지 알 수 있다. 이 글에서 라이트는 로잔언약에 들어있는 그리스도인의 고백 Confession은 두 가지로 나누어진다고 말한다. 즉, 신앙의 고백 Confession of Faith과 실패의 고백 Confession of Failure 인데, 로잔언약 안에 있는 실패의 고백 부분을 다시 기억할 필요가 있다고 주장하였다. 라이트는 1974년 이후 '깊이가 결여된 성장' growth lacking depth 을 추구하는 전염병이 전 세계에 확산되었고, 특히 세기말이 다가오면서 선교전략과 선교기관들이 '속도'와 '업무끝내기' 식의 접근에 집착함으로써, 이제 피상적 기독교 신앙은 전 세계적 현상이 되었다고 한탄한다. 수많은 회심자들은 그리스도 안에서의 성숙을 경험하지 못하고 있고, 많은 선교기관들에서는 근시안적 선교전략과 투자로 선교훈련이 진행되고 있다고 비판한다. 나아가, 라이트는 선교사들의 오만함과 권력의 추구, 교만함의 죄가 이제는 현지지도자들에게도 동일하게 나타나고 있다고 한탄한다. 권력을 추구하는 유혹은 너무나도 강해서 복음주의 지도자들이 그 유혹에 이미 많이 넘어갔고, 이제는 정복과 지배의 논리가 교회안에서 다양한 형태로 나타나, 지도자를 향한 신뢰가 오용당하고 있고, 사리사욕을 위한 착취가 만연하며, 여성을 억압하고, 돈과 권력으로 신앙을 조작하는 행위가 만연하여 복음주의 교회는 이미 심각하게 병이 들었다고 한탄한다. 또한 그는 사탄의 주요 전략인 속임수와 조작이 교회 안에 침투하여 열정적이고 성공적인 선교로 둔갑하였고, 교회는 숫자적 성장에 지나치게 집착하고 있다. 교회는 불신자들로 교회로 데리고 오기 위해서 의심스러운 방법을 거침없이 사용하기도

하고, 복음을 듣는 자들에게 강압적인 기술들을 사용하여 그들을 조작하고, 심지어는 정직하지 못한 통계 조사를 거침없이 사용하는 등의 수없이 많은 비행들을 복음주의 교회와 선교기관들이 저지르고 있다고 비판한다.[23]

라이트는 결국 복음주의 진영이 회복해야 할 3가지 도전은 이것인데, 즉, 겸손함으로, 그리고 정직함으로, 그리고 단순함으로의 돌아가야 한다는 것이다. 그는 특히 겸손함은 그리스도의 성품의 핵심으로 그의 제자들 모두에게, 특히 교회의 지도자들에게 요청되는 덕목이다. 또한 정직성으로의 요청은 성공과 인정을 향한 열망을 내려놓고, 사적인 영역이든 공적인 영역이든, 우리는 정직함의 성경적 덕목을 회복해야 한다고 주장한다. 즉, 성경적 윤리 없이는 성경적 선교도 없다고 강조한다. 또한 성경은 탐욕과 부유함의 추구를 항상 경고하고 있으며, 오직 하나님께만 의존하고 매사에 만족함을 배우는 태도가 필요하다고 강조한다.[24]

크리스토퍼 라이트의 예언자적 연설은 대회가 끝난 후 발표된 케이프타운 서약문 2부 E항에서 자세하게 반영되었다. 설명이 반복되지만, 케이프타운 서약문의 내용을 좀 더 살펴볼 필요가 있다. 먼저 서약문은 "하나님의 가장 큰 문제는 세상의 나라들과 관련 있는 것이 아니라, 그분이 나라들을 위해 복의 통로로 창조하고 부르신 백성들과 관련 있다"고 하면서 "선교의 성취를 막는 가장 큰 장애물은 하나

---

23   Chris Wright, "Calling the Church Back to Humility, Integrity and Simplicity."

24   위의 문서.

님 백성의 우상숭배'라고 천명한다.[25] 이어서 서약문은 "열방으로 하여금 오직 살아 계신 참된 하나님을 예배하도록 하기 위해 부르심을 받은 우리가 다른 사람들이 섬기는 거짓 신들을 따른다면, 우리는 비참하게 실패할 것"[26]이라고 선언한다. 더 나아가 케이프타운 서약은 권력의 우상을 거절하고 교회가 겸손함을 회복해야 한다고 강조한다. 즉, 우리의 타락과 죄로 인해 권력은 종종 다른 사람들을 학대하고 착취하는 데 사용된다. 우리는 성, 인종, 혹은 사회적 지위의 우월함을 주장하면서 우리 자신을 높인다.[27] 그리고 겸손함을 회복한다는 것은 부부간에, 부모 자식 간에, 고용주과 고용된 자 간에 상호간에 그리스도를 위해 서로 복종하는 것이 필요하다. 이러한 상호복종과 상호간의 사랑은 결혼과 가족과 사회경제적 관계에서 모두 표현되어야 한다고 하였다.[28]

이어서 서약문은 성공의 우상을 거부하고 정직함 가운데 걸어가기를 주장한다. 즉, 진리의 하나님의 나라는 부정직 위에 세울 수 없다. 성공과 성과를 갈망한 나머지 정직을 희생하라는 유혹을 받는다. 우리는 진실된 보고서를 통해서 과장된 결과를 거부하고, 정직함과 투명성이 가득한 문화를 만들어가야 한다.[29] 케이프타운 서약은 마지막으로 탐욕의 우상을 거부하고 단순성으로 회복할 필요가 있다고 강조한다. 특히 최근 전 세계적에 급속히 퍼지고 있는 '번영신학'에

---

25 Lausanne Movement, 『케이프타운 서약: 하나님의 선교를 위한 복음주의 헌장』, 112
26 위의 책, 112.
27 위의 책, 116.
28 위의 책, 116.
29 위의 책, 117-118.

대하여 우려스러움을 표현하는데, 즉, 하나님의 능력과 기적적 은혜, 그리고 교회의 성장과 살아있는 하나님 안에서의 기대되는 신앙을 실천하는 것은 바람직한 일이지만, 하나님의 기적들이 인간의 기술이나, 인간의 말 행동, 은사 등으로 자동적으로 나타나는 것은 아니다. 특히 번영신학을 가르치는 기독교인 지도자들이 종종 비윤리적이며, 비그리스도적인 삶과 행동을 보이고 있고, 순수한 복음전도는 어느덧 기적의 추구로 변질되거나, 참다운 회개 없는 설교가의 모금활동으로 전락하고 있다고 강력하게 비판하였다.[30]

로잔세계복음화운동이 2010년을 분기점으로 해서 선교와 교회개혁을 연결시키는 중요한 신학적 발전을 보이고 있는데, 그 중심에는 크리스토퍼 라이트의 유명한 강연, "겸손과 단순성과 정직성에로의 요청" Call to Humility, Simplicity and Integrity 이 위치하고 있다. 이제 필자는 다음 장에서 3차대회를 전후로 크게 발전한 번영신학의 비판적 관점이 로잔운동 안에서 어떻게 전개되었는지 좀 더 면밀하게 살펴보고자 한다.

---

30 위의 책, 118-210.

5 | 로잔운동에서 교회개혁을 위한 최근 초점: 번영신학 Prosperity Theology

로잔운동 안에서의 교회개혁에 대한 관심은 전 세계적으로 번지고 있는 번영신학에 대한 로잔운동의 비판으로 집중되었다. 이에 본 장에서는 최근 로잔진영에서 활발하게 토론되는 번영신학에 대한 비판적 입장을 살펴보고자 한다. 로잔진영에서 번영신학에 대한 논의는 2008년과 2009년에 신학분과위원회 주최로 열렸던 두 번의 대회를 통해서 본격화되었다. 이 대회는 "번영복음에 대한 아크로퐁 선언문"을 발표하였다.[31]

먼저 아크로퐁 선언문은 번영복음 Prosperity Gospel 을 "신자들로 하여금 건강과 부유함의 축복을 누릴 권리가 있고, 이러한 축복은 신앙의 고백을 통해서, 또한 십일조와 헌금의 신앙적 지불을 통한 '씨앗을 뿌리는' 행위를 통해서 얻을 수 있다는 가르침"으로 정의 내린다.[32] 그리고 이 선언문은 번영복음의 가르침이 제공하는 일부 긍정적 내용을 인식하더라도, 이것은 근본적으로 '거짓복음' false gospel 이라고 선언한다. 이 선언문은 번영복음의 성경의 메시지를 왜곡하고 있고, 이 메시지를 가르치는 교회들의 행위가 비도덕적이며 그리스도적이지도 않으며, 교회를 훼손하고, 영적으로 건강치 않으며, 구원의 올바른 의미

---

31   Lausanne Theology Working Group, "A Statement on the Prosperity Gospel: From African Chapter, http://www.lausanne.org/content/a-statement-on-the-prosperity-gospel (2017년 11월 1일 접속).

32   위의 문서.

를 왜곡하기고 있다고 비판한다.[33]

이어서 선언문은 번영복음이 비성경적인 이유를 보다 상세히 제시한다. 첫째, 하나님의 기적과 능력은 인간적 기술의 나열, 인간의 말이나 행동, 혹은 어떤 의식 Ritual 으로 조작될 수 없기 때문이며, 둘째 영적 건강성은 물질적 풍요로만 측정될 수 없듯이, 부유함이 하나님의 축복의 징조로만 이해할 수 없고, 반대로 가난과 병듦, 혹은 일찍 사망함이 저주의 징조에 의해서 일어나는 것으로만 이해될 수 없기 때문이다. 셋째, 번영복음은 가난의 영적 혹은 마귀적 원인을 지나치게 강조함으로써 가난의 사회, 경제, 정치적 원인에 대하여 전혀 관심을 가지지 못하게 하고, 따라서 불의, 착취, 불공정 무역등과 같은 문제를 전혀 다루지 못하고 있고, 넷째, 번영복음은 가난한 자들로 하여금 자신들의 가난의 원인을 자신들에게 돌리게 함으로써, 빈곤의 원인이 되는 타인의 탐욕의 문제를 다루지 못하게 한다. 다섯째, 번영복음은 가난한 자들이 겪고 있는 가난의 진정한 원인에 대한 지속적 대응을 하지 못하게 만들며, 여섯째, 번영복음을 강조하는 사람들은 그들 스스로의 삶과 행위를 통하여 자신들의 가르침이 비윤리적이며 우상숭배적이며, 궁극적으로 잘못된 것임을 스스로 증명하고 있다. 즉 스스로 화려하고 부유한 삶을 누리고, 비윤리적이며 조작적 기술들을 실행함으로써, 자신들이 거짓선지자임을 명백하게 보여주고 있다.[34]

케이프타운 대회 이후 2014년에 로잔운동은 번영신학을 다루

---

33 위의 문서.
34 위의 문서.

는 대회를 다시 개최하였다. 브라질 상파울로 근처의 아티바이아 에서 열린 "번영신학에 대한 로잔대회"는 40여 명의 참가자들이 모여 번영신학에 대한 폭넓은 토론을 통해서 번영신학의 다양한 측면들을 살피고자 하였다. 이때 무려 10개의 관련 발표가 이루어졌고, "번영신학에 대한 아티바이아 선언문"이 발표되었다.[35] 아티바이아 선언문은 아크로퐁 선언문보다 훨씬 더 광범위하게 번영신학의 폐해를 지적하였다. 즉, 번영복음이 기독교복음을 경박한 복음으로 만들어 버렸고, 이제는 번영신학이 다양한 사회적, 경제적, 문화적, 심리적, 그리고 신학적 환경에 의해서 다른 유형으로 나타나고 있음을 인식하고, 각각의 상황에 맞는 대응이 절실히 필요하다고 주장한다.[36] 선언문의 내용을 좀 더 살펴보면, 이 선언문은 크게 4가지 영역으로 나누어진다.

첫째 고백에로의 요청 a call to confession 부분에서 선언문은 로잔운동이 활발하게 전개되는 지역에서는 대체적으로 풍요로운 삶을 살기 때문에, 빈곤의 복잡성을 충분이 이해하기 힘들다는 사실을 고백하고, 겸손함과 단순한 삶에로의 요청이 빈곤으로 억압당하는 사람들에게는 또 다른 무거운 짐으로 다가올 수 있음을 인정한다. 또한 가난한 나라의 정의와 부와 가난의 분배문제를 너무 경솔하게 판단하고, 가난과 억압에 의해서 삶이 규정되고 있는 사람들의 이야기를 들으려고 하지 않았음을 고백한다. 또한 부유한 나라들의 교회 안에서 일어나

---

35 "Atibaia Statement on Prosperity Theology,"https://www.lausanne.org/content/statement/atibaia-statement (2017년 11월 20일 접속).

36 위의 문서.

는 비복음적 메시지에는 관심을 가지지 않은 채, 가난한 나라의 번영신학의 지나친 면만을 비판해 왔음을 반성한다. 또한 부유한 나라의 기독교인의 삶의 소비주의적 태도로 인해 가난한 나라들의 형제들과 자매들이 억압당하고 고통당하고 있다는 사실을 인정하며 고백한다.[37]

둘째, 행동으로의 요청 a call to action 부분에서는 구체적으로 그리스도인들이 번영신학과 관련한 행동적 실천을 다룬다. 먼저 선언문은 그리스도인의 정의와 사랑의 실천이 가장 연약한 자들을 향하여 먼저 행해져야 하며, 이러한 그리스도인들의 봉사는 타인을 위한 for others 봉사가 아니라, 타인과 함께 with others 하는 봉사임을 분명히 해야 하며, 또한 정의와 옹호의 행위 acts of justice and advocacy 는 봉사의 행위 act of service 와 나란히 복음 증거의 중심적 부분임을 천명한다. 또한 권력과 부의 윤리와 관련된 행동 요청에 있어서 선언문은 번영신학을 주도하는 지도자들의 권력 남용과 부패에 대하여 강력하게 비판한다. 특히, 최근 전 세계 많은 지역에서 번영신학의 지도자들이 저지르는 권력 남용과 부패의 스캔들이 매스컴을 통해 계속 드러나고 있는데,

이와 관련하여 선언문은 1) 이들의 권력 영적 권력을 포함하여 남용의 행위들에 지속적으로 도전하고, 2) 번영신학이 강조하는 '부유해질 권리'라는 주장이 개인의 책임성을 약화시키고, 비윤리적 모금활동을 계속하게 만드는 것에 대하여 도전하고, 3) 번영신학이 특히 가장 연약한 자들을 억압하고 착취하는 것에 강하게 도전해야 한다고 주장한

37 위의 문서.

다. 나아가 선언문은 관대한 나눔은 교회의 핵심적 표지로서 소중한 것이지만, 그리스도인은 단순한 나눔에 만족하지 말고 한 걸음 더 나아가서 빈곤의 제거를 위한 구체적 행동을 실천해야 한다고 천명한다. 이와 함께, 선언문은 빈곤의 극복을 위하여 부의 창출과 함께, 사회적으로 책임 있는 사업체들이 계속 만들어지고 유지되게 함으로써, 가난한 자들을 일으켜 세우고, 이를 통해 개인적 존엄뿐 아니라 공동체적 존엄을 회복하게 해야 한다고 선언한다. 뿐만 아니라, 구조적 변화를 일으키기 위한 노력도 필요한데 예를 들어, 어떤 곳에서는 수입 창출을 위한 접근보다는 구조적 변화가 필요한 곳도 있는데, 즉, 빈곤의 굴레를 벗어나지 못하게 하는 부패적이며 억압적 구조를 없애고 정의로운 정치적, 문화적, 경제적 구조를 만들기 위한 노력에 참여해야 한다고 천명한다. 나아가 치유사역과 긍휼사역에 있어서는 가난한 자들의 존엄성을 지키면서 치유와 긍휼사역이 진행되어야 한다. 특히 긍휼 넘치는 전도사역이 필요한데, 복음을 위한 고난과 타인의 고통을 함께 나누는 것은 하나님 나라의 가치에 근거한 행동이며, 고통당하는 이들과 함께함은 그리스도의 사랑을 진정으로 구현해내는 길이다.[38]

셋째로, 하나님나라의 삶에로의 요청 a call to the life in the Kingdom 부분에서는 인류와 창조세계 전체의 복지 Well-being 를 위한 성경적 비전을 확증하며, 오늘날의 문화는 우리의 욕망을 왜곡시켜 예수 그리스도께서 제공하신 생명의 풍성함으로부터 멀어지게 한다. 특히 욕망의 가

---

38 위의 문서.

장 심각한 왜곡된 표현인 물질주의와 소비주의야말로 가장 배격해야 할 것이다. 따라서 번영신학이 지배하고 조작되는 곳에서 그리스도인들은 진정성 있는 정의와 희망을 위한 예언자적 목소리가 되어야 한다고 하였다. 우리는 특히 개인적 돌봄을 위한 목회적 반응과 조작적이며 억압적인 리더십의 책임에 대한 예언자적 거부는 구별되어야 함을 인정한다. 따라서 우리는 교회로 하여금 하나님나라의 삶으로 돌아올 것을 요청한다. 즉, 겸손함과 정직함과 봉사의 삶으로의 회복을 요청한다.[39]

넷째로, 성찰에로의 요청 a call to reflection 에서는 추가적 연구가 필요한 부분을 주로 다루었다. 예를 들어, 번영신학에 대하여 성경 전체의 관점에서 복음에 대한 분명한 이해에 근거한 건강한 성경적 해석학적 대응이 필요함을 인식한다. 나아가, 성경에서 건강과 번영에 대한 성경적 가르침이 무엇인지를 명확하게 할 과제가 있고, 특히 서로 너무나도 다른 성경 해석의 견해를 가진 사람들과 어떻게 의미 있는 대화를 할 수 있을지 고심해야 한다. 뿐만 아니라, 하나님은 종종 고난을 통해 믿는 자들의 신앙을 강하게 하는 경우가 있음을 인식하고, 그동안 교회가 너무 자주 축복의 복음만을 강조하여왔기에, 애통과 탄식의 자리에 적합한 기독교적 응답을 제공할 신학적 과제가 여전히 있음을 인식하였다. 또한 현재의 고난과 애통중에 있는 자의 슬픔에 더 잘 참여하기 위해 배워야 할 성경적 자료와 실천들은 무엇이 있는지 생각해야 한다. 나아가, 선언문은 빈곤의 복잡하고 다차원적 측면

---

39 위의 문서.

을 연구할 필요가 있다고 언급한다. 또한 빈곤의 문제를 해결하기 위한 창의적이며 윤리적이고, 지속가능한 사업 창출을 위한 방안을 지속적으로 성찰해야 한다. 또한 번영신학의 긍정적 측면, 즉, 사람들에게 소속감과 희망의 공간을 제공하고, 기존체계를 도전하는 신학을 어떻게 해석해야 하는지 연구해야 한다. 따라서 어떻게 더 좋은 공동체, 더 좋은 희망, 그리고 정의와 사랑을 구현함을 통해서 억압적 기존체제를 도전하는 길을 제공할 것인가? 등등의 심도 있는 성찰이 여전히 필요함을 밝히고 있다.[40]

이 선언문에서 주목할 것은 남방지역에서 번영신학이 광범위하게 번지는 원인이 북방교회가 몸담고 있는 풍요로운 지역의 과소비주의에 원인이 있음을 언급하는데, 이것은 빈곤의 문제를 극복하기 위한 다양한 접근을 할 필요가 있음을 로잔진영이 인식한 것으로 판단된다. 예를 들어 가난의 극복을 위한 지속가능한 사업 창출의 중요성을 언급하고, 또한 복음증거의 본질적 측면으로서 사회봉사와 함께 약자옹호를 위한 예언자적 사역을 적극 지지한다. 이것은 로잔진영이 전통적으로 전도를 강조한 접근에서부터, 사회변혁을 위한 교회의 예언자적 역할을 강조함으로 로잔진영이 총체적 선교로의 전환을 뚜렷하게 보여주는 대목이다. 결국, 2010년 이후 로잔신학은 다루는 주제에 있어서 초기 로잔운동의 개인전도에 뚜렷한 방점을 찍었던 것과는 상당히 다른 접근을 하고 있는 것이 사실이다. 특히 로잔운동은 세계복음화를 장애하는 장애물은 교회 안에 있는데 그것은 교회의 타락으

---

40 위의 문서.

로 보았고, 교회의 타락의 핵심에는 번영신학이 크게 일조를 하고 있다고 판단하고 있으며, 따라서 로잔진영에서의 교회개혁과 관련된 주제는 이제 번영신학의 문제점을 분석하고 이것을 극복하기 위한 노력을 펼치는 것으로 발전 전개된다고 할 수 있겠다.

6 | 나오는 말: 한국교회를 향한 메시지

크리스토퍼 라이트는 "21세기의 종교개혁?"이라는 글을 2007년에 발표하였다.[41] 당시 3년 앞으로 다가온 케이프타운 대회를 분기점으로 로잔운동이 세계복음화를 위한 노력뿐 아니라, 온 세계의 교회를 병들게 하는 세속주의와 물질주의를 배격하고 교회가 개혁되고 새로워지는 계기가 되기를 바라는 마음으로 작성한 글이었다. 그는 이글에서 21세의 세계복음주의 교회 안에 만연한 다양한 남용과 오용의 스캔들을 보노라면, 마치 중세 유럽시대 교회가 저질렀던 추악한 죄악들의 형태들을 다시 재현하는 것 같다고 한탄한다.

---

41 Christopher Wright, "A 21st Century Reformation?." https://www.lausanne.org/content/a-21st-century-reformation (2017년 11월 15일 접속).

전 세계 수많은 대형교회 지도자들은 엄청난 부와 권력과 지배적 힘을 가진 고대 성직자들과 비슷하다. 이러한 모습은 결코 용납될 수 없을뿐 아니라, 추악하고 unattractive, 그리스도적 un-Christlike 이지도 않다. 전 세계 복음주의 교회에 출석하는 수많은 일반성도들은 성경에 근거한 올바른 말씀을 듣지 못하고 있다. 그래서 이들 대부분이 여전히 성경에 대하여 무지한 채 지내고 있다. 이들에게는 오히려 21세기형 면죄부 같은 '번영복음'만 제공되고 있다. 다시 말해, 중세의 면죄부는 '지금 이곳에서의 물질적 축복'이라는 '21세기형 영수증'으로 탈바꿈하였다. 그리고 이런 교회들은 정치 경제 군사의 세속적 권력과 결탁하여, 그리스도 안에서의 하나님의 나라의 복음이 아니라, 인간의 제국을 반영하는 의제와 이데올로기를 전파하고 있다.[42]

그는 또한 "21세기 종교개혁?"에서 아래와 같이 주장한다.

16세기 종교개혁은 선교적 인식과 정신이 부족했었고 한참 후에 이러한 선교적 정신이 등장하였었다고 비판을 받아왔다. 종교개혁자들이 교회 안에서 일어나는 잘못들을 바로잡기 위한 노력에 집중한 나머지 세계선교를 무시하였다고 주장하는 것이다. 그러나 21세기 복음주의 진영의 그리스도인들은 참으로 아이러니하고도 비극적으로, 세계선교에 너무 집중한 나머지 교회의 오용과 남용을 무시하고 의도적으로 우리 자신들의 우상과 혼합주의에는 눈을 감아버린 것은 아닌

---

42 위의 문서.

가? 만약 선교 없는 개혁이 불완전한^{defective} 것이라면, 개혁 없는 선교
는 착각이며^{deluded}, 자멸적이며^{self-defeating} 위험하다^{dangerous}.[43]

    2017년 10월 한국로잔위원회의 초청으로 케이프타운 서약문
의 초안 작성자인 크리스토퍼 라이트가 한국을 방문하여 종교개혁기
념강연을 하였다. 강연을 마친 뒤 질의응답 시간에 한 청중으로부터
질문을 받았다. "현재 세계선교의 가장 큰 장애물이 무엇이라고 생각
합니까?"라는 질문에 그는 "오늘날의 세계선교를 위한 하나님의 선
교에 가장 큰 장애물은 바로 교회입니다" 이 대답은 사실 케이프타운
서약문에 등장하는 표현이지만, 질문자를 향한 크리스토퍼 라이트의
대답은 종교개혁 500주년을 기념하는 오늘날의 한국교회에 매우 중
요한 메시지를 전하고 있다. 그것은 바로 하나님의 선교에 교회가 온
전히 참여하기 위해서는 끊임없는 교회의 개혁이 반드시 필수적이라
는 사실이다. 라이트의 대답은 로잔운동을 향한 것이기도 했다. 즉, 그
동안 로잔운동이 세계선교를 위한 수많은 전략개발을 하고 더 많은
선교지도자들과 실천가들을 발굴하고 세계선교를 위한 범 교회적 움
직임을 펼쳤음에도 불구하고 하나님의 백성된 교회의 참다운 회개와
개혁이 없이는 진정한 세계선교를 위한 과제는 결코 이루어질 수 없
음을 아프게 인식한 대답이었다. 사실, 지난 수십 년 동안 로잔운동은
세계복음화를 위한 다양한 전략을 개발하여왔다. 그러나 정작 그 일
을 수행해야 할 하나님의 백성들이 타락할 때 하나님의 선교는 하루

---

43   위의 문서.

아침에 헛수고로 만들어버리게 된다. 따라서 우리의 선교는 교회 안에서의 우상을 제거하는 과감한 회개부터 시작되어야 한다. 왜냐하면 교회의 삶과 행동은 그 자체로서 선교적 함의를 담고 있기 때문이다. 바라기는 로잔운동에서 발견되는 교회개혁을 위한 통찰력이 침몰해 가는 한국교회의 개혁을 위한 단초를 제시하기를 바란다.

3장

로잔운동과 목회자 이중직

이 글은 "로잔운동의 관점에서 본 목회자 이중직(Bi-Bocational
Ministry)문제", 로잔운동의 신학과 실천 (서울: 도서출판 케노시스,
2017), 79-107쪽에서 처음 발표되었음.

3장　로잔운동과 목회자 이중직

1. 들어가는 말

2. 한국교회의 목회자 이중직에 대한 찬반론

3. 로잔운동에서 본 목회자 이중직과 관련된 견해들

4. 목회자 이중직을 위한 실제적 방안

5. 나오는 말

1. 들어가는 말

목회자가 교회나 기관에서 전임으로 하는 사역 이외의 다른 직업을 통하여 생계를 위한 재정의 전체 혹을 일부를 충당하는 경우를 목회자 이중직이라고 말한다. 최근 들어와서 목회자들이 카페 교회를 운영하고 있는 경우가 많은데 이들은 카페를 주중에 운영하면서 주말에는 그 장소를 예배공간으로 바꾸어서 활용한다. 이러한 방식으로 적절한 수입을 창출하고 동시에 목회사역도 진행하니, 결국 이중 목회자의 대표적인 형태라고 하겠다. 다른 경우로는 목회자가 교회에서는 준전임이나 파트로 사역하면서 주중에는 다른 종류의 기독교 관련 사역이나 일반 직업을 통해서 생계유지를 위한 추가적 재정을 충당하는 경우도 약간의 차이가 있으나 이중직의 한 형태라고 할 수 있다. 최근 교인수의 감소와 재정적 압박으로 인해 부담스러운 전임사역자보다는 준전임이나 파트사역자를 선호하는 경향이 증가하는데, 이 또한 이중직 목회자들이 더욱 급속도록 증가하는 요인이 되기도 한다.

이와같이 다양한 요인으로 인해 급증하는 이중직 목회자들로 인해 목회자 이중직을 더 이상 무조건적 금지만을 고집할 수 없는 상황이 되었다. 이에 목회자 이중직에 대한 본격적인 논의가 서서히 진행되고 있다. 예를 들어 2014년에는 "목회와 신학" 4월호에서 이 주제에 대하여 특집으로 다루어졌다. 또한 교단별로 이 주제에 대한 보다 본격적인 대책이 나타나기 시작하였다. 예장통합교단의 경우, 2014년 10월 17일에 목회자 이중직 세미나가 개최된 후, 1년 동안 특별위원회가 결성되어 2016년 현재까지 이 주제에 대하여 연구를 진행하고 있다. 또한 2016년 1월에는 감리교회가 최초로 목사이중직을 일부 허용하기로 결의하였다. 물론 이 결정이 이중직의 전면적 개방을 아니었으나, 이중직을 미자립교회 목회자가 원할 경우, 직종과 근무지 근무시간을 서면으로 신청해 허락케 하였다. 결국 감리교는 한국교회 최초로 목회자 이중직을 부분적으로나마 허락하는 방향으로 그 길을 열었다고 하겠다.[1]

사실 목사의 이중직에 대한 올바른 견해는 다양한 관점에서 연구되고 다루어져야 할 필요가 있다. 예를 들어, 개혁교회의 전통 안에서의 목사직에 대한 바른 이해가 필요하다. 개혁교회의 관점에서 볼 때, 목사직은 특별직제에 해당하기에, 특별직제로서의 목사직을 전문성을 가지고 바르게 수행하기 위해서는 전임사역이 바람직하다. 그러나 동시에 개혁교회 전통의 신학적 근간이 되는 만인 제사장설은 목회직은 거룩한 직업이며, 다른 세속적 직업은 거룩하지 않다는 이분법을 거부한다. 따라서 목사의 이중직의 허용과 금지에 대한 견해도 결국 어떤 신학적 기초에 근거하는가에 따라 다르게 접근될 수 있다.

---

1   정원희, "감리교, 교단 최초로 '목회자 이중직' 일부 허용," 『뉴스 미션』 (2016. 1. 14), http//www. newsmission.com/news/news/view.asp?seq=64243.

여기서 우리는 개혁교회의 직제 이해가 과연 불변의 진리로 받아들여야 할 것인가? 라는 질문도 함께 해야 할 필요가 있다. 왜냐하면 목회 환경의 변화 속에서 목사의 직무가 개혁교회의 전통을 유지하면서도 새롭게 해석될 필요가 있기 때문이다. 또한 이 문제는 신학교육현장과 직접적으로 연결되어있다. 신학교육의 목적이 과연 교회 관련 전임사역자만을 배출하는 것이 신학교육이라고 말할 수 있겠는가? 결국 신학교육의 근본적 목적에 대한 새로운 관점이 신학교육현장에서 검토되어야 한다.

필자는 목회자 이중직의 문제가 다양한 관점에서 조명되어야 함을 인식하면서, 특히 선교학적 관점에서 목회자의 이중직에 대한 논의를 조명하고자 한다. 세계복음화를 위한 선교운동으로서의 로잔운동은 선교인력의 발굴에 많은 관심을 쏟아왔다. 예를 들어 본국에서의 재정적 지원이 없이도 선교사역을 지속하기 위해서 자기 스스로 재정 충당을 하게 하는 자비량 선교사^{Tentmaking Missionary}의 개념은 실제로 선교인력의 발굴에 크게 기여하였다. 자비량 선교사는 자신의 직업을 가지고 선교사역에 참여함으로써, 후원자들의 지원이 없이 선교사역을 수행할 수 있었다. 이후 이 개념은 더 발전하여 "사업 그 자체가 선교"^{Business as Mission} 개념이 소개되면서 로잔운동은 선교인력개발을 위한 새로운 장을 열었다. 또한 2000년을 넘어서면서 로잔운동 안에서 활발하게 전개되는 일터사역^{Market Ministry}는 매일매일 평신도들이 만나는 일터 현장이야말로 진정한 의미의 선교현장 임을 인식하였다. 이러한 로잔운동의 선교전략들은 목회자 이중직과 관련된 새로운 통찰력을 제공할만한 단초가 될 수 있다.

이 글은 먼저 한국교회의 목회자 이중직의 실태와 이에 대한 찬반론, 그리고 그 신학적 근거들을 이미 선행된 연구들을 중심으로 간략하게 살펴볼 것이다. 다음으로 로잔운동에서의 목회지 이중직에 대한 견해를 다룰 것이다. 먼저 로잔운동 안에서의 평신도선교사들의 자비량 선교 전략, 일터사역, 선교로서의 사업Business as Mission 전략을 중심으로 조명해볼 것이다. 마지막으로 로잔운동의 관점에서 목회자 이중직의 허용을 위한 실제적인 방안을 제시할 것이다.

2. 한국교회의 목회자 이중직에 대한 찬반론

한국교회는 1990년대에 성장이 멈추고 2000년을 넘어서면서 감소로 돌아섰다. 이러한 교회적 환경변화에도 불구하고, 목회자의 숫자는 꾸준히 증가하였다. 이에 최근 들어와서 목회자가 지역교회 및 기관사역 이외에도 생계를 위해서 직업을 가지게 되는 경우가 많아졌다. 자연스럽게 목회자 이중직 문제가 대두되고 있다.

시대적 변화에 따른 목회자 이중직에 대한 인식도 크게 변화되고 있다. 한국교회의 목회자 이중직에 대한 목회자들의 인식을 어떠할까? 2014년 4월에 목회사회학연구소가 월간 『목회와 신학』이 공동주관으로 목회자 904명을 대상으로 설문조사를 실시하였는데, 설문조사 결과 목회자의 이중직에 대하여 높은 찬성률을 보이는 것으로 나타났다. 이 조사는 정재영 교수가 주도하여 65개 교단의 목회자들을 대상으로 설문조사를 실시하였다. 설문조사에 의하면, 경제적인 이유로 인한 목회자 이중직에 대한 의견은 52.4%가 찬성하였다. 여기에 적극적 찬성에 응답한 21.5%를 포함하면, 전체적으로 찬성에 73.9%로 나타났다. 이것은 반대를 표명한 26.1%와 비교할 때 크게 차이가 났다.[2] 이 조사에서 볼 수 있듯이 한국교회 목회자들은 불가피한 경우 이중직을 할 수 있다고 생각하는 경향이 높다. 이것은 한국교회의 목회자에 대한 인식의 변화를 반영한다. 즉, 목회자가 생계를 위해서 다른 종류의 직업을 가질 수 있다는 의견이 과거에 비해 많이 높아졌고, 더 이상 목사는 무조건 목회에만 전념해야 한다는 전통적인 생각은 더 이상 한국교회 안에 주도적이지 않다.

또한 이 조사에서 밝혀진 것은 정부기관인 보건복지부가 정한 4인 가족 최저 생계비인 153만원에도 미치지 못하는 사례비를 받고 있는 목회자가 무려 66.7%에 이른 것으로 나타났다.[3] 결국 최저생계비에도 미치지 못하는 목회자들의 사례비를 받고 있는 목회자들에게 더 이상 목회자는 다른 직업을 금지할 수 없음을 보여준다. 결국 한국의 많은 목회자들이 생계를 위해 다른 직업을 찾을 수밖에 없는 실정이며, 많은 목회자들이 이미 이중직을 하고 있고, 한국교회의 열악한 현실 속에서 목회자의 이중직은 불가피한 측면이 있다고 하겠다.

---

2 목회와 신학 편집실, "목회자 이중직에 대한 설문조사분석," 『목회와 신학』 (2014. 5), 62.

3 박경수, "목회자 이중직을 보는 관점과 태도," 『좋은 교회(Good Church)』 (2016. 1월), 4, http://goodchurch.re.kr/ (2016년 3월 12일 접속).

목회자 이중직을 반대하는 입장은 대체적으로 개혁교회 전통에서의 특별 직임으로서의 목사직에 대한 이해 때문이다. 전통적으로 목사는 설교, 성례의 집행, 축도 등을 수행하는 직임이다. 목사는 평신도와 그 직임이 엄연히 구별되어야 하는데, 이중직의 허용이 목회자와 평신도의 구분을 모호하게 하여, 궁극적으로는 직임의 혼돈을 유발할 수 있게 만들 수 있다는 우려 때문이다. 예를 들어 최윤배는 개혁교회의 전통에서 특별직제에 속하는 목사직은 원칙적으로 교회의 목회사역에 전념하는 것임을 강조한다. 물론 그는 특수한 상황에서는 선교적 차원에서 목회자 이중직의 가능성에 대해 신중히 검토해야 한다고 유보적 입장을 보이긴 하지만,[4] 전반적으로 직임의 혼란이 야기할 문제 상황에 더 깊이 우려한다. 결국 목회자의 이중직은 근본적으로 개혁교회 전통에서 볼 때 특별 직임으로서의 목사직에 대한 혼돈을 장기적으로는 초래할 수 있다는 것이다.

목회자의 이중직을 반대하는 또 다른 이유는 직업 윤리적 관점에서 제기된다. 목회자의 이중직은 직업 윤리적 관점에서의 볼 때, 그 전문성이 약화될 수 있다. 그리고 더 나아가 목사직에 대한 헌신도의 약화를 초래할 수 있다. 목회자가 다른 종류의 직업을 통해 얻게 될 금전적 이익이 목회자의 소명을 약화시킬 수 있다는 주장이다. 목회자로서의 자신의 정체성을 약화시키고, 목양으로의 부르심에 대한 영적 해이를 초래할 수 있다. 전문성에 있어서도 목회자가 지녀야 할 다

---

4   최윤배, "개혁신학의 관점에서 본 목사 이중직," 예장통합 총회 국내선교부 목회자이중직위원회 제출논문, (2015.5.4.), 5. 김승호, 587에서 재인용.

양한 역량에 있어서 전문성의 결여가 결국 목회자의 질적 약화를 초래할 것이라는 우려도 있다. 사실, 목회자는 목양을 위한 리더십, 설교, 행정능력, 상담, 영적통찰, 상담 기술 등의 목회자로서 갖추어야할 다양한 요소들이 있고, 이를 위한 오랜 시간의 훈련이 필요하다.[5] 임성빈은 목회자 이중직의 허용이 초래할 수 있는 위험성으로 목회자에게 주어진 책무Accountability의 약화로 언급하였다. 교회는 목회자가 생활문제로 목회활동을 하는데 지장을 받지 않도록 할 의무가 있다. 목회는 24시간 대기상태에 있는 풀타임사역이다. 다양한 목회사역은 설교, 장례 심방, 결혼, 사건 사고, 교회행사 등의 많은 에너지가 소요되는 활동이며, 이러한 일들이 이중직의 허락으로 인해 명백하게 약화될 수밖에 없다는 것이다. 결국 목회자들에게 생활까지 책임지도록 하는 것은 바람직하지도, 윤리적이지도 않다는 것이다.

　　그러나 목회자의 이중직은 불가피한 일이기에 허락해야 하며, 개혁교회전통에도 위배되는 것이 아니라는 주장도 만만치 않다. 오늘날 교회성장이 멈추고, 이제는 감소로 돌아선 상황에 여전히 목회자 수는 늘어가는 이러한 상황과 목회자 수급불균형의 현실적 상황 속에서 턱없이 부족한 임지로 인해 필연적으로 무임목회자들과 적은 사례비로 생계를 이어가는 목회자들의 현실적인 대안이 된다. 목회자의 이중직을 지지하는 입장은 단순히 현실적인 이유뿐 아니라 신학적으로도 개혁교회가 이어온 만인제사장설과 직업 소명설은 목회자의 이

5　임성빈, "목회자의 이중직 문제, 어떻게 보아야 하는가?," 2부 찬반 논변과 대안제시, www.circum.org/924 (2016년 3월 5일 접속).

중직을 금지하지 않는다고 주장한다. 예를 들어 개혁교회 전통의 근간을 이루는 만인제사장설은 목회는 거룩한 일이며, 그 외의 일은 세속적인 일이라는 이분법적 도식을 인정하지 않는다. 목회자 이중직의 허락을 주장하는 김승호는 목회자의 이중직을 허락해야 한다는 입장은 대체적으로 만인 제사장설과 직업 소명설, 하나님의 선교 개념 등을 근거로 주장한다. 김승호에 의하면, 이 두가지 개념은 실제 목회자 이중직의 가능성을 열어놓고 있다고 주장하였다 즉, 만인 제사장직과 직업 소명설 개념은 목회자가 어떤 상황에서도 이중직을 수행할 수 없다는 전면적 거부를 함축하지 않고 있다는 것이다. 오히려, 루터가 행한 것처럼, 목회자가 가족의 생계문제해결을 위해 목회직과 세속직을 동시에 수행하는 모습 자체가 책임 윤리적 차원에서 긍정적으로 평가할 수 있다고 하였다.[6]

목회자의 이중직에 대하여 긍정적인 박경수는 하나님의 선교의 관점에서 이 문제를 조명한다. 그는 모든 그리스도인들이 하나님의 선교에 동참하도록 부름 받았고, 그들의 일터는 선교의 현장이며, 그들은 하나님이 보내신 선교사가 되고, 모든 일터가 하나님의 선교 현장임을 강조한다. 그는 거룩한 직업과 세속적 직업의 경계는 사라지고, 개인이 이중소명을 받은 경우, 목회직과 세속직을 동시에 수행하는 데에는 문제가 없다고 본다.[7] 박경수는 불가피하게 나타나는 이중직이 피할 수 있는 상황이 아니라면, 그저 수동적으로 방관하기보

---

6   김승호, "목회자 이중직에 대한 신학적 고찰," 『신학과 실천』 47호 (2015. 11), 590.
7   박경수, "목회자 이중직을 보는 관점과 태도" (예장통합 총회 국내선교부 목회자 이중직 위원회 제출 논문, 2015), 2.

다는 능동적으로 수용하여, 하나의 목회유형으로 인정하는 것이 바람직하다고 주장한다. 그는 이중직이 전통적인 전임목회를 대체할 수는 없으나, 생계형 이중직에서 선교형 이중직으로의 패러다임을 전환하고, 교회개척의 첫 단계나 선교의 접점을 마련해야 할 첫 걸음에 이중직목회를 적극 활용하는 것도 포스트모던적 사회 안에서의 적합한 선교전략이라고 강조한다. 이로 인해 은밀하게 혹은 위축된 마음으로 두 가지 일을 하는 이중직 목회자들의 자존감을 세우는 일이 필요함을 강조한다.[8]

목회자 이중직에 대한 찬반론이 각자의 관점에서 설득력 있는 주장이기 때문에 한 입장만을 지지하는 것이 결코 쉽지 않다. 최근 들어와서 보다 목회자 이중직에 대한 보다 균형잡힌 관점이 예장통합교단의 이중직연구위원회에 의해서 제시되었다. 예장통합교단은 2014년부터 현재까지 이중직 ^{자비량목회} 연구위원회를 구성하여 연구를 지속하고 있다. 목회자와 신학자로 구성된 연구위원회는 1년간의 연구 끝에 이중직 연구위원회 보고서를 1차적으로 작성하여 총회에 보고하였다. 이 보고서는 그동안의 이중직문제에 대한 보다 균형 있는 관점을 제공하고 있다. 이 보고서는 "모든 직업이 하나님이 부르심 즉 소명에 따른 것이며, 직업은 생계를 위한 수단을 넘어서 하나님의 뜻을 이루기 위한 거룩한 부르심"임을 천명한다. 뿐만 아니라, "직업을 통해 일하고 노동하는 것이 곧 거룩의 실천이며, 목회와 마찬가지로 세속적 직업 또한 소명에 따른 것이며, 세속적 직업도 거룩한 것이다."

---

8   위의 글, 3.

더 나아가 이 보고서는 "목회자나 세속의 직업을 가진 사람이나 모두 하나님의 일을 하는 사람이며" "모든 직업이 곧 하나님의 부르심이며, 일터가 곧 선교지이기에, 거룩한 직업과 세속적 직업의 경계는 사라지게 된다"고 천명한다. 그럼에도 불구하고, 특별직제로서의 목사직에 대한 차별화를 고수한다. 또한 보고서는 "목회자의 부르심은 회중이나 기관의 청빙이 있을 때 그것을 하나님의 부르심으로 여기고 자신을 청빙한 공동체와 기관으로 가서 하나님을 위해 충성하는 것이며, 따라서 회중이나 기관의 청빙이 없을 경우, 목회자나 목사 후보생은 일정기간 청빙을 기다릴 수 있으나, 계속하여 청빙이 없을 경우, 혹은 청빙이 중단된 경우, 일정한 기간 이후에는 목사직을 면직하도록 해야 한다"고 결론 내린다. 또한 "개혁교회 전통에 따르면 목회자는 임기가 끝나면 일반인과 다르지 않으며, 세속 직업도 목회와 같이 거룩한 일이기에 다른 직업을 찾는 일에 죄책감을 느끼거나, 그런 일을 하는 것을 두려워할 필요가 없다"고 천명함으로써 이중직보다는 다른 직업을 찾도록 하는 것이 바람직하다고 하였다.

또한 보고서는 현재 한국교회의 이중직 목회자 현실을 또한 인식하고 이에 대한 보다 구체적인 대응을 위한 제안을 하고 있다. 즉, "청빙을 받은 목회자가 생계 문제를 해결하지 못할 경우에는 목회관계의 다변화를 통해 풀어가도록 다양한 목회관계를 모색하도록 제안하고 있다. 즉, "지역교회나 기관 혹은 노회가 목회자의 생활비를 감당하지 못할 경우, 목회관계를 준전임 half time 이나 시간제 part-time 의 관계로 설정하여 사역토록 한다." 이는 이중직의 현실을 부분적으로 인정하고, 이에 근거한 목회 관계의 다변화를 모색하도록 길을 열어놓은 것이다. 더 나아가, 이 보고서는 생계형 이중직과 구별하여 "소명형 이중직"을 공식적으로 인정하고 있다. "소명형 이중직"이란 목회자가 하나님으로부터 목회직의 소명과 세상직업의 소명을 함께 받았다면, 원칙적으로 이중직을 수행하는 것인데, 그럼에도 불구하고 소명형 이중직도 제한된 시간 안에 두 가지 사역을 동시에 감당해야 하기 때문에 양쪽 모두를 제대로 감당하지 못하는 직업윤리적 차원의 위험성을 경고한다. 따라서 소명형 이중직을 허용하기 위해서는, 이중직 수행에 필요한 구체적 지침을 마련하고, 제한된 범위에서만 소명형 이중직을 허용해야한다.[9]

여기서 말하는 소명형 이중직은 자비량형 목사와 유사하다. 자비량형은 전도와 선교를 위해, 기존의 전문직 직종의 종사자가 신학교육을 받아 자비량으로 목회하는 경우도 있고, 기독교 관련 기관에 근무함으로써, 교회사역과 병행하는 경우이다.[10] 이러한 유형 중에서 좀 더 적극적으로 직업 활동 자체를 선교활동의 일부로 인식하는 선교형 이중직의 경우에는 이중직이 단순히 생계를 위한 수단이 아니라, 하나님의 선교에 참여하기 위한 과제로 인식된다.[11]

이상과 같이 목회자 이중직은 2000년도에 들어서면서 감소세로 돌아선 한국교회 안에서 부득이하게 나타나는 현상이다. 그리고

---

9 예장통합교단 이중 목사직(자비량 목회) 연구위원회 최종 보고서. 2015년 9월에 총회에 보고함. 자료는 예장통합교단 국내선교부에서 제공받음. 목사이중직 (자비량 목회자)연구위원회 최종 보고서, 1, 4, 5.

10 임성빈, "목회자의 이중직 문제, 어떻게 보아야 하는가?: 책임 윤리적 관점에서: 1부 현실과 신학적 근거," www.cricum.org/923#footnotes_923_1 (2016년 3월 5일 접속).

11 정원희, "목회자 이중직, 어떻게 바라볼 것인가?," 『뉴스미션』 (2016. 2. 8), http//www.nesmission.com/news/news-view.asp?seq=64596 (2016년 3월 10일 접속).

이에 대해 더 이상 무조건적 금지만을 고집할 수 없다는 입장이 있는가 하면, 이중직의 무조건적 허용으로 나갈 경우, 개혁교회 전통 안에서 특별 직임으로서의 목사직의 독특성이 사라지게 되고, 목사의 전문성 결여를 초래할 수 있다는 우려가 함께 나타나고 있다.

3 | 로잔운동에서 본 목회자 이중직과 관련된 견해들

로잔운동은 목회자 이중직에 대하여 어떤 입장을 보이는가? 로잔운동은 세계복음화를 위한 온 교회의 참여를 강조한다. 목회자와 선교사뿐 아니라, 일반 평신도들의 선교사역에로의 참여를 강조한 로잔운동은 만인 제사장설에 근거한 "모든 성도가 사역자"를 주장하면서, 일찍부터 평신도 전문인에 의한 자비량선교 Tentmaking Mission, 더 나아가 일터신학 Market Ministry 를 발전시켰다. 최근에는 Business as Mission 개념을 도입하여 선교전략의 획기적인 접근을 시도하였다. 이러한 관점은 필자가 논하는 목회자 이중직에 대한 중요한 관점의 단초를 제공한다. 본 장에서는 이러한 개념들이 어떻게 전개되고 어떻게 목회자 이중직과 연결되는지 살펴보고자 한다.

(1) 세계복음화를 위한 평신도의 역할 강조

로잔운동은 세계복음화의 과제를 달성하기 위한 평신도의 역할을 지속적으로 강조하여 왔다. 로잔운동에 있어서 평신도의 역할을 본격적으로 강조하기 시작한 것은 마닐라 대회에서부터였다.[12] 2차대회에서부터 또렷하게 두각을 드려낸 로잔운동의 모토인 "모든 교회Whole Church가, 온전한 복음Whole Gospel을, 온 세상Whole World 속으로"에서, 특히 "모든 교회"Whole Church는 목회자나 선교사 뿐 아니라, 평신도를 포함해야 한다는 것이다.

마닐라 선언문 1부 12항에서는 "우리는 하나님이 모든 교회와 모든 성도들에게 그리스도를 온 세계에 알리는 과제를 부여하셨음을 믿기에 평신도나 성직자나 모두가 다 이 일을 위해 동원되고 훈련되어야 함을 단언한다"고 하였다. 또한 마닐라 선언문 2부의 B-6의 "증인들" 이라는 항목에서는 좀 더 구체적으로 평신도와 목사의 관계를 설명하면서, 하나님이 원하시는 것은 전도사, 선교사, 목사뿐 아니라, 온 교회와 모든 성도들의 모두 증거자가 되도록 부르신다고 선언한다. 선언문은 이어서 언급한다.

목사와 교사의 사명은 하나님의 백성을 성숙한 자로 이끌고 그들이

사역을 감당할수있도록 양육하는 일이다. 목회자들은 사역을 독점할

---

12 1974년 로잔대회 때에만 해도 평신도의 역할을 따로 자세히 언급할 만큼 이 주제에 대하여 본격적으로 다루지 못했다. 따라서 로잔선언문에는 평신도의 역할을 강조하는 어떤 문구가 나타나지 않고 있다.

것이 아니라, 오히려 다른 사람들로 하여금 그들이 받은 은사를 사용하도록 격려하고, 제자삼는 일을 하도록 훈련함으로써 사역을 증폭시켜야한다. 성직자가 평신도를 지배하는 것은 교회역사에 있어서 커다란 악이었다. 이는 하나님이 의도하신 평신도나 성직자의 역할을 제대로 하지 못하게 하고, 또 성직자를 좌절시키고, 교회를 약화시켜 마침내 복음전파의 방해가 되었다. 무엇보다 이것은 근본적으로 비성경적이다. 그러므로 여러 세기동안 만인제사장직을 주장해온 우리는 이제 또한 '모두가 사역자임'을 주장한다.

2004년 파타야 대회에서도 평신도의 역할을 여전히 중요한 주제였다. 특히 파타야 대회 "일터사역"Marketplace Ministry 이슈그룹에서는 선교사역을 위한 성직자와 평신도의 역할을 비교하면서 평신도야말로 진정한 의미의 전임사역자들이라고 하였다. 그 내용을 좀더 살펴보면,

이것이 바로 교회가 자신의 사업을 하는 방식이다. 전문적 직업으로서의 목회자는 대체로, … 복음을 전할 때는 교회나 다른 건물 안에서 말할 기회를 얻는다. 이때 다른 이들은 대중 속으로 숨어버린다. … 그러나 평신도들은 매일의 직업의 현장으로 들어가서, 이웃과 친구와 동료들과 자신의 생애의 과정에서 만난 친구들을 공적영역에서 만난다. 이들은 위협적이지도 않고, 항상 그곳에 존재한다. 그리고 기회만 되면 다른 이들에게 그리스도에 대하여 대화할 수 있다. 이것이 진정한 의미의 전임 기독교사역이다.[13]

로잔운동이 세계복음화를 위한 전도사업에 평신도의 역할을 중요시한 것은 그동안의 선교사업이 지나치게 목회자와 선교사 중심으로 진행된 것에 대한 반성에 기인한 것이다. 즉, 하나님의 선교에 참여하는 것이 결국 온 교회를 구성하는 평신도에게 주어진 과제임을 인식한 것이다. 이것은 로잔운동이 만인제사장설에 철저하게 근거하고 있음을 보여준다. 사실 목회자 이중직이라는 표현 자체가 '특별직임'으로서의 목사직과 '일반직임'으로서의 평신도 직을 구별한다는 전제하에서 등장한 개념이다. 따라서 로잔운동안에서 평신도의 역할을 강조하는것은 목회자 이중직의 전제인 "목사와 평신도는 다르다"는 관점을 거부하고, "목회자와 평신도는 다르지 않다"는 관점을 더 부각시키며, 개혁교회의 '만인제사장설'을 더 엄격하게 적용하는 운동이다.

(2) 일터사역 Marketplace Ministry

로잔운동에서 목회자 이중직과 관련된 매우 중요한 단초는 일터사역 네트워크를 통해서 제시되고 있다. 로잔운동에서 말하는 일터란, 사람들이 일하는 모든 환경, 즉, 사업, 정부, 교육, 의료, 미디어, 가정에서의 자녀양육, 비정부기관 등등을 포함한다. 간단히 말해, 교회

---

13 Alan Nicols, ed., *The Whole Gospel for the Whole World* (Lausanne /Regal, 1989), 49-51; LOP 40번 10에서 재인용.

와 기독교 관련 기관을 제외한 모든 영역을 의미한다.[14] 2004년부터 본격적으로 등장한 일터사역 네트워크가 강조하는 것은 새로운 선교 현장에 대한 관심이다. 로잔운동은 지속적으로 '세상 전체가 하나님의 선교의 현장'임을 강조하여왔다. 특히 일터사역에서는 세상의 평신도들이 매일매일 부딪히는 일터의 전 영역이 선교의 장이며, 그 현장에서 하나님의 사람들 전체가 하나님의 선교에 참여하는 것을 목표로 한다.

일터사역은 근본적으로 두 가지 확신에 근거한다. 첫째, 모든 신자들은 매일 매일의 삶의 환경 안에서 전임사역자Full-time minister로서 그리고 선교사missionary로 살아가도록 해야 한다는 확신과, 둘째, 오늘날의 기독교 문화 안에서 여전히 잔존하는 성속의 구분을 깨고, 또 성직자와 평신도를 분리시키고 있는 직업의 위계hierarchy of vocations를 깨뜨려야만 한다는 확신이다.[15]

그런데 일터사역 이슈그룹 안에서 처음으로 이중직, 혹은 자비량목회에 대하여 언급한 것은 2004년 파타야 대회부터였다. 즉, "이중직bi-vocational 혹은 자비량 목회tentmaking ministry는 이윤을 창출하는 사업 혹은 직업을 함께 가지고 있으면서도 선교사역을 함께 진행해야 하기 때문에 절대적으로 시간이 부족할 수밖에 없다는 압박에 시달린

---

14 Capetown Committment, II-A-3: 'Truth and the Workplace,' William Messenger, "Mission in the Workplace: Encouraging Access and Transformation Through Workplace Ministry," *Lausanne Global Analysis* 2, no 3. 특히 메센저는 일터현장이야말로 불신자들을 만날 수 있는 (Access) 장소로 복음을 전할 수 있는 기회를 얻을 수 있고, 둘째로 일터현장이야말로 변혁(Transformation)의 장소이다. 일 (Work) 자체는 창조때부터 하나님의 계획안에 있었으며, 우리의 바른 일터에서의 실천을 통해서 더 좋은공동체를 만들어낼 수 있다.

15 https://www.lausanne.org/networks/issues/workplace-ministry.

다. 그럼에도 불구하고 목회자로 하여금 일터의 구체적 상황을 직접 경험하여 이해할 수 있는 장점이 있다. 만약 목회자가 교회 밖에서의 경험이 부족할 경우, 소위 세속일터에서 일어나는 다양한 상황, 즉, 그 가능성과 압박요소들을 이해하는 데 어려움이 있을 수 있다"[16]고 하였다.

평신도의 일터사역의 중요성은 3차 로잔대회에서도 강조되었다. 2010년 케이프타운대회를 위해 미리 발표된 원고 Advanced Paper 중에서 윌리 코티우가 Willy Kotiuga 는 "People At Work: Preparing to be the Whole Church"라는 제목으로 글을 발표하였다. 이 글에서 코티우가는 "우리는 전 세계 속으로 부름을 받았다. 그곳은 하나님이 우리로 하여금 머물도록 하신 그곳을 포함한다"고 강조한다. 그의 주장을 좀 더 살펴보면,

이 부르심은 교회나 혹은 기독교 단체안의 전문적 기독교사역자와 일반 직업인들 간의 구분을 짓지 않는다. 비록 예수께서 자신의 직업으로 목수로 사시다가, 자신의 생애의 10%를 하나님의 나라를 대중에게 선포하는 전임사역을 하신 것처럼 말이다. 성경에는 이러한 삶은 살아낸 수많은 위대한 영웅들의 이야기로 가득 차 있다. 이들은 한결같이 자신들의 신앙의 여정과 전문인으로서의 여정이 분리되지 않았고, 신앙과 일은 상호 의존적이었다. 이들에게 있어서는 일과 영성이 다른 것이 아니며, 그들은 신앙을 따라 24시간, 일주일에 7일 동안 진

---

16 Lausanne Occasional Paper no. 40, 42.

행되는 것이었다.[17]

　로잔운동에 있어서 일터에서 평신도의 역할에 대한 중요성은 케이프타운 서약문에서 나타났다. 케이프타운 서약의 2부에는 직업의 현장에서 진리를 증거하는 일터사역을 강조한다. 이 서약문은 "인간의 노동"에 관하여, "우리들은 여러 소명을 통해 하나님을 섬기듯이, 우리의 노동 전체를 하나님을 섬기는 삶으로 제시한다"고 선언한다. 또한 서약문은 그동안 역사속에서 지속되었던 "성속의 분리"라는 잘못된 견해가 교회의 사고와 행동에 스며들어왔고, 이러한 이분법으로 인해 결국, 종교적 활동은 하나님께 속해 있고 세상적 활동은 하나님께 속해 있지 않다고 말하게 되었음을 한탄한다. 그 결과 많은 그리스도인들이 소위 세속적 일을 하며 대부분의 시간을 보내면서도 이러한 이분법에 깊이 영향받는다고 지적하였다. 서약문은 하나님이 삶의 모든 영역을 주관하는 분이심을 강조한다. 서약문은 또한 "비그리스도인들과 함께 하는 일터는 복음전도와 변혁을 초래할 중요한 장소임에도 불구하고 소수의 교회만이 그 기회를 포착하기 위해 신자들을 구비시키려는 비전을 갖고 있음"을 한탄한다. 그리고 아래와 같이 구체적인 행동강령을 서약한다.

　A) 이러한 성속의 분리는 하나님의 선교를 위해 하나님의 모든 백성들을 동원하는 것을 방해하는 주요 장애물로, 우리는 전 세계 그리스

---

17 "Atibaia Statement on Prosperity Theology," https://www.lausanne.org/content/statement/atibaia-statement (2017년 11월 20일 접속).

도인들이 이러한 비성경적인 가정들을 거부하고 그 해로운 영향들에 저항할 것을 촉구한다. …

B) 우리는, 모든 신자들이 일상사역과 선교를 하나님이 불러 세우신 모든 일터로 받아들이며 이를 확증하도록 촉구한다.

C) 우리는 삶 전체의 제자도 안에서 하나님의 모든 백성들을 집중적으로 훈련시키도록 노력한다. 이것은 일상적인 생활과 일터에서 선교적 효율성을 추구하며 성경적 세계관으로 살아가고, 생각하고, 일하고 말하는 것을 의미한다. … "텐트메이커들"과 비즈니스 종사자들의 일터 사역은 지역 교회들의 사역의 한 영역으로서 그 가치를 인정받아야 한다.

D) 우리는 교회 지도자들이 일터사역의 전략적 영향력을 이해하고 교인들을 선교사로 동원하고 구비하여 지역공동체의 일터와 전통적으로 복음증거를 거부하는 국가들에 파송할것을 촉구한다.

E) 우리는 선교 지도자들이 "텐트메이커들"을 세계적 선교 전략 안에 통합할 것을 촉구한다.[18]

요약해보면, 일터사역은 모든 그리스도인들의 삶의 현장이 철저하게 선교현장이며, 그곳이 복음에 의해 변혁되어야 할 장소임을 강조하고 있다. 과거 성과 속의 잘못된 구분으로 인해 발생한 평신도의 열등한 지위를 발생시켰고, 또한 평신도의 일터현장을 선교현장으로 인식하지 못함으로써 온 세상을 향한 하나님의 선교에 있어서 중

---

18 Capetown Committment, II-A-3.

요한 현장을 무시하게 되었다. 이제 로잔운동은 불신자들과의 매일 매일의 접촉의 현장인 일터 속에서 평신도가 구체적으로 어떻게 증인의 삶을 살아내야 하는지 고심한다. 그리고 이것이야말로 진정한 의미의 복음증거의 삶이다. 그런데 일터신학에서는 바로 이러한 일터의 현장에서 그리스도인으로서 살아가는 것이 어떤 것인지를 삶으로 보여줄 수 있는 긍정적 존재가 바로 자비량목회자임을 명시하고 있다.

(3) 선교로서의 사업 Business As Mission

로잔운동 안에서 선교와 비즈니스간의 관계를 새롭게 규정하고 비즈니스가 곧 선교라는 다소 과격해 보이는 새로운 선교전략을 제시한 대회는 2004년 파타야대회였다. 선교와 비즈니스를 통합해서 선교전략으로 으로 제시한 저서들은 2000년대 초부터 등장하기 시작하였으나, 로잔운동 내에서 이것을 본격화한 것은 2004년 로잔포럼에서 BAM 이라는 용어를 소개하고 논의의 장을 처음으로 열게 된 것이다.[19]

BAM 선교전략은 원래 기독교선교의 최대 장애물인 10/40창문 지역에 위치한 이슬람 미전도종족을 위한 창의적 선교전략으로 주목받았다. 복음전도가 불가능한 지역에서 극심한 빈곤과 높은 실업률, 만성적 질병과 같은 사회적 곤경을 선교가 더 이상 외면할 수 없

---

19 최형근, "21세기 선교의 새로운 패러다임, BAM," 『21세기 선교』 (2010), 200.

다는 통전적 선교 이해와 함께 기독교 선교사들을 향한 적대감이 높은 지역에서 안정적인 거주를 위한 비자 획득 등을 위해 다양한 사업을 펼칠 수 있도록 하고, 이것을 통해서 지역사회의 경제적 살림을 증진시키는 등의 효과가 있다. 지역주민들의 체감적 필요를 충족시킴으로써 복음전도를 위한 효과적인 전략적 접근이 되기도 한다. BAM 선교전략은 다소 실험적인 선교전략으로서 검토되어야 할 내용들이 있는 것이 사실이다. 예를 들어, 하나님 나라의 비즈니스라는 이 개념은 과연 실제로 어떻게 실현될 수 있는가 하는 문제이다. 하나님 나라의 가치를 잃어버린 비즈니스로 전락할 때 이 전략은 수익창출을 위한 이기심과 탐욕의 산물이 되며, 따라서 이것은 선교로 이해될 수도 없고, 오히려 하나님의 선교의 장애물이 될 수 있기 때문이다.

　2004년에 새롭게 제시된 BAM 선교전략은 2009년에 이르러 훨씬 구체화되었다. 2009년에 이르러 로잔운동은 "총체적 부르심으로서의 비즈니스Business as Integral Calling이라는 주제로 2009년 10월에 대회가 열린 것이다. 그리고 그 결과로 휘튼 선언문이 발표되었다. 이 모임은 2004의 파타야 대회에서 본격화된 Business as Mission의 후속모임으로 진행되었다. 이 모임에서 기업 전문가, 비영리기관들, 신학자 등이 모여서 사업과 경제활동, 그리고 선교와 관련된 심도 있는 토론이 진행되었다. 이 모임에서 그리스도의 주되심이 전 세계의 모든 영역에서 선포되어야 하며, 그것은 경제활동의 핵심 영역인 비즈니스 영역에서도 마찬가지임을 천명하였다. 이 선언문은 그동안의 비즈니스가 그리스도의 소명을 따라 살아내는 수단으로 이해되지 못한 점을 지적하면서, 과거 기독교사업이 지나치게 비영리적 접근을 강조하여, 오히려 의존Dependency과 낭비Waste, 혹은 인간존엄의 불필요한 상실Unnecessary Loss of Human Dignity을 만들어냈고 한탄한다. 또한 이 선언문은 비즈니스는 노동의 존엄성을 제공하고, 경제적 살림을 향상시켜 지역공동체를 변혁시킬 수 있다. 이 선언문은 비즈니스를 하나님 나라를 선포하고 드러내는 총체적 부르심으로 이해될 수 있다고 주장하였다.[20] 또한 비즈니스는 개인이 자신의 창의성과 생산성을 극대화하여, 변혁의 강력한 기회를 제공하며, 풍성한 삶의 경험을 통해 하나님의 나라를 꿈꿀 수 있게 하고, 하나님의 창조세계를 그 부패한 상태에서부터 회복할 수 있도록 사용될 수 있다.[21]

2010년 케이프타운 서약문에 BAM 선교전략은 일터사역과 통합되어 언급되었다. 예를들어, "우리는 삶 전체의 제자도 안에서 하나님의 모든 백성들을 집중적으로 훈련시켜도록 노력한다. 이것은 일상적인 생활과 일터에서 선교적 효율성을 추구하며 성경적 세계관으로 살아가고, 생각하고, 일하고 말하는 것을 의미한다. 다양한 기술과 무역과 사업이라는 전문 분야를 통해 그리스도인들은 전통적인 교회개척자들과 복음전도자들이 갈 수 없는 곳으로 갈 수 있다. 이러한 "텐트메이커들"과 비즈니스 종사자들의 일터 사역은 지역 교회들의 사역의 한 영역으로서 그 가치를 인정받아야 한다.[22]

---

20 Business can be an integral calling to proclaim and demonstrate the Kingdom of God by honoring God, loving people, and serving the world. 이 선언문은 비즈니스를 그리스도인의 하나님나라의 선포와 드러냄과 관련한 총체적 부르심이라는 차원으로 이해한 점은 선교에 있어서 비즈니스의 역할을 가장 적극적으로 해석한 선언문이다.

21 https://www.lausanne.org/content/statement/wheaton-declaration-on-business-as-integral-calling.

22 Capetown Committment, II-A-C.

로잔운동 안에서의 선교로서의 사업 Business as Mission 전략은 목회자 이중직에 대한 매우 중요한 관점을 제공한다. 목회자 이중직은 기본적으로 성과 속의 구별이 전제되어있는데 반해, BAM전략은 이러한 구분을 정면으로 도전한다. 소위 세속적 직업 자체가 하나님 나라를 위한 사업이 될 수 있다는 것이다. 이것은 자비량 목회자가 참여하는 세속적 직업 자체에 신학적 의미를 부여할 수 있게 한다. 이 관점에서 볼 때 목회자는 자신의 생계를 위해 목회 이외의 직업을 가지는 것을 것 자체가 하나님 나라를 위한 사업으로 해석될 수 있기 때문이다.

(4) 신학교육현장에서의 일신학 Theology of Work 의 개발과 훈련

로잔운동 안에서 목회자이중직에 대한 보다 구체적인 입장은 일신학을 어떻게 구체적으로 신학교육의 현장에 적용하여 가르칠 수 있을지에 대한 관심으로 최근 전개되었다. 그것은 2013년에 쿠알라룸푸르에서 열린 '일 신학의 가르침을 위한 로잔 지역 대회' the Lausanne Regional Consultation on the Teaching of Theology of Work 에서 구체적으로 나타났다. 이 대회들은 선교지도자들로서의 텐트메이커들이 대부분의 시간을 일터에서 보낼 때 어떻게 하면 이들을 하나님의 사람들로 세울 수 있을지, 이들을 위한 신학교육의 새로운 접근이 필요성을 함께 토론하고자 하였다.

이 대회는 케이프타운 선언문에서 언급된 일신학을 어떻게 가르쳐야할지를 다룰뿐 아니라, 대부분 일터현장에서 시간을 보내는 하나님의 백성들을 바로 세우기 위한 신학교육의 중요성을 인식하는 자리가 되었다. 또한 이 대회를 마무리하면서 선언문이 발표되었다. 그런데 이 대회에서 마련된 선언문은 일터사역을 위한 신학적 근거를 제시하는 일신학Theology of Work의 개발과 구체적 교육과정안으로의 적용을 강조하였다. 예를 들어, 이 선언문은 적어도 필리핀, 말레이시아, 동아시아 지역의 일부 신학교육안에서 일신학을 신학교육의 현장에서 가르치기 시작하였다고 언급하였다. 또한 비정부기관들이 일신학의 특정 측면을 가르치거나 옹호하는 기관들도 등장하였음을 언급한다.

이 선언문은 이중직 혹은 자비량 목회자의 등장에 대하여 언급하고 있는데, 이 보고서는 자비량목회자들은 일신학Theology of Work을 가르치고, 자신들의 삶의 모범을 통해서 역할 모델을 제공할 수 있다고 하였다. 자비량 사역자들은 세상의 일터현장과 교회안에서의 리더십 역할을 함께 발휘함으로써, 일신학을 실천하고 가르치는 데 매우 중요한 역할을 하고 있다고 하였다.[23]

결국 로잔운동은 이중직 목회자들이야말로 가장 효과적으로 일터신학을 제공할 통로로 인식하고 있다. 자비량목회자들은 자신들이 받은 신학교육을 통해서 어떻게 평신도들이 세상을 변혁시켜야 하는지 역할 모델이 된다. 일터현장에서의 선교사로서의 부르심을 받은

---

23 https://www.lausanne.org/content/statement/consultation-statement-theology-of-work (2016년 3월 15일 접속).

목회자는 이제 동일한 동역자들인 평신도들에게 일신학의 관점을 제공할 책임적 존재이다. 일터사역의 관점에서 볼 때, 이중직목회자는 생계를 위해 일터현장에 있지만, 동시에 일터사역현장에서 영적 리더로 존재한다.

이상의 토론을 중심으로 로잔운동이 가진 목회자 이중직에 대한 견해를 정리해보자. 로잔운동은 세계복음화를 위한 교회의 총체적 노력에 목회자 및 선교사 뿐 아니라, 평신도의 역할을 강조하고 있다. 심지어 로잔운동이 '평신도야말로 진정한 복음전도자로서의 전임사역자'로 이해한다. 더 나아가 일터 사역 Marketplace Ministry 네트워크를 통해서 평신도의 삶이 현장이야말로 가장 중요한 선교현장으로 인식한다. 각종 직업의 현장이야말로 진정한 선교현장이며, 진정한 의미의 '온 세상'의 현장이다. 또한 로잔운동에서 개발된 Business as Mission은 실제 비즈니스 자체가 선교가 될 수 있다는 획기적인 전략으로 주목받고 있다. 이것은 경제활동을 통해 이윤을 추구하는 행위인 사업이 하나님의 나라를 위한 선교로 이해될수있다는 관점이다. 로잔운동의 BAM 선교전략은 목회자가 목회 관련 이외의 생계를 위한 직업을 가질수있는지에 대한 질문에 긍정적 대답을 해준다. 한 걸음 더 나아가 자비량목회자들은 신학교육을 통하여 일신학을 가르치고 평신도를 세울 수 있는 전략적 위치에 있기에 이중직 목회자는 지양되어야할 대상이 아니라 삶의 터전 속에서 하나님의 나라를 확장하기 위한 영적 리더의 역할을 한다.

이런 관점에서 볼 때, 로잔운동은 목회자 이중직이라는 개념이 제공하는 전제, 즉, 목회자와 평신도는 다른 직책을 수행하는 것이라는 전제에 근본적인 문제제기를 하고 있다고 볼 수 있다. 또한 로잔운동은 실제 이중직을 수행하는 목회자들이야말로, 평신도와 목회자간의 긴밀한 협력을 위한 다리역할을 할 수 있다고 기대하고 있다. 또한 이중직에 있는 현재의 상황이 하나님의 선교에 어떻게 공헌할 수 있는지를 살피고 있다. 이러한 관점은 목회자 이중직의 허용은 평신도와 목회자 간의 직임의 혼란을 야기하는 위험성보다는 실제로 세계복음화를 위한 동반자로서의 관계를 정립하는데 기여할 수 있을 것이다. 목회자 이중직은 신학교육을 받은 목회자들이 교회현장이 아닌 일반 평신도들의 삶의 현장인 직업의 현장으로 들어가 일을 하게 되는 경우를 말한다. 따라서 신학적 훈련을 받은 목회자가 목양의 소명뿐 아니라, 전문직에서의 소명을 함께 감당하면서 선교적 책임을 다할 수 있게 된다. 결국 이중직 목회자, 혹은 자비량 목회자들은 평신도와 목회자 간의 불필요한 경계를 극복하고, 하나님의 선교를 위해 함께 일하는 진정한 동역자 의식을 배양할 수 있다는 점에서도 긍정적이다. 특히 로잔운동이 목회자와 평신도 간의 차이를 강조하지 않는 것은 '모든 신자의 제사장직' the Priesthood of all Believers 만이 주장되고, 다른 직제는 무용하고, 불필요한 것으로 인식하는 직제무용론을 적극 수용하기 때문이다. 대부분의 개신교회가 직제 유용론을 채택하는 반면, Para-church 운동 속에 자주 나타나는 직제무용론이 더 설득력 있게 로잔운동 안에 자리 잡은 것은 로잔운동 자체가 다양한 선교단체와 선교운동을 위한 개인 혹은 교회들의 연합운동이기 때문이다.[24]

4. 목회자 이중직을 위한 실제적 방안

목회자 이중직은 지역교회에서의 목양의 직임을 우선적 과제로 인식하는 목회자들이 다른 직업을 통해서 선교적 과업을 감당하는 경우를 말한다. 자비량 목회자는 현실적으로 더 이상 목사직을 교회에서 수행할 수 없는 상황 때문이든지, 아니면 직업의 현장 속으로 부르신 주님의 소명 때문이든지 간에, 교회목회가 아닌, 다른 직업을 통해서 그리스도를 증거하는 선교적 소명을 지닌 자들이다. 이러한 자비량 목회자들은 로잔운동의 관점에서 볼 때 매우 긍정적이다.

세계복음화를 위한 공동의 협력을 강조하는 로잔운동의 관점에서 본다면, 목회자의 이중직은 신학교육을 받은 목회자가 더 적극적으로 세상속으로 들어가는 통로가 되며, 그리스도를 증거하는 새로운 형태의 선교의 기회가 된다. 이러한 이중직 목회자들이야말로 하나님의 선교를 위한 선교인력 발굴의 지름길이 된다. 따라서 필자는 신학교육 또한 지역교회에로의 부르심을 일차적 목적으로 이해하던 종례의 목적에서 한 걸음 더 나아가 이제는 하나님의 선교에로의 참

---

24 최윤배는 직제 혹은 직분에 대한 입장이 크게 세 가지로 나누어질 수 있는데, 직제절대론의 입장을 가진 로마가톨릭교회와, 직제무용론을 지지하는 Para-church 운동과 셋째는 직제 유용론, 즉, 직제는 교회구축과 성장과 하나님 나라확장을 위해 필요하며 유기한 도구가 된다는 입장을 보이는 개신교회들의 입장으로 나누어진다고 하였다. (최윤배, 『개혁신학입문』 (서울: 장로회신학대학교출판부, 2015), 441), 필자가 판단하기에 로잔운동이 세계복음화를 위한 운동으로 그 성격을 규정하고, 다양한 선교단체들이 함께 연합하며 선교운동을 이끌고 있는데, 바로 이러한 측면 때문에 로잔운동이 직제무용론의 입장과 직제 유용론의 입장을 동시에 받아들이지만, 교회론을 강조하는 개신교회보다는 무용론에 더 가깝다.

여를 위한 바른 신학적 분별을 위한 신학교육과정으로 바뀔 필요가 있다고 생각한다.

로잔운동은 일찍이 세계복음화를 위한 과제는 교회의 일부 그룹에 의해서가 아니라 모든 그리스도인에게 주어진 과제임을 인식하였고, 또한 하나님의 선교의 대행자는 목회자와 평신도를 포함한 모든 그리스도인임을 천명하였다. 선교의 현장이 이제 평신도들의 매일의 삶의 현장임을 밝힌 일터신학은 자비량 목회자의 역할을 긍정적으로 평가하기도 하였다. 더 나아가 세속적 경제활동이 곧 거룩한 선교활동이 될수있다는 선교로서의 사업 Business as Mission 전략은 세속의 현장에서 수행되는 경제활동도 충분히 선교적 측면을 지닐 수 있음을 보여주었다.

이상의 논의를 통해서 필자는 한국교회에 직면한 자비량 목회자의 문제는 금지, 혹은 마지못한 부분적 허용이 아니라, 보다 적극적으로 수용하여 새로운 목회자의 유형으로 받아들이고, 이러한 활동을 격려할 필요가 있다고 주장한다. 특히 자비량 목회자의 존재는 목회자와 평신도 간의 위계적 관계가 특별히 강화된 한국교회의 특성상, 평신도와 목회자 간의 상호수평적 소통을 위하여도 매우 바람직한 모델이 된다. 평신도의 치열한 삶의 현장을 이해하지 못하고 온실 속에서 자란 화초처럼 교회 안에만 머무르는 일부 목회자들의 비현실적이며 권위적 태도는 오히려 평신도들에게 거부감을 줄뿐이다. 평신도의 삶의 현장을 이해하고 그 속에서 참 그리스도인의 증인의 삶이 무엇인지 몸소 실천하는 목회자는 평신도들에게 진정한 존경심을 일으키게 한다. 바로 여기에 진정한 목회자의 영적 권위가 발휘된다. 이러한 관점에 근거하여 이제 필자는 자비량 목회에 대한 보다 적극적이고 바람직한 해결방안을 구체적으로 제안한다.

첫째, "이중직 목회자"라는 용어를 지양하고, 보다 긍정적 용어인 "자비량 사역자" 혹은 "자비량 목회자"로 명칭을 개선하고, 다원화된 사회 속에서 일반 직업을 통해 복음을 소개하고 나누는 새로운 형태의 목회영역임을 공식적으로 인정할 필요가 있다. 이중직이라 용어 자체가 평신도와 성직자를 구분하는 이분법적 사고 속에서 발생한 개념이다. 또한 목회자는 교회현장에로만 부름을 받았고, 평신도는 세상의 현장으로만 부름을 받았다는 식의 사고는 온 세상이 하나님의 선교의 대상이며, 이러한 하나님의 선교에 모든 그리스도인들이 함께 동참하도록 요청받았다는 신학과 위배된다. 더욱이 전 세계 곳곳에서 복음증거의 최첨단 현장에서 일하고 있는 자비량 선교사들이 넘쳐나는 오늘날, 자비량 사역자 혹은 자비량 목회자들은 세상에서의 어떤 직업이라도 그 직업에 충실한 것 자체가 하나님의 선교에 동참하는 것임을 증명하는 것이다. 따라서 자비량 목회자의 새로운 목회유형을 인정하여 이들이 당당하게 삶의 현장에서 목양의 리더십을 발휘하도록 허락하고 격려할 필요가 있다.

둘째, 자비량 목회자의 바람직한 모델을 지속적으로 개발하고, 그들의 장점을 부각하여 격려하고, 불필요한 죄책감을 느끼지 않도록 교단적 차원의 지원이 필요하다. 예를 들어, 로잔운동에서 Business as Mission이라는 전략을 개발한 것처럼, Business as Ministry와 같은 개념을 발전시키며, 일반 직업을 가진 목회자들과의 네트워크를 시도할 필요가 있다. 물론 오랫동안 한국교회가 지켜온 목회자에 대한 관점 즉, "목사는 목회에만 전념해야 한다"는 전통적인 이해가 아직도 한국교회 안에 팽배하다. 따라서 갑작스럽게 자비량 목회자를 인정하기는 것은 쉽지 않을 것이다. 따라서 급격한 변화를 최소화하기 위해 각 교단별로 과도기적 형태로의 부분적 허용이 우선되어야할 것이다. 예를 들어 예장통합교단이 '소명형 이중직'이라는 개념을 인정하거나, 기감교단이 개척교회 목회자의 한시적 이중직 허용 같은 것이다.

셋째, 신학교육현장에서의 목사직에 대한 인식의 변화가 필요하다. 또한 신학교육의 교과과정 안에 자비량목회자들을 위한 맞춤형 교육과정이 개발될 필요가 있다. 실제로 이러한 교육과정들이 시도되고 있는데, 싱가폴에 있는 Bible Graduate School of Theology에서는 전문기업인들과 사업가들을 대상으로 "소명, 일, 사역"Vocation, Work, and Ministry라는 제목의 과목으로 수업이 개설되고 있다. 이 수업은 일터신학에 대한 신학적 토론을 제공하고 있다. 이러한 과목들은 실제 신학교육현장에서 어떻게 직업과 교회사역을 함께 할 수 있을지에 대한 열린 토론의 장을 마련해준다. 이러한 자비량목회자들을 위한 특화된 교육과정이 신학교 안에서 개설되고, 신학교육 이후에도 지속적으로 자신들의 전문영역에서 어떻게 영적 리더십을 발휘할 수 있을지 토론할 수 있고, 또한 자비량목회자로서 어떻게 하나님의 선교에 어떻게 동참할 수 있을지 고민하고 성찰하는 통로가 될 수 있다.

5. 나오는 말

S 전도사는 IVP 캠퍼스 간사로 사역하다가 목회자로서의 부르심을 인식하여 신학대학원에서 수학하였다. 그는 졸업과 동시에 선교적 교회개척을 꿈꾸었다. 몇 명의 신자들과 함께 교회개척을 위한 본격적 준비를 하던 중, 여러 가지 여건의 어려움으로 결국 기존교회 파트타임 전도사로 사역을 전환하였다. 그는 파트타임 사역을 하면서 동시에 새로운 직업을 가지고 있다. 그는 사회적 협동조합 "청년지갑 트레이닝 센터"의 이사이며 지갑 트레이너이다. 그는 청춘희년운동본부의 집행위원이며, 희년은행의 공동설립멤버이고, 기독생활경제교육 개발 책임자이다. 그는 자신을 이렇게 소개한다. "캠퍼스사역을 하며 하나님 나라 운동의 꿈을 품었고, 신대원에서 교회를 사랑하게 된 전도사, 교회개척을 준비하다가 기관개척으로 연결된 꿈많은 개척자." 새로운 사역의 장을 개척하는 도전적인 목회자 후보생들은 더 이상 교회 안에 머무르는 것으로 만족하지 않고 하나님의 나라의 확장을 위한 새로운 사역을 장을 찾고 있다.

"목회자는 오직 교회 안에서만 전임으로 사역해야 한다"는 경직된 관점으로는 S 전도사와 같은 인물들이 교회가 아닌 세상의 현장에서 새로운 목양리더십을 발휘할 창의적 접근이 어렵다. 그러나 만약 자비량 목회자의 새로운 길이 열린다면, 이들은 자신의 신학적 훈련을 활용하면서 새로운 직업의 현장에서 그리스도를 증거하는 삶을 살 수 있을 것이다. 그리고 자비량 목회자라는 공식적 지위를 통해 교회와 사회를 연결하는 통로가 될 수 있을 것이며, 삶의 현장에서 치열하게 자신의 소명을 따라 살아가는 평신도들에게 보람있고 존경받는 목회자의 소명을 감당할 수 있을 것이다. 바로 이러한 새로운 사역의 패러다임의 창의적 시도들을 통해서 침체의 늪에 빠진 한국교회가 다시 일어날 수 있기를 기도드린다.

4장

로잔운동과
르네 파딜라 _{Rene Padilla} 의
총체적 선교

이 글은 "르네 파딜라(Rene Padilla)의 총체적 선교 연구", 『복음과 선교』 46권 (2019. 7:199-231)에서 처음 발표되었음.

4장 로잔운동과 르네 파딜라의 총체적 선교

1. 들어가는 말

복음주의 선교신학 형성에 매우 중요한 공헌을 한 인물 중에 남미 복음주의 선교학자 르네 파딜라가 있다. 그는 1974년 로잔세계복음화대회가 시작될 때부터 로잔운동에 적극적으로 참여하였다. 그는 존 스토트의 깊은 영향을 받았던 친구이며 동료였다. 특히 그는 급진적 제자도를 강조하는 남미신학자 중 한 사람으로 꾸준히 총체적 선교이해를 주장해왔다. 그의 총체적 선교는 복음주의 진영 안에서 영혼구원의 중요성을 강조한 나머지 간과하기 쉬운, 교회의 선교적 과제에 대하여 온전하고 균형적인 이해를 향한 여정 중에 등장하였다. 로잔운동이 어느덧 50주년을 바라보는 이 시점에 르네 파딜라의 총체적 선교의 내용이 무엇인지, 그리고 오늘날 세계복음화를 위한 복음주의진영의 총체적 노력에 어떤 영향을 끼쳤는지 살펴보는 것은 의미가 깊다.

필자가 판단하기에 르네 파딜라의 총체적 선교이해는 복음주의적 색채를 비교적 많이 담고 있는 한국교회가 자신이 몸담고 있는 상황 안에서의 통전적 선교이해를 발전시키고자 할 때, 바람직한 모델이 될 수 있다. 뿐만 아니라, 르네 파딜라의 총체적 선교는 남미라는 비서구지역에서 출발한 만큼, 같은 남방교회의 구성원으로서 비슷한 삶의 자리를 담고 있다. 이제 로잔운동의 중요한 구성원으로 나름의 역할을 하고 있는 한국교회가 르네 파딜라의 총체적 선교를 다시한 번 주목해야 할 필요가 있다. 이에 필자는 본 연구를 르네 파딜라의 선교신학을 집중적으로 다루고자 한다.

이번 장에서 필자는 먼저 르네 파딜라의 생애를 간략하게 살피고, 본격적으로 그의 총체적 선교를 살피고자 한다. 특히 복음주의 진영 안에서의 총체적 선교의 발단, 총체적 선교와 총체적 복음이해의 관계, 그리고 총체적 선교와 총체적 교회의 관계를 순차적으로 살필 것이다. 그리고 총체적 선교개념의 확장에 기여한 미가 네트워크의 형성과 그 이후 파딜라의 신학적 변화를 조사할 것이다. 마지막으로, 르네 파딜라의 총체적 선교가 한국교회에 던지는 메시지가 무엇인지 선교신학적 함의를 살펴보고자 한다.

2. 르네 파딜라의 생애

르네 파딜라는 1932년 10월 12일에 에콰도르의 수도 키토에서 태어났다. 그는 복음주의 신앙을 가진 가정의 일곱 자녀 중 네 번째로 태어났다. 그의 가족은 경제적인 이유로 콜롬비아로 이주하여 수도 보고타에 정착하였다. 그러나 강력한 로마 가톨릭의 영향 아래 있었던 콜로비아는 국가와 교회간의 분리가 아직 형성되지 않았기에, 종교적 자유가 없었다. 당시 모든 공립학교의 학생들은 로마가톨릭의 종교활동에 참여해야 했다. 에콰도르에서 복음주의 기독교인이 되었던 르네의 가정으로서는 이것이 문제가 되었다. 특히 르네의 형, 워싱턴이 종교교육을 하던 신부와 논쟁을 하였다는 이유로 퇴학을 당하게 되고, 르네도 학교에서 진행하는 가톨릭 미사에 참여하지 않는다는 이유로 초등학교 3학년 때 퇴학을 당하게 되었다. 이런 종교적 갈등으로 인해 르네의 가족은 다시 종교적 자유가 헌법으로 보장된 에콰도르로 그의 나이 12세때 돌아왔다.[1]

르네는 초등학교 교육을 마친 후 당시 가장 우수한 공립 고등학교에서 진학하였는데 이때, 그의 기독교신앙이 크게 도전받았다. 학교의 교사들은 무신론자이거나, 공산주의를 신봉하는 자들이었는데, 이들은 르네의 기독교 신앙에 도전하였다. 그들은 "정말 하나님이 선하고, 동시에 강한 분이라면, 어떻게 이 세상의 불의를 허락할 수 있는가?" 혹은 "하나님에게는 이 불의를 막을 힘이 없던지, 아니면 하나님은 선한 분이 아닐 것이다. 왜냐하면 어떻게 이렇게 불의로 인해 희생당한 억울한 일들이 많이 생기는가?" 혹은 "너희들의 하나님은 불의로 인해 희생당한 사람들에 대하여 과연 관심이라도 있는 것인가?"와 같은 도전들이었다. 당시 대부분의 친구들은 명목상의 가톨릭 신자들이었는데, 이들은 결국 무신론자가 되거나, 아니면 공산주의자

---

1   C. Rene Padilla, "My Theological Pilgrimage," *Latin American Theology* 4 (February 2009), 93.

가 되었다. 르네에게도 결국 선택의 기로에 서게 되었을 때, 신양성경을 읽으면서 오히려 예수그리스도에게 자신을 드리는 헌신의 계기가 되었다. 이때부터 그는 기독교신앙에서 말하는 정의와 평화가 실제 억압과 착취, 권력의 부패와 같은 문제로 가득 찬 사회 안에서 어떻게 구체적으로 표현되어야 하는지를 알고자 하는 열망으로 차오르게 되었다.[2]

르네의 가정은 매우 가난했기 때문에, 그는 고등학교 때부터 일과 학업을 병행해야 했다. 그는 책 읽는 것을 즐겼고, 특히 기독교신앙과 관련하여 다양한 서적들을 탐독했다. 그는 다양한 선교사역에도 직접 참여하였다. 노방전도와 감옥 전도에 참여하기도 하였고, 젊은 기독청소년을 위한 캠프에 참여하여 학생지도자로 섬기기도 했다.[3] 고등학교를 졸업하면서 르네에게 새로운 기회가 찾아왔다. 바로 미국에 있는 위튼 대학에 1953년에 진학하게 된 것이다. 그러나 대학에서의 학업이 결코 쉽지 않았다. 언어적 장벽뿐 아니라, 미국으로 가는 비행기표만을 구입하는 것으로도 큰 빚을 져야 할 정도로 경제적 어려움이 컸다. 결국 학교 총장의 도움으로 일하면서 공부할 수 있었고, 마침내 1957년에 철학으로 학사학위를 받을 수 있었다.[4]

위튼 대학의 대학생으로서 르네는 1954년 어바나 선교대회에 처음 참석하게 되었다. 그리고 이 대회를 참석하게 됨으로써, 르네는

---

2   위의 글, 94.

3   위의 글, 95.

4   Daniel Salinas, "Carlos Rene Padilla-Jijon," *Journal of Latin American Theology* 4 (February 2009), 68.

이제 남미의 대학생들을 위한 기독교사역을 위한 준비과정에 진입한 셈이었다. 이후, 그는 위튼 대학의 대학원에 진학하여 신학으로 석사학위를 1960년에 취득하였다. 또한 1961년에 위튼 대학교에서 만난 케더린 루스 패서Catherine Ruth Feser와 결혼했다. 결혼과 함께 르네 부부는 콜롬비아로 다시 내려가서 사역하였는데, 이때를 전후하여 르네는 남미지역의 순회총무traveling secretary로 임명되었고, 베네수엘라, 콜롬비아, 에콰도르, 페루를 순회하면서 사역하였다.[5] 그의 사역은 이 지역의 대학을 방문하여 학생들을 대상으로 사역하는 것이었다. 르네는 남미지역의 사회정치적 상황 속에서 기독교신앙의 의미가 무엇인지를 탐구하였는데, 결국 사회 안에서의 기독교인의 책임에 대한 고민이 여기서 탄생하였다.[6]

1963년 르네에게는 영국으로 건너가 신약학으로 박사공부를 할 수 있는 기회가 왔다. 그는 영국의 멘체스터 대학에서 가르치는 저명한 신약학자인 브루스F. F. Bruce 박사 밑에서 수학하여 1965년에 학위를 마쳤다. 박사학위를 마친 후, 페루로 돌아와 르네는 남미복음주의학생연맹의 총무로 일하게 되었다. 그의 사역은 다양했는데 예를 들어, 남미 대륙을 다니면서 새로운 간사를 발굴하고, 학생대회를 조직하고, 대학들을 다니면서 전도대회를 열는 등의 다양한 학생사역을 전개하였다. 1967년부터는 르네 가족은 아르헨티나로 이주하였다.[7]

르네 파딜라가 세계복음주의 진영과 좀 더 밀접한 만남이 이루

---

5   위의 글, 69.
6   C. Rene Padilla, "My Theological Pilgrimage," 97.
7   Daniel Salinas, "Carlos Rene Padilla-Jijon," 69-70.

어진 것은 1969년의 남미복음전도대회 때문이었다. 빌리 그래함 전도협회의 후원으로 보고타에서 열린 이 전도대회는 1966년에 베를린대회의 후속으로 진행되는 것이었다. 이 대회는 실제적으로 후에 남미지역의 신학자들의 모임이 되는 남미신학협회의 탄생을 만들어 내었다.[8] 르네는 남미신학협회를 창단 멤버 중 하나였는데, 그 첫 모임은 1970년에 볼리비아의 코차밤바에서 열렸다. 르네는 이 남미신학협회의 탄생을 매우 중요한 사건으로 이해하는데, 당시 1970년은 남미의 여러 나라가 냉전시대의 세계질서 속에서 미국의 지지를 받고 독재를 유지하고 있었고 로마가톨릭 진영에서는 해방신학이 넘쳤다. 바로 이러한 상황에서 남미신학협회는 사회정치적, 이데올로기적 충돌로 갈기갈기 찢겨진 삶의 상황 속에서, 성경에 뿌리내린 복음적 신학이 무엇인지를 표현하려고 하였다.[9] 그는 1981년까지 남미지역의 복음주의학생연맹사역을 계속하였다. 1984년에는 남미신학협회의 총무로 선출되어 1992년까지 그 일을 지속하였다.[10]

르네가 전세계적으로 진보적 복음주의자로 주목을 받게 된 것은 1974년 로잔세계복음화대회에서 기조연설을 하는 기회를 얻게 됨으로 이루어졌다. 로잔대회 중에, 르네 파딜라는 "복음화와 세계" Evangelism and the World라는 제목으로 세번째날 아침에 발표하였다. 이 발표와 함께 사무엘 에스코바의 발표 또한 로잔진영 안에서 진보적 복음주의에 대한 큰 반향을 일으켰고 결국 로잔언약에도 반영되었

---

8   C. Rene Padilla, "My Theological Pilgrimage," 102-103.
9   위의 글, 104.
10   Daniel Salinas, "Carlos Rene Padilla-Jijon," 71.

다.[11]

이후 르네 파딜라는 세계복음주의 진영 안에서 진보적 복음주의자로 자리매김을 하였고, 중요한 몇몇 대회들에서도 꾸준히 발표하여 세계적 주목을 받았다. 그중에서 몇 개를 소개하면, 1977년 미국 파사데나에서 열렸던 동질성의 원리와 교회성장에 관한 대회에서 발표한 "교회의 일치와 동질성의 원리", 1978년에 윌로우뱅크 복음과 문화에 관한 대회에서 발표한, "해석학과 문화: 신학적 관점에서", 그리고 1980년에 런던에서 진행되었던 단순한 삶의 관한 대회에서 발표한 "단순한 삶에 대한 신약의 관점", 그리고 1982년에 미국의 그랜드 레피즈에서 열렸던 전도와 사회적 책임의 관계에 관한 대회에서 아더 존스톤의 글에 대한 응답으로 발표한 "하나님 나라의 관점에서 본 교회"를 들고 있다.[12] 이러한 글들은 후에 모여서 영어권에서 출판되었는데 이 책이 바로 유명한 *Mission Between the Time*으로 1985년에 처음 출판되었고, 이후, 1986년에는 스페인어로, 그 뒤 포르투칼어, 독일어, 스웨덴어, 한국어 등으로 번역 출판되었다.[13]

르네는 아르헨티나로 1976년에 이주한 후부터는 부에노스아이레스의 한 침례교회에서 목회자로 사역하였는데, 그의 사역은 1988년까지 계속되었다. 이때 이 교회에서 목회하면서 르네는 자신의 상황적이며 성서학적 신학을 지역교회현장으로 구체화시킬 필요

---

11   C. Rene Padilla, "My Theological Pilgrimage," 105.

12   위의 글, 107-108.

13   한국어로는 두 차례 번역되었는데, 먼저 1994년에 번역되었고 (홍인식, 『통전적 선교』 (서울: 나눔사, 1994)); 2010년에는 재판으로 출판된 책이 다시 번역되었다. *Mission Between the Time: Essays on the Kingdom* (Revised & Updated), 『복음에 대한 새로운 이해』 (서울: 도서출판 대장간, 2012), 뒤표지.

가 있음을 인식하였다.[14] 이러한 신학적 성찰의 필요성은 자연스럽게 카이로스 재단의 설립으로 이어졌다. 이 카이로스 재단은 이후 르네의 총체적 선교의 구체적 실천을 지역교회 차원에서 실천할 수 있는 성찰의 현장이 되었다. 카이로스센터에서는 신학교육과 출판사업, 그리고 교회현장적용사역을 위한 부서로 구성되어있다.[15] 이외에도, 파딜라는 1995년부터 2007년까지 르네는 영국과 아일랜드의 티어재단Tearfund의 국제회장으로 섬겼고, 1999년부터는 총체적 선교를 지향하는 새로운 기관인 미가네트워크의 회장이 되어 활동하였다.[16]

그는 현재 부에노스아이레스에 있는 카이로스제단의 증경회장이며, 카이로스 출판사의 원장으로 섬기고 있다. 카이로스 재단은 기독교봉사재단으로 지역교회차원에서의 총체적 선교의 성찰과 실천을 위한 목적으로 운영되고 있다. 이 재단안에는 영성수련을 위한 카이로스 센터와 신학교육과 출판, 지역교회의 실제사역을 위해 일하고 있다.[17] 르네와 아내 케더린은 현재까지 부에노스아이레스에서 살고 있다. 그에게는 5명의 자녀와 20명의 손자들이 있다.[18]

---

14 C. Rene Padilla, "My Theological Pilgrimage," 110.

15 Daniel Salinas, "Carlos Rene Padilla Jijon," 71.

16 위의 글, 71.

17 https://www.micahnetwork.org/staff/dr-ren%C3%A9-padilla (2019년 4월 25일 접속).

18 Daniel Salinas, "Carlos Rene Padilla-Jijon," 69-70.

3. 총체적 선교의 탄생

본 장에서는 르네 파딜라의 총체적 선교가 어떻게 탄생하였는지 살펴보자. 파딜라가 제안하는 총체적 선교란 "복음전도와 사회적 행동이 기독교선교의 근본적인 사역으로서 이 둘은 서로 분리 불가능하다는 점을 주장하는 견해"이다. 여기서 사용하고 있는 총체적integral 이란 말은 남미지역에서는 전체Wholeness를 의미할 때 사용하는 용어이다.[19] 이 단어의 의미가 주는 이미지는 통밀빵에 비유될 수 있는데, 마치 통밀빵의 내용물을 나누어 말하지 않듯이, 교회의 선교도 복음의 선포와 사회적 행동을 나눌 수 있는 것이 아니라고 주장하는 견해이다. 이 견해는 로잔선언문에서 처음 등장한 5항과 6항의 긴장관계를 배경으로 하는데, 즉, 교회의 두 가지 의무인 복음전도와 사회정치적 참여 중에서 복음전도가 우선적이라는 입장에 반대하는 것이다.[20]

파딜라의 총체적 선교의 개념은 사실 1970년으로 거슬러 올라간다. 1970년의 그의 글에서 파딜라는 전도와 사회적 행동의 습관적 분리 Customary Divorce에 대하여 이렇게 주장한다.

---

19 David Kirkpatrick, "C. Rene Padilla and the Origin of Integral Mission in Post-War Latin America," *Journal of Ecclesiastical History* 67 (February 2016), 353.

20 로잔언약의 5항과 6항의 긴장 관계가 로잔운동의 역사 안에서 어떻게 전개되었는지는 필자의 글 "로잔운동에 나타난 전도와 사회적 책임의 관계," 『복음과 선교』 (2013), 22을 참고하라.

복음이 선포케리그마와 봉사적 디아코니아적 형태로서의 복음의 증명은 분리될 수 없는 전체whole로 형성된다. 즉, 이 둘중에서 한쪽만으로는 불완전하며, 따라서 그것은 훼손된 복음이며, 결과적으로 하나님의 뜻을 벗어난다. 이 관점에서 어느 것이 더 중요한지를 묻는 것은 어리석은 질문이다. 이것은 비행기의 오른쪽 날개가 더 중요한지 왼쪽 날개가 더 중요한지를 묻는 질문과 같다.[21]

여전히 남미지역에서 소개되고 있는 총체적 선교개념은 1974년의 로잔대회에서 파딜라가 기조연설을 함으로써 본격적으로 세계복음주의 진영에서 소개되었다. 이때 스페인어로 소개된 이 용어는"포괄적 선교"comprehensive mission라는 표현으로 번역되었다.[22] 그런데, 파딜라의 총체적 선교가 이렇게 세계복음주의 진영안에서 주목받게 된 것은 존 스토트의 영향이 컸다. 존 스토트는 파딜라의 견해를 따라"전도와 사회적 책임은 새의 두 날개와 같다"라고 언급하였는데, 이 표현은 원래는 파딜라의 표현, "전도와 사회적 책임은 비행기의 오른쪽 날개와 왼쪽 날개 사이에서 어느 것이 더 중요한가를 묻는 질문과도 같다"에서 비롯되었다.[23]

존 스토트가 교회의 사회적 책임을 강조하게 된 것은 그가 1974년 로잔세계복음화대회가 열리기 6개월 전에 세계 복음주의 기

21 C. Rene Padilla, "Teologfa Latinoamericana: Jzquierdista o Evangelica?," *Pensamiento Cristiano* 17 (June 1970), 139.

22 David Kirkpatrick, "C. Rene Padilla and the Origin of Integral Mission," 369.

23 John Stott, *Making Christ Known: Historic Mission Documents From the Lausanne Movement*, 1974-1989 (Grand Rapids: Eerdmans, 1996), 182.

독학생회의 후원으로 당시 남미지역 총무로 있었던 르네 파딜라와 함께 남미의 다양한 지역을 여행하면서였다. 이때 방문한 곳 중의 하나가 당시 칠레의 정치범수용소도 포함되었다. 이때 군부정권에 의해 고문당하는 정치범들의 모습을 보면서 비서구지역의 사회정치적 문제가 결코 교회의 선교적 과제와 무관할 수 없다는 인식이 점차 싹터 오를수 밖에 없었다. 결국 복음주의 진영의 총체적 선교는 결국 존 스토트와 르네 파딜라와의 우정과 남미의 혁명적 사회상황으로 인해 당시의 복음주의 진영의 학생운동으로 하여금 보수와 진보를 넘나들고, 서구와 다수세계를 넘나드는 지성적 교환이 이루어지게 된 것이었다. 그러나, 로잔운동 안에서의 존 스토트의 영향력은 많이 언급되지만, 르네 파딜라의 영향력은 안타깝게도 과소평가되었다.[24]

이제 정리해보자. 르네 파딜라의 총체적 선교는 남미의 사회정치적 상황 안에서 탄생한 것으로, 교회의 임무로서의 전도와 사회적 책임을 감당하는 것이 비행기의 두 날개와 같은 것이며, 마치 통밀빵이 그 구성물을 나누지 않고 전체로 받아들이듯이, 교회의 전도사역과 사회적 책임을 감당하는 의무는 서로 구분되는 것이 아니라는 점을 강조하는 관점이다. 이러한 총체적 선교는 로잔대회에서 세계복음주의진영에서 르네 파딜라에 의해서 소개됨으로 복음주의 진영 안에서 등장하게 되었다.

---

24 Kirkpatrick, "C. Rene Padilla and the Origin of Integral Mission," 354.

4 | **총체적 복음에 근거한 총체적 선교**

파딜라의 총체적 선교의 출발점은 철저하게 복음에 대한 바른 이해에서 출발한다. 다시 말해, 그의 총체적 선교는 어떻게 선교할 것인가에 대한 논의에서 출발했다기보다는 총체적 복음에 대한 신학적 성찰에서부터 등장하였다. 그는 교회의 선교적 과제와 관련하여 가장 중요한 질문은 그 복음의 적절성relevance 이 아니라, 복음의 내용contents 자체라고 주장한다.[25] 즉, 복음이 세상에서 어떻게 사람들의 필요를 채우는가를 고심하는 것도 중요하지만, 더 중요한 것은 사람들의 필요에 응답하는 복음의 본질 그 자체에 대한 성찰인 것이다.

파딜라는 복음의 광범위한 차원을 올바로 이해하지 못하면, 교회의 선교적 사명도 바르게 이해할 수 없다고 지적한다.[26] 그에 의하면, 복음이란 하나님과의 인간의 개인적 차원을 포함하지만, 동시에 복음의 우주적 차원을 상실해서는 안 된다고 강조한다.[27] 그는 1974년의 로잔대회 발표에서 복음전도가 개인적 차원으로 접근해서는 안 되는 이유를 신학적으로 설파하였다. 그는 먼저 복음전도의 대상이 되는 개인은 개별적 존재로 있지 않으며 또한 개인은 세상과 떨어진

---

25 Rene Padilla, *Mission Between the Time: Essays on the Kingdom*, 이문장 역, 『복음에 대한 새로운 이해』 (서울: 도서출판 대장간, 2012), 123.
26 위의 책, 53.
27 위의 책, 53.

존재가 아니라 세상 속에 존재하기 때문에, 총체적 선교를 위해서는 먼저 세상에 대한 바른 이해가 필요하다고 주장한다. 또한 그는 인간의 죄 또한 단순히 개별적 차원으로 이해할 수 없다고 말한다. 그는 구원을 필요로 하는 죄의 총체적 상태는 "하나님께 대항하는 폐쇄 체제, 즉, 인간으로 하여금 상대적인 것을 절대화하고, 절대적인 것을 상대화하도록 만드는 체제, 그리고 인간으로 하여금 영생을 빼앗고, 인간을 하나님의 심판아래 들어가도록 만드는 체제에 갇혀버린 상태"이라고 말한다.[28] 따라서 복음을 선포한다는 것은 하나님이 예수 그리스도 안에서 새로운 피조물을 창조하였다는 것을 선포하는 것이며, 인류가 죄와 그 권세로부터 구원을 받아 만물을 그리스도의 지배아래 두시는 하나님의 계획안에 들어왔음을 선포하는 것이다. 다시 말해 그리스도의 주되심은 결코 개인적인 차원으로 머무를 수 없으며, 따라서 예수그리스도를 모든 사람의 주로 선포하지 않거나, 예수 그리스도의 우주적 권세 앞에서 모든 가치가 상대화 된다고 선포하지 않는 복음전도는 올바른 복음전도가 아니다.[29]

바로 이러한 이유 때문에 파딜라는 기독교선교를 단순히 영혼구원의 사업으로만 이해할 수 없다고 주장한다. 오히려 교회의 총체적 선교는 개인이 자신과 연결된 모든 관계, 즉, 하나님과의 관계, 타인과의 관계, 창조세계와의 관계 나아가 자신과의 관계에서 하나님께 영광을 돌리는 방식으로 변혁되는 것을 목적으로 해야 한다. 다시 말

---

28   위의 책, 61.
29   위의 책, 64-65.

해 '총체적 선교'를 말한다는 것은 인간의 전 존재, 즉, 영적일 뿐 아니라 물질적이며, 육체적이며 동시에 정신적이며, 개인적일 뿐 아니라 사회적이고, 사적이며 동시에 공적인 존재로서의 인간 존재의 전체적 재건 reconstruction 을 의미한다. 따라서 선교란 개인을 저 하늘 너머 안전한 천국으로 이끄는 것으로 충분하지 않고, 그들을 하나님의 동역자로 만들어 예수 그리스도의 권위와 명령에 모든 것이 순종하도록 하시는 하나님의 사역에 동참하게 하는 것이어야 한다.[30]

파딜라는 총체적 복음이해를 막는 오늘날의 가장 큰 장애물이 바로 세속화라고 주장한다. 그는 기독교 세속화를 "복음을 시대정신에 맞추는 일"로 설명한다. 특히 그는 미국식 기독교의 양태를 맹렬하게 비판하는데, 왜냐하면 미국적 기독교야말로 진정한 복음전파를 막는 기독교세속화의 형태로 보았기 때문이었다. 그리고 이 미국적 기독교가 소위 '선교지'에 엄청난 영향을 미치고 있다고 주장한다.[31] 그래서 파딜라는 이렇게 세속화된 기독교형태를 극복할 수 있는 것이 바로 철저하고도 급진적인 회개라고 주장한다. 철저한 회개란 세상과의 관계를 끊어버리고, 세속화의 우상을 버리고 하나님께 돌아오도록 또한 살아계신 하나님을 섬기도록 요청하는 것이기도 하다.[32]

어떤 이들은 파딜라가 교회의 사회적 책임을 강조하기에 혹시 회심의 중요성을 약화시키는 것이 아닌가 의구심을 불러일으키기도 하였다. 그러나 파딜라는 회심의 중요성을 결코 약화시키지 않는다.

30　Daniel Salinas, "Carlos Rene Padilla-Jijon," 84.

31　Rene Padilla, 『복음에 대한 새로운 이해』, 70.

32　위의 책, 73.

파딜라는 완전히 그리고 철저하게 거듭난 존재만이 하나님 나라와 그 정의에 온전히 헌신하여 참다운 변화를 만들어낼 수 있다고 믿기에 그는 제자도를 누구보다 중요하게 생각하였다. 또한 그는 하나님 나라의 이미와 아직의 긴장을 잘 이해하고 있었기에, 사회적 참여를 통하여는 이 땅에 완벽한 하나님 나라를 구현할 수는 없다는 사실을 알고 있었다. 따라서 그의 전도에 대한 열정은 결코 사회적 참여의 강조로 인해 약화되지 않았다.[33]

파딜라는 교회가 행하는 선한 일 자체가 비록 하나님 나라의 구체적 표시라고 하더라도, 그것을 통해서 사람들이 복음을 직접 받아들이게 된다는 의미는 아니라고 말한다. 결국 말씀과 행동은 모두 하나님 나라를 가리키지만, 성령이 아니고서는 누구든지 예수님을 주라고 시인할 수 없다. 그럼에도 불구하고 교회가 선한 일을 하는 것은 교회가 예수그리스도의 우주적 주권을 가시적으로 보여주는 통로가 되기 때문이다.[34]

파딜라에 따르면, 교회는 예수 그리스도 안에 계시된 하나님의 우주적 목적이라는 맥락에서 이해되어야 한다.[35] 그에 의하면, 교회가 복음전도와 사회적 책임을 함께 감당해야 하는 할 이유는 오직 하나님 나라의 관점에서만 이해될 수 있다. 즉, 하나님 나라는 '점진적 사회개량'도 아니며, 지금 여기서 이 땅을 천국으로 개조하는 것도 아니다. 또한 하나님 나라는 인간의 마음속에 깊은 어디엔가 들어있는 영

---

33 Daniel Salinas, "Carlos Rene Padilla-Jijon," 88.
34 Rene Padilla, 『복음에 대한 새로운 이해』, 274.
35 위의 책, 275.

4장   로잔운동과 르네 파딜라(Rene Padilla)의 총체적 선교   **129**

혼과 도덕적 혹은 영적 성향들 속에 하나님의 통치를 이루는 것도 아니다. 오히려 하나님 나라는 하나님의 구속의 능력이 역사 안에 나타나는 것이며, 가난한 자에게 복음이, 갇힌 자에게 자유가, 눈먼 자에게 다시 보게 됨을, 억눌린 자에게 해방을 가져오는 것이다.[36] 교회는 지금 여기에서 교회의 존재와 선포하는 메시지를 통하여 하나님 나라를 나타내 보여주도록 부름받았다. 그리고 교회의 사명은 성령의 능력 안에서 말과 행위를 통해서 삼위일체 하나님의 능력을 역사적 현실 속에서 나타내는 것이다.[37] 이런 의미에서 교회의 복음전도와 사회적 책임은 분리되는 것이 아니다. 예수그리스도와 그의 제자들의 사역에서는 말과 행위가 전혀 분리되지 않았으며, 우리들의 교회사역에서도 말과 행위를 분리될 수 없다.[38]

5. 총체적 선교의 대행자로서의 총체적 교회

르네 파딜라가 총체적 선교를 위한 지역교회를 총체적 교회론으로 발전시킨 것은 그의 생애 후기에 주로 집중한 것으로 보인다. 그

---

36 위의 책, 278.
37 위의 책, 280.
38 위의 책, 279.

래서인지 파딜라의 초기 교회론이 다소 신학적인 반면에 2000년을 넘어서면서 그의 교회론은 더욱 구체적이며 실천적으로 발전하였다. 아마도 그가 1976년부터 시작한 지역교회 목회사역의 경험과 카이로스 재단의 설립으로 인해 지역교회에 대한 관심이 높아지면서 지역교회를 총체적 교회로 만드는 것에 대하여 본격적으로 관심을 가지게 된듯하다. 파딜라는 이러한 구체적인 교회론을 총체적 교회론이라고 명명한다.[39] 그는 총체적 교회를 이룬다는 것은 적어도 다음의 4가지 특징을 지니는 교회라고 주장하였다.

첫째, 총체적 교회는 예수그리스도를 모든 존재의 구주로 철저하게 인식하는 헌신이 있어야 한다.[40] 파딜라는 특히 예수 그리스도의 주권에 대한 철저한 헌신이 없이는 총체적 교회는 불가능하다고 주장한다. 예수의 주권은 영적인 영역과 정치적 영역, 사회적 영영과 문화적 영역, 미학적 영역이든, 생태적 영역이든, 개인적인 영역이든 공동체적 영역이든, 세계의 모든 영역에서 선포되어야 한다. 예수 그리스도의 주되심이 배제될 수 있는 영역은 없다. 따라서 진정한 총체적 선교는 모든 인간뿐 아니라, 세계 안에 있는 모든 존재가 예수 그리스도의 구주되심을 인정토록 한다. 예수의 주권은 영적인 영역과 정치적 영역, 사회적 영역과 문화적 영역, 미학적인 영역이든, 생태적 영역이든, 개인적 영역이든, 혹은 공동체적 영역을 포함하는, 세계의 모든 영

---

39 Rene Padilla는 그의 책, *The Local Church, Agent of Transformation: An Ecclesiology for Integral Mission*에서 지역교회가 구체적으로 어떻게 총체적 교회가 될 수 있는지, 자신이 몸담았던 지역교회의 경험을 제시하고 있다.

40 C. Rene Padilla, "Introduction: An Ecclesiology for Integral Mission," in *The Local Church, Agent of Transformation*, eds. Tetsunao Yammamori and C. Rene Padilla (Buenos Aires: Kairos Publication, 2004), 20.

역에서도 선포되어야 한다. 총체적 교회란 세계의 모든 영역이 선교 현장이며, 그 영역 안에 예수 그리스도의 주권을 인정토록 노력하는 믿음의 공동체를 말한다.[41]

둘째, 총체적 교회는 그리스도인의 제자됨이 선교적 삶missionary lifestyle으로 표현되어야 한다. 여기서 선교적 삶missionary lifestyle이란 인류 와 창조세계를 위한 하나님의 원대한 계획에 적극적으로 참여하는 삶 이다. 이 선교적 삶은 교회 전체와 그 구성원 모두가 참여토록 부름 받았다.[42] 다시 말해 선교적 삶이란 바로 삶의 모든 영역에서 예수를 따르는 삶이며, 평생에 걸쳐서 진행되는 변혁의 과정a process of transforma-tion에 진입하는 삶이다.[43] 또한 선교적 삶이란 말과 행위가 함께 예수 의 삶을 모델로 삼는 삶이며, 예수 그리스도를 삶의 중심에 두는 방식 을 채택하는 삶이다. 이러한 삶이야말로 진정한 '복음주의적' 삶이다.[44]

셋째, 총체적 교회는 예수 그리스도를 모든 것과 모든 사람들, 그리고 모든 생명의 주로 고백하는 공동체이며, 이런 관점에서 이러 한 교회의 증언은 결코 언어적 선포에 제한될 수 없다.[45] 그 증언은 철 저하게 성육신적일 수밖에 없다. 그리스도의 성육신의 확장Extension of Incarnation으로서의 교회의 성육신적 사역은 역사 안에서 지속적으로 교 회의 선교로 이어져야 한다. 이러한 교회에 대한 성경적 비전이 나타 날 때 교회는 참다운 총체적 교회가 된다.[46] 파딜라는 그리스도의 성

---

41 위의 글, 27-28.
42 위의 글, 28.
43 위의 글, 29.
44 위의 글, 33.
45 위의 글, 33-34.

육신을 강조하는데, 즉, 그리스도의 성육신은 고통과 가난의 세상 속으로 자발적으로 들어오신 하나님을 의미하며, 이것이야말로 교회의 선교의 모델이 된다. 또한 예수의 하나님 나라 사역은 언어적 선포와 긍휼과 자비의 사역이 결코 분리될 수 없으며, 예수의 하나님 나라의 강조는 창조세계와 인간의 삶의 모든 영역에서 그분의 주되심을 의미한다.[47]

넷째 지역교회가 진정한 총체적 교회integral church 되기 위해서는 은사gifts와 사역들ministers이 필요한데, 여기서 말하는 은사gifts와 사역ministers들은 성령이 사용하시는 수단으로서, 교회를 세우고 사회를 변화시키는 역할을 제공한다. 그리고 이 변화란 인간존재와 전 창조세계를 위한 하나님의 계획을 반영한다. 그리고 모든 믿는 자들이 세상에서 하나님의 동역자로 자신의 소명을 성취하도록 하는 은사와 사역들을 포함한다.[48] 따라서 총체적 선교는 철저하게 "사역의 비성직화 declericalization of ministries 와 성직자의 평신도화laitization of the clergy"를 요구한다. 다른 말로, 총체적 선교는 성도 전체의 사도적 본질을 인정하는 것이며, 교회공동체의 모든 구성원의 증거적 삶을 위한 파송을 전제한다.[49]

---

46 위의 글, 34.

47 Michael Clawson, "Mission Integral and Progressive Evangelicalism: The Latin American Influence on the North American Emerging Church," *Religions* 3 (2012), 792; Daniel Clark, "Integral Mission 'At the Car Wash': Facing the Challenges of Post-Odebrecht South America," *Baptistic Theologies* 10 (January 2018), 63-64.

48 C. Rene Padilla, "Introduction," 43.

49 위의 글, 45.

6. 총체적 선교의 확산과 실천

복음주의 진영 안에서의 총체적 선교를 지향하는 선교단체들이 급속도로 확장된 것은 1999년 미가 네트워크가 결성되면서였다. 미가 네트워크는 1999년 4월에 말레이시아 쿠알라룸푸르에서 준비 모임을 시작으로 하여 마침내 2001년 첫 번째 국제대회로서 옥스퍼드에서 총체적 선교에 관한 미가네트워크 대회가 10월에 열렸다.[50] 이때 구호, 개발, 정의 구현과 같은 사역에 집중하는 250여 개의 단체들이 모였다.[51] 그런데 파딜라는 초대 회장으로 추대되었고, 현재까지도 증경 회장President Emeritus으로 영향을 미치고 있다. 파딜라는 미가 네트워크의 발족의 의미를 다음과 같이 설명한다.

> 미가 네트워크의 등장은 전 세계 복음주의자들 안에 사회적 양심Social Conscience이 깨어나고 있다는 감사할만한 증거가 되고 있다. 이 네트워크는 전 세계 복음주의 기독교인들이 소비주의와 불의와 억압에 깊이 영향을 받고 있는 오늘날의 세계 속에서 기독교 제자도의 이해와 실천을 위한 공간을 제공하고 있다.[52]

---

50   Steve Bradbury, "Introducing the Micah Network," in *Justice, Mercy and Humility: Integral Mission and the Poor*, ed. Tim Chester (Paternoster Press, 2002), 13.

51   https://www.micahnetwork.org/welcome-micah-global. 현재는 전 세계의 622개의 단체가 89개 국에서 등록하였다(2019년 4월 26일 접속).

52   https://www.micahnetwork.org/staff/dr-ren%C3%A9-padilla (2019년 4월 25일 접속).

2001년 미가 네트워크는 대회의 결과물로서 미가선언문^{Micah}
Declaration on Integral Mission 을 발표하였다. 주목할 것은 미가 선언문이 전도
와 사회적 책임을 구분하는 주장을 반박하고, 이 둘이 서로 분리할 수
없고 긴밀하게 연결되어있음을 강조한 점이다.[53] 선언문은 다른 방식
으로 둘의 긴밀성을 설명하는데, 즉, "정의실천과 칭의, 예배와 정치
적 행동, 영적인 것과 물질적인 것, 개인의 변화와 사회의 변화는 각
각 서로에게 속해 있다"고 선언한다.[54] 이어서 선언문은 "총체적 선교
는 철저하게 예수그리스도의 중심성에 근거한다"고 언급함으로써, 복
음전도의 중요성을 다시 강조하는 것을 잊지 않는다.[55]

이 선언문은 총체적 선교의 실천과 관련하여 4가지 강조점을
제시하는데, 첫째, 가난한 자와 소외된 자를 우선적으로 돌보고, 둘째,
지역교회를 통한 실천을 강조하며, 셋째, 인권옹호사역를 강조하며,
넷째, 총체적 제자도^{integral discipleship}의 실천이다. 특히 미가 선언문은 창
조세계에 대한 책임적이며 지속가능한 자원의 사용을 위한 노력과,
우리들의 삶에 있어서의 도덕적, 지적, 경제적, 문화적 정치적 차원의
변혁을 위한 노력을 구체적 과제로 제시한다.[56]

미가 선언문에서도 나타나듯이 르네 파딜라의 총체적 선교는

---

53 https://www.micahnetwork.org/sites/default/files/doc/page/mn_integral_mission_declaration_
   en.pdf, 1 (2019년 4월 26일 접속). "총체적 선교(Integral Mission) 혹은 통전적 변혁(Holistic
   Transformation)은 복음의 선포와 나타냄이다. 이것은 전도와 사회적 참여가 함께 나란히 이루
   어진다는 것이 아니다. 오히려, 총체적 선교 안에서, 우리의 선포는 생명의 모든 영역에서 사랑과
   회개를 요청함으로써, 사회적 결과를 지니게 된다. 또한 우리의 사회적 참여는 우리가 예수그리
   스도의 변혁적 은혜를 증거함으로써 복음전도의 결과를 가진다."

54 Micah, "Declaration on Integral Mission," 1.

55 위의 글, 2.

56 위의 글, 3-4.

미가 네트워크의 결성 이후, 보다 적극적으로 세계의 다양한 정치 사회적, 그리고 문화적이며 환경적인 문제들에 대하여 논하기 시작하였다. 그는 2002년에 발표한 "Integral Mission Today"에서 아직도 많은 선교단체들이 기독교선교사역을 "영혼구원"의 사역으로 축소하여 생각하고 있다고 지적하면서,[57] 총체적 선교 이론의 저변확대의 과제와 함께 빈곤국가들의 가난한 사람들을 위한 노력이 총체적 선교사역의 이름으로 전개되어야 함을 강조한다. 특히 그는 신자유주의 체제에 근거한 글로벌 자본주의로 인해 세계 대부분의 사람들의 삶의 중심에 돈을 두게 하였다고 한탄한다.[58] 특히 그는 세계의 가난한 자들을 더욱 착취하는 "세계화"의 문제를 신랄하게 비판한다. 예를 들어, 2014년에 부다페스트에서 발표한 강연시리즈에서 그는 "세계화"Globalization의 문제를 집중적으로 다루었는데, 여기서 그는 오늘날의 세계를 경제적 양극화, 착취와 억압의 현장으로 만들고 있는 주범으로 세계화를 주목하였다.[59] 그는 전 세계 안에서 수천만의 사람들이 생존을 위한 기본적 필요조차 채우지 못하고 살고 있는데, 이러한 가난의 가장 중요하고도 (유일한) 원인은 바로 기업 자본주의에 의해 만들어진 전 세계의 극소수 맘몬 예배자의 "영적 가난" 때문이라고 말한다. 이 맘몬의 법칙아래서 있는 온 세계는 지금 생태적, 경제적, 인류적으로 크게 상처를 받고 있다.[60] 그는 오늘날의 세계는 엘빈 토플러의 말대

---

57 C. Rene Padilla, "Integral Mission Today," 61.

58 위의 글, 63.

59 C. Rene Padilla, "Globalization and Christian Mission," *Journal of Latin American Theology* 9 (February 2014).

로, "글로벌 카지노"가 되어버렸다고 한탄한다.[61] 그는 "오늘날의 인간의 존엄성을 말살하는 세계화 현상 속에서 기독교선교란 우리들의 삶과 선교가 철저하게 복음에 뿌리내리고, 예수그리스도의 삶과 사역에 관한 좋은 소식을 나누는 일로부터 시작된다."[62] 또한 총체적 선교는 지역교회가 온전한 제자공동체를 만들어가는 것도 포함되지만, 그것은 거기서 머무르지 않고, 나아가 맘몬에 의해 지배받고 있는 오늘날의 억압적 시스템을 종교적으로 정당화시키는 구조와 싸우는 것이며, 또한 소비주의문화 이데올로기를 깨뜨리고, 하나님 나라의 대안적 삶의 스타일을 선택하고, 가난하고 억압받는 자들에게 평화를 전함으로써 하나님의 정의를 선택하는 것이다. 그에게 있어서 이것이 바로 참다운 총체적 선교인 것이다.[63]

르네 파딜라가 총체적 선교의 실천으로 구체화하려는 또 다른 영역이 바로 '생태계 보존'에 대한 것이다. 2009년에는 미가네트워크가 이 주제로 선언문을 발표하였다.[64] 르네 파딜라는 이 문건에 대하여, 복음주의 진영 안에서 최초로 생태계 보존의 문제를 선교적 과제로 인식한 문건으로 높게 평가하였다.[65] 또한 그는 미국의 오바마 대

---

60 C. Rene Padilla,"Globalization of Greed," *Journal of Latin American Theology* 9 (February 2014), 43.

61 Alvin Toffler, *The Eco-Spasm Report* (New York: Bantam, 1975), 1; C. Rene Padilla, "Globalization of Greed," 44에서 재인용.

62 C. Rene Padilla, "The Globalization of Solidarity," *Journal of Latin American Theology* 9 (February 2014), 86.

63 위의 글, 90.

64 Micah Network, "Declaration on Creation Stewardship and Climate Change," *International Bulletin of Missionary Research* 33 (April 2009), 182-184.

65 Micah Network, "Declaration on Creation Stewardship and Climate Change," 182.

통령에게 공개편지를 쓰기도 하고,[66] 미국의 이라크전쟁을 향한 남미 기독교인의 목소리를 전달하는 편지를 쓰기도 했다.[67] 결국, 르네 파딜라는 미가 네트워크의 결성과 확장을 통해 총체적 선교의 구체적인 실천내용을 구체적으로 세상에 던지고 있는 셈이다.

7 | 르네 파딜라의 총체적 선교가 한국교회에 던지는 메시지

르네 파딜라의 총체적 선교는 남미대륙의 역사적 상황 안에서 탄생하였다. 한 개인의 신학은 그가 몸담고 있는 시대와 공간 안에서 형성되므로, 모든 신학은 상황적일 수밖에 없다. 르네 파딜라가 몸담았던 남미사회는 정치적으로는 독재정치로 인한 사회탄압과 이를 대항하여 제시된 공산주의 이데올로기의 확산, 그리고 뿌리 깊은 가난의 현실 등이 사회의 모든 영역에 깊이 영향을 미치고 있었다. 특히 남미의 대학생들을 대상으로 하는 그의 사역현장 경험을 고려할 때, 그의 총체적 선교개념은 그 시대와 공간의 상황을 반영하고 있다. 그렇다면 과연 르네 파딜라의 총체적 선교가 오늘날을 살아가는 한국교

---

66 C. Rene Padilla, "Open Letter to President Barack Obama," *Journal of Latin American Theology* 4 (January 2009), 6.

67 C. Rene Padilla and Lindy Scott, "The War in Iraq: The Latin America Churches Speak Out," *Journal for Preachers* 29 (January 2005), 29.

회 그리스도인들에게 어떤 메시지를 던지는가?

첫째, 르네 파딜라의 총체적 선교는 치열한 신학적 탐구로부터 시작하였다. 4장에서 언급한 대로, 르네 파딜라는 총체적 선교개념이 전략적 차원의 접근이 아니다. 그의 선교이해는 선교실천에 근거하기 보다는 철저한 복음이해에 근거한다. 그는 복음이 결국 우주적 차원을 담고 있음을 강조한다. 그에게 있어서 복음을 전파한다는 것은 개체적 존재로서의 개인의 영혼구원만을 위한 것 이상이어야 하며, 죄악으로 인해 완벽하게 포로가 되어버린 악의 체제에 대한 하나님 나라의 선포이다. 또한 복음으로 인한 회복은 개인적 차원만이 아니라, 모든 관계의 포괄적 회복이며 인간 존재의 전체적 재건이었다. 다시 말해 복음의 총체성에 대한 파딜라의 신학적 각성이 총체적 선교이해로 확장된 것이다.[68] 이것은 우리들로 하여금 신학함의 중요성을 다시 일깨운다. 물론 선교신학은 선교실천을 위해 존재한다. 요하네스 베르카일이 선교학은 선교실천을 위한 주유소 역할을 해야 한다고 강조한 것은 결국 선교신학 자체가 선교실천을 북돋우지 못하고, 상아탑 안에서의 사유의 향유만으로 만족해서는 안 된다는 것을 의미한다. 그럼에도 불구하고, 선교신학의 본연의 임무로서의 선교실천에 대한 치열한 성찰이 결여될 때, 우리는 부실한 선교실천을 만들어 낸다는 사실을 파딜라에게서 배울 수 있다. 신학의 무용론, 심지어는 실천을 위한 신학의 오용이 팽배한 오늘날 한국교회의 선교에 있어서 치열하

---

68 파딜라의 총체적 복음이해는 로잔운동의 복음이해에 깊은 영향을 끼쳤다. 로잔운동의 온전한 복음이해에 대하는 김현진, "온전한 복음과 온전한 교회개혁의 방향성," 『복음과 선교』 (2018), 42을 참고하라.

고 정교한 선교신학적 성찰이 통전적 선교를 위해 필수적임을 르네 파딜라의 선교신학에서 배울 수 있다.

둘째, 르네 파딜라의 총체적 선교는 복음주의진영 안에서 결여되기 쉬운 예언자적 목소리를 지속적으로 울리게 하였다. 특히 그는 사역의 후반부로 갈수록 전세계적 상황에 대한 보다 뚜렷한 인식에 근거한 실천적 담론을 활발히 전개하고, 훨씬 더 세상의 문제에 적극적으로 개입한다. 미국의 버락 오바마 대통령에게 공개편지를 쓰기도 하고, 미국의 이라크전쟁에 대하여 반대하는 목소리를 내기도 하고, 기업 자본주의와 신자유주의 경제체제를 신랄하게 비판하는 등, 그리스도인의 사회적 참여를 적극적으로 실천하였다. 이런 의미에서 복음주의 진영 안에서 가장 예언자적 목소리를 높임으로써, "급진적 제자도"를 실천한 학자였다. 한국교회 안에서 오늘날 심각한 내적 자성의 목소리가 높아지고 있는 이때에, 복음주의 진영 안에서의 예언자적 목소리를 회복하는 것은 한국교회의 전반적 갱신과 회복을 위해 매우 필요하다. 안타깝게도 복음주의 진영 안에서의 예언자적 목소리는 충분히 크게 들리지 않음으로써, 복음주의진영은 보수적이며, 에큐메니칼 진영은 진보적이라는 양극화된 편견이 팽배해진 상태이다. 이러한 상황에 복음주의 진영이 한국교회의 갱신과 회복을 위한 예언자적 목소리를 내는 것은 그 자체만으로 충분히 의미가 깊다. 따라서 르네 파딜라가 복음주의 진영 안에서 예언자적 목소리를 내었다는 것만으로도 우리에게 바람직한 모델을 제시한다.

셋째, 르네 파딜라의 총체적 선교는 복음주의 진영의 통전적 선교 모델을 제시한다.[69] 복음주의진영의 통전적 선교이해는 복음주의 진영답게, 십자가 복음에 대한 확신에 뿌리를 내리고 있다. 그리고 동시에 포괄적 선교이해를 통한 선교실천의 외연 확장을 노력할 필요가 있다. 르네 파딜라는 십자가를 통해 드러내신 예수 그리스도의 복음의 총체성에 대한 확신과 함께 선교에 대한 포괄적 이해를 지속적으로 강조하였다. 르네 파딜라가 21세기 한반도에 몸담고있는 우리에게 주는 가장 뚜렷한 공헌은 복음주의적 관점에서의 통전적 선교이해의 가능성이다. 우리가 오늘날 직면하고 있는 한국교회의 선교는 일부의 공격적인 선교행태로 인해 안타깝게도 크게 상처를 받고 있다. 그런가 하면, 진보진영의 선교이해는 무한정 확장되는 하나님의 선교로 인해 그리스도중심의 선교가 모호해지는 듯하다. 따라서 한국교회의 복음주의 진영 안에서 강렬하고 또렷한 십자가 신학을 중심으로 하면서도 포괄적인 선교이해를 제공하는 르네 파딜라의 선교이해가 한국교회의 선교이해에 중요한 모델을 제공한다.

넷째, 르네 파딜라의 총체적 선교는 실천적 영역에서도 에반젤리칼 진영과 에큐메니칼 진영 간의 균형을 제공한다. 지난 세기 동안 에큐메니칼 진영과 에반젤리칼 진영의 선교신학은 각자의 선교실천을 만들어냈다. 먼저 에반젤리칼 진영의 경우, 선교에 있어서 복음전도의 우선성을 강조하기 때문에 다양한 선교전략이 등장했는데, 예를 들면, 미전도종족 선교와 영적 전쟁 이론, BAM과 같은 선교전략들은 한국 복음주의 진영에서 매우 활발하게 전개되고 있다. 이에 반해 에

---

69 복음주의 진영의 통전적 선교의 모색에 대하여는 김수미의 글, "통전적 선교: 복음선포와 증명의 조화," 『복음과 선교』 (2015), 29. 을 참고하라.

큐메니칼 진영 또한 하나님의 선교 개념에 근거하여 사회정치적 이슈들을 선교실천의 의제로 광범위하게 다루고 있다. 예를 들어, 한반도에서의 탈핵과 영구적 평화정착문제, 지구촌 안에서 일어나는 다양한 정치적 억압에 대한 저항, 가난과 억압적인 경제불평등에 대한 저항, 여성과 장애인과 같은 사회적 약자를 위한 옹호사역, 생명말살의 문화 극복, 날로 심각해지는 환경문제에 대한 기독교적 응답 등을 선교적 과제로 삼고 있다. 실제 양진영은 매우 다른 종류의 현장사역들이 진행되고 있는 셈이다. 이런 면에서 르네 파딜라의 총체적 선교는 선교실천에도 긍정적인 공헌을 할 수 있다. 파딜라는 남미 대학생들을 위한 복음주의학생운동을 통해서, 또한 지역교회의 목회적 실천을 통해서 복음주의적 선교실천을 지속하였고, 또한 2000년이 넘어서면서 에큐메니칼 진영의 실천적 과제들로 자주 다루어지는 세계화, 신자유주의 또는 다국적 기업이 주도하는 자본주의, 세계의 폭력문제 등등에 대하여 목소리를 높였다. 결국 그의 선교실천적 과제들은 한국교회의 분열된 양진영의 선교실천에 새로운 수렴적 접근을 제시한다. 즉, 그의 총체적 선교는 이론적 차원뿐 아니라, 실천적 차원에서도 통전적이다.

다섯째, 르네 파딜라의 총체적 선교는 다수세계의 현장에서 출발한 선교신학이 어떻게 세계교회에 영향을 줄 수 있는지를 보여준다. 르네의 총체적 선교이해는 남미에서 시작되었으나, 로잔대회를 통해서 점차 세계복음주의 진영으로 소개되었고, 다시 미가 네트워크를 통해서 전 세계로 확장되어 마침내 세계복음주의 진영의 신학적 주도권을 쥐었다. 남미의 선교신학은 다수세계의 선교신학이라는 점에서 한국교회의 선교신학과 공통의 유산을 가진다. 오늘날 한국교회의 선교신학은 다수세계의 한 구성원이며, 남방교회의 구성원으로서 한국교회의 현장과 경험을 반영한 신학이 되어야 한다. 남방교회의 중요한 구성원으로써 한국선교신학은 앞으로 세계교회의 선교신학에 새로운 목소리를 낼 수 있어야 한다. 바로 이러한 시대적 요청 앞에서 르네 파딜라의 총체적 선교는 한국교회의 당면한 과제에 대하여 어떻게 한국선교신학이 응답해야 하는지 모델을 제시하고 있다. 뿐만 아니라, 한국교회의 선교신학과 실천이 진정한 의미의 탈서구화를 시도할 때 반드시 살펴보아야 할 선교신학적 대안의 모델을 우리에게 던지고 있다.

 8. 나오는 말

　한국교회는 복음에 대한 자신감을 잃어버리고 있다. 거의 매주 방송을 통해서 한국교회의 눈살을 찌푸리게 하는 이야기들이 넘쳐나고 있다. 문제는 이러한 것들이 그리스도인에게 자기반성적 동기유발을 제공하는데 끝나지 않고, 복음 자체에 대한 자신감을 잃어버리게 한다는 점이다. 교회는 이제 한국사회 안에서 희망적 집단이 아니라, 적폐의 대상으로 보여진다. 물론 한국교회가 이러한 상황에서 외부적 비판들을 겸허히 받아들이고 교회의 갱신을 위한 노력을 멈추지 않아야 할 것이다. 그럼에도 불구하고 그리스도인들로서 복음에 대한 자신감의 회복은 결코 포기할 수 없다.

바로 이러한 상황 속에서 르네 파딜라의 총체적 선교 이해는 21세기 한반도에 몸담고 있는 한국복음주의진영에게 새로운 대안이 될 수 있다. 다시말해, 한국교회는 예수 그리스도의 십자가 복음에 대한 자신감을 회복하고, 동시에 교회의 예언자적 역할을 회복하고, 교회의 선교적 과제를 확장하여 총체적 선교를 실천해야 할 책임이 있다. 파딜라는 평생에 걸쳐서 총체적 선교를 정교하게 발전시키며, 복음전도와 사회적 참여가 동시에 교회의 책임으로 한쪽으로만 교회의 책임을 다했다고 볼 수 없다고 열렬하게 호소하였다. 그리고 이 신학에 근거하여 자신의 현장에서 온몸으로 총체적 선교를 실천하였다. 바라기는 이 작은 글이 오늘날 복음전도와 사회적 책임을 어떻게 조화롭게 감당해야 할지 딜레마 속에서 허우적거리고 있는 한국교회에 새로운 도전이 될 수 있기를 바란다.

2부

복음주의 선교학,
한국역사와 만나다

5장

에니 베어드^{Annie L. A. Baird}의 삶과 선교사역

이 글은 "에니 베어드(Annie L. Baird)의 삶과 선교사역에 대한 고찰", 『장신 논단』 49집 (2017. 12:283-308)에 실렸음.

4장   에니 베어드의 삶과 선교사역

1. 들어가는 말

2. 역사적 배경

3. 에니 베어드의 생애와 사역

4. 에니 베어드의 선교사역에 대한 사역유형별 분석

5. 나오는 말

1. 들어가는 말

선교학적 성찰에 있어서 선교사 인물에 대한 연구는 중요하다. 왜냐하면 하나님의 선교는 우선적으로는 사람들에 의해서 진행되기 때문이다. 사실 그동안 선교신학 담론이 지나치게 이론적이며 선언적 개념들로 가득 차 있어서, 실제 선교의 대행자로서의 역사적/사회적 환경속에 있는 구체적 인물과 동떨어져 전개되는 경우가 많았다. 프란시스 아데니 Francis Adeney 는 역사적/사회적 환경 속에 있는 실존 인물의 삶을 연구하는 것은 선교 이론에 직접적으로 공헌하며, 기독교 선교가 정치적, 경제적 영역 뿐 아니라, 개인적이며 사회적인 차원까지 어떤 영향을 주었는지를 정확하게 이해하도록 돕는다고 주장한 바 있다.[1]

필자가 생각하기에 인물에 대한 연구는 선교 이론의 출발점이 되어야 한다. 특히 선교역사 속에 쉽게 묻혀버릴 인물에 대한 연구는 하나님의 선교를 이해하는데 더욱 중요하다. 숨겨인 인물을 드러내는

---

1 Frances S. Adeney, "Why Biography?: Contributions of Narrative Studies to Mission Theology and Mission Theology," *Mission Studies* 26 (2009), 154, 157.

일은 하나님의 선교에 있어서의 다양성을 축하하며, 각각의 다른 상황에 대한 다른 접근이 필요하다는 사실을 인정하게 하며, 실천 속에서 신학을 발견케 하고, 선교 이론의 복잡성을 깨닫게 해주며, 그 와중에서도 복음의 단순성을 다시 확인시키며, 정체성 identity 과 의미 Meaning 를 분명하게 밝혀주며, 나아가 복음을 통한 치유와 초월적 임재의 측면을 인식하게 하며, 마침내 기독교적 비전을 새롭게 해주는 역할을 한다.[2]

필자가 특히 관심을 가지는 인물들은 여성들이다. 여성들은 거의 대부분 주변인이었고 약자들이었다. 여성들의 이야기를 발굴해내는 일은 선교역사에 있어서 숨겨진 인물 연구라는 관점에서도 그 의의가 크다. 이 글은 한국교회 성장과 부흥의 밑거름이 되어준 수많은 선교사들 중에서 더 큰 희생을 치르면서 자신의 생애를 바친 수많은 여성 선교사들의 이야기를 드러내고자 하는 필자의 관심에서 시작되었다.

이번 장에서는 특히 초기한국교회를 형성하는데 소중한 역할을 하였던 재한 여성선교사들에게 주목한다. 한국교회 초기 재한 선교사들의 현황을 조사하면, 첫 30년간 한국에 파송된 미국인 선교사의 60%이상이 선교사 부인과 독신 여성들이었다.[3] 여성 선교사들은 낯선 이국땅에서 쉽게 풍토병에 걸려, 남성들보다 대체적으로 더 짧은 생애를 살곤 했다. 이들은 육체적으로 뿐 아니라, 역할이나 지위에

---

2 위의 글, 160-165.

3 Katherine Ahn, *Awakening the Hermit Kingdom*, 김성웅 역, 『조선의 어둠을 밝힌 여성들』(서울: 도서출판 포이에마, 2012), 18.

있어서도 상대적으로 열악한 상황 속에서 선교 사역을 감당하였다. 이들 중에서도 대단히 주목을 받을 만한 뛰어난 업적을 남긴 인물이 에니 베어드 Annie L. A. Baird 이다. 부인 선교사로서, 저술가로서, 번역가로서, 교육가로서, 또한 여성인권 옹호가로서의 그녀의 역할은 대단했다. 그러나 그녀의 삶과 사역은 남성 선교사들의 그늘에 가려져 언급되지도 않거나, 그나마 연구된 것도 그녀의 저술 작품들을 중심으로 주로 다루어졌다.[4] 따라서 본 소고는 한국교회 초기에 활동한 에니 베어드의 삶과 사역을 선교학적 관점으로 조명하는 데 목적이 있다.

이 글은 다음과 같이 전개한다. 먼저 에니 베어드가 조선에서 활동한 당시 본국에서 진행되었던 북미 대륙의 여성선교운동을 본 연구의 배경적 이해를 위해 살핀다. 다음으로 에니 베어드의 생애를 결혼 전과 결혼 후의 생애로 나누어 소개할 것이다. 이어서 에니 베어드의 선교사역을 사역 유형별로 분석하고, 마지막으로 에니 베어드의 사역이 오늘날 21세기 한국선교에 제공하는 선교학적 시사점을 제시할 것이다.

---

4 예를 들어 곽승숙, "에니 베어드의 신소설 연구," 『한국문학이론과 비평』 63권 (2014. 6:139-159); 고예진, "에니 베어드(Annie L. Baird)의 저서에 나타난 한국문화이해 양상 고찰," 『인문과학 연구논총』 33집 (2012. 2:9-33); 오지석, "한국교회 초기 혼인관에 대한 연구: 에니 베어드(Annie L. Baird)의 「고영규전」을 중심으로," 『기독교사회윤리』 12집 (2006: 75-96); 김성연, "근대 초기 선교사 부인의 저술활동과 번역가로서의 정체성," 『현대문학연구』 55권 (2015: 253-290) 등이 있다.

2. 역사적 배경

북미 대륙에서 여성들이 해외 선교 사역에 참여할 수 있도록 길이 열린 것은 1900년도 중반으로 거슬러 올라간다. 19세기 중반부터 고등 교육의 길이 열린 여성들은 더 이상 아내와 어머니라는 전통적인 역할에만 안주할 수 없었다. 그들은 더 넓은 세상에서 습득한 기술과 지식을 활용할 수 있기를 희망했다. 개신교 부흥운동은 이들의 가슴에 하나님 나라를 이루기 위해 헌신하고자 하는 열망을 불타오르게 했다. 신앙적인 여성들은 선교사라는 직업을 선망했다.

조선의 땅을 밟은 여성들은 당시 시대의 산물이었다. 선교사로서의 시각과 활동에는 복음에 대한 헌신과 여성의 전문직 공직 진출을 신봉하는 시대의 분위기가 함께 깃들어 있었다. 특히 이 시기부터 진행된 학생자발운동을 통하여 많은 여학생들도 선교사로 지원하였다. 특히 부흥운동의 지도자들은 모두 해외선교를 열정적으로 권면하였다. 이 시기에 미국교회는 해외선교에 엄청난 노력을 쏟아부었다. 한국에 파송된 남녀 선교사들은 모두 선교적 열정에 고무된 사람들이었다.[5]

여성이 해외 선교 사업에 적극적으로 참여할 수 있게 된 것은 남성 선교 단체로부터 독립된 선교 단체를 결성함으로써 더욱 가속화

---

5 Katherine Ahn, 『조선의 어둠을 밝히 여성들』, 49.

되었다. 북미 대륙에서의 첫 번째 여성 선교회는 1861년 뉴욕에서의 "여성연합선교회"라는 이름으로 조직되었다.[6] 얼마 지나지 않아서 여성연합선교회의 성공에 지극을 받아 다른 여성 선교 단체들이 교단별로 결성되었다. 이때를 전후하여 적어도 1년에 한 개씩 새로운 여성 선교회가 만들어질 정도로 놀라운 속도로 여성 선교 단체들이 형성되었다.[7] 이들 선교회는 나름의 선교 잡지를 발행하여 인쇄물을 통해 여성들을 선교 사역에 참여시켰다. 그 결과, 1900년에 이르러서는 약 40개의 교단에서 여성 선교부가 존재하였고, 300백만 명 이상이 모금 활동에 참여하여 선교 현지에 학교와 병원을 세우고, 여성 선교사들을 파송하여 의료 선교사와 교사, 전도사로 활동하였고, 수많은 현지인 여성전도자들을 배출해내는 놀라운 성과를 거두었다.[8] 1900년에 이르렀을 때 약 6,000명의 미국 선교사 중에서 57%가 여성이었고, 에니 베어드가 사망했던 1916년에는 북미 대륙에서 파송되었던 여성 선교사는 전체 선교사의 62%로 약 2/3을 차지하였다.[9]

북미 대륙에서의 여성선교운동은 1910년에 여성 선교사역의 50주년 희년대회가 정점을 이루었다. 10년 동안의 진행된 준비로 마침내 희년 대회가 뉴욕뿐 아니라, 미국의 주요도시에서 대대적으로 진행되었다. 미국의 총 48개 지역에서 하루 혹은 이틀 동안 열렸다.

---

6 Ruth A. Tucker, "Women in Mission: Reaching Sisters in Heathen Darkness," in *Earthen Vessels: American Evangelicals and Foreign Missions, 1880-1980*, eds. Joel A. Carpenter and Wilbert R. Shenk (Grand Rapids: Eerdmans, 1990), 255.

7 위의 책, 100.

8 Dana Robert, *American Women in Mission: A Social History of Their Thought and Practice* (Macon, Mercer UP, 1996), 129.

9 Dana Robert, ed., *Gospel Bearers, Gender Barriers* (New York: Orbis Books, 2002), 5.

이 중에서 어떤 대회는 4,000명이나 되는 많은 여성들이 모였고, 100만 달러가 넘게 모금되었다. 희년 대회는 그야말로 여성들의 잔치였다. 대회의 진행자는 모두 여성들이었고, 대회의 강연자들도 모두 당시 세계 선교를 주도하는 여성들이었다. 총 60개가 넘는 강좌와 20만 명이 넘는 참석자, 2,500명의 공식적 대표들이 참석하였다. 당시 자료에 의하면, 여성선교운동을 통해 전 세계적으로 약 6,000명의 전도부인과 8,000명의 교사들, 140명의 의사들, 그리고 79명의 간호사들, 380명의 전도자들을 후원하는 놀라운 성과를 가져왔다고 하였다.[10] 그러나 떠들썩했던 여성선교운동은 1910년을 분기점으로 남성 중심의 선교회 구조 안으로 흡수되면서 자연스럽게 쇠퇴하였다.[11]

당시 여성선교운동을 통한 여성 선교사의 사역은 "여성을 위한 여성의 사업"Woman's Work for Woman으로 표현되는 모토에서 잘 드러난다. 여성선교운동의 핵심이었던 "여성을 위한 여성의 사업"은 여성만이 선교 현지의 여성과 그 자녀들을 접촉할 수 있다는 점을 강조하여 개발된 전략이었다. 19세기 말 본국에서나 선교현지에서 성 Gender에 따른 구별은 이미 사회 속에 뿌리 깊게 내려 있었고, 여성을 대상으로 하는 선교사역을 위해서는 여성 선교사들의 다른 작은 공간을 만들 수밖에 없었다.[12]

또한 여성선교운동은, 비록 현대적 의미의 통전적 선교 개념은

10　Helen Barrett Montgomery, *Western Women in Eastern Lands* (New York: Macmillan, 1910), 243-244.

11　Dana Robert, *American Women in Mission*, 303-304.

12　Patricia Hill, *The World Their Household: The American Woman's Foreign Mission Movement and Cultural Transformation*, 1870-1920 (Ann Arbor: University of Michigan 1985), 49.

아니었을지라도, 대체로 영혼구원을 위한 전도와 함께 선교현지여성의 인권회복과 교육을 통한 계몽을 중시하였다. "여성을 위한 여성의 사역"은 기독교화化가 곧 문명화로 이어진다는 관점에 철저하게 기초하였다. "여성을 위한 여성의 사역"은 현지 여성들의 영적인 측면과 물질적 측면의 진보를 함께 다루고자 하였다. 따라서 여성선교운동의 우선적 관심은 전도에 있었으나, 동시에 선교 현지 여성들의 사회적 문제에 적극적으로 대응하였다. 서구여성들은 서구 문명의 특혜를 누리는 자신들이야말로 "이방" 자매들의 삶의 질을 높여주어야 할 책임적 존재임을 강조하였다. 오늘날의 관점에서 본다면 당시의 "여성을 위한 여성의 사역"이 서구적 삶의 사회적 변혁을 추구한다는 점에서 문화적 제국주의적 접근의 위험성을 함께 가지고 있었다.[13]

여성 선교사들은 교육 사역에 대단한 열정을 보였다. 여성 선교사들의 교육 사업은 대체로 매우 소박하게 시작되었다. 처음에는 고아들을 입양하거나, 혹은 자신의 집에서 학생들 몇 명들을 모아서 가르치는 방식으로 진행되었다. 그리고 이러한 작은 시작은 기숙 학교로 발전하였고, 결국 19세기 말과 20세기 초에는 여성 대학들로 발전하였다. 이러한 교육 기관들을 통해서 여성 선교사들은 일반 과목뿐 아니라 종교적인 과목들도 가르쳤다. 여성을 위한 고등 교육은 여성선교운동이 가장 왕성한 20세기 초에 몇몇 오래된 선교현장에서 대단한 꽃을 피웠다. 1909년 미국여성선교회는 전 세계적으로 일본,

---

13 Dana Robert, *Christian Mission: How Christianity Became a World Religion* (Malden: Wiley-Blackwell, 2009), 127-128.

중국, 한국과 인도에서만 3200개의 학교와 11개의 여성대학교를 후원하고 있었다.[14]

그렇다면 여성 선교사들의 사역은 어떻게 전개되었을까? 당시 여성 선교사들의 사역은 주로 개인적 관계 형성을 중요시하는 여성의 특성이 잘 반영된 접근을 펼쳤다. 여성 선교사들은 독신이든지, 어머니든지, 선생이든지, 사회사업가든지, 혹은 전도자이든지, 의료인이든지 상관없이 대체적으로 인간관계 형성을 통해서 일했다. 당장의 회심은 불가능할지라도, 여성들이 보여준 인간관계의 그물망은 타문화 선교의 중요한 수단이 되었다.[15] 여성 선교사들의 복음전파 사업도 개인적 관계를 중시하는 여성적 특징이 잘 드러났다. 여성 선교사들은 먼저 자신의 집으로 불신자들을 초청하여 환대하고, 현지 여성들의 집을 방문하는 방법으로 기독교 메시지를 전달했다. 여성 선교사들은 현지의 여성 전도인과 함께 팀을 이루어 전도사역을 펼쳤다. 여성 선교사들이 마을과 마을을 다니면서 불신자의 가정을 방문하는 순회전도는 서구여성 선교사들에게는 중요한 사역들이었고, 이 일을 위해서는 반드시 현지 여성 전도인의 도움이 필요했다.[16] 루스 터커 Ruth Tucker 에 의하면, 1900년도까지 중국에서만 약 40개의 전도부인들을 훈련하는 교육기관이 있었고, 인도에서는 30여개의, 그리고 일본을 포함한 극동지역에도 여신학생들을 위한 교육기관들이 많이 있었다.[17]

---

14 위의 책, 137.
15 위의 책, 141.
16 위의 책, 139.
17 Ruth A. Tucker, "The Role of Bible Women in World Evangelism," *Missiology* 13 (April 1985), 135.

요약하면, 에니 베어드가 선교사로 활동하였던 시기의 북미 대륙은 해외선교사역에 더 많은 여성들이 참여토록 격려하는 대단히 강력한 여성선교운동의 시기를 지나가고 있었다. 여성선교운동은 고등교육을 받은 여성들의 자아 실현의 욕구, 열악한 동양 여성의 삶의 환경에 대한 연민, 높아진 신앙심의 발로 등이 함께 어우러져 만들어낸 것이었다.

여성선교사들의 존재는 여성선교운동의 하이라이트였다. 에니 베어드의 경우에도 첫 번째 안식년¹⁸⁹⁹⁻¹⁹⁰⁰ 기간 중에 뉴욕에서 열린 에큐메니칼 선교대회에 참여하였고, 이때 그녀는 두 번의 강연을 선교사 대회에서 발표하기도 했다. 후에 출판한 선교 소책자들은 실제 북미 대륙에서 많은 선교 지망생과 선교 후원자들에게 조선여성의 애달픈 삶에 대한 깊은 연민을 불러일으켰고, 미지의 땅에로의 선교에 대한 열정을 불태우도록 하였다.

다음 장에서 다루겠지만, 에니 베어드의 사역 또한 당시의 여성 선교사들이 전개하는 방식을 크게 벗어나지 않았다. 이러한 상황을 모두 고려할 때, 에니 베어드의 선교사역은 보다 넓은 배경으로 볼 때 북미 대륙의 여성선교운동의 흐름 속에 있었다.

3. 에니 베어드의 생애와 사역

본 장에서는 에니 베어드의 생애를 다루고자 한다. 에니 베어드의 생애는 크게 두 기간으로 나누어진다. 먼저 남편 윌리엄과 결혼하기 이전의 삶, 그리고 윌리엄 베어드의 아내이면서 조선의 여성 선교사로서의 삶이 두 번째이다. 이제 그녀의 생애와 사역을 두 시기로 나누어서 간략하게 살펴보고자 한다.

(1) 에니 로리 아담스 Annie Laurie Adams 시절

에니 로리 애덤스는 1864년 9월 15일에 미국의 인디애나 주에 있는 그린스버그의 부유한 기독교 가정의 딸로 태어났다. 아버지는 제이콥 아담스 Jacob Adams, 1823-1881 인데, 뉴잉글랜드 청교도 후손으로 농부였고, 지방 학교의 교사이며, 농민공제조합운동의 지도자였다. 어머니 낸시 해밀턴 Nancy Hamilton 은 신앙적이며, 검소하고 부지런한 생활 태도를 지녔을 뿐 아니라, 어려운 이웃을 잘 돌보는 건실한 가문의 자녀였다.[18] 그녀의 어머니는 북아일랜드 스코틀랜드 장로회 후손으로,

---

18 Richard Baird, *William M. Baird of Korea*, 김인수 역, 『배위량 박사의 한국선교』 (서울: 도서출판 쿰란, 2004), 21.

인디애나의 개척자의 딸로 강인한 성격을 물려받았으며, 킹스턴장로교회 여성해외선교부 임원이었다.[19] 에니 아담스는 이들 부부 사이에서 8명중에서 6번째로 태어났는데, 쌍둥이 남동생이 있었고, 8번째 막내 남동생 제임스 아담스는 후에 조선의 선교사로 파송되서 대구지역의 대표적인 선교사가 되었다.[20]

에니 아담스 가문은 교육을 중시하여 5명의 딸들 모두를 미스 피바디즈 신학교 Miss Peabody's Female Seminary 에서 공부하게 하였다. 당시 여성에게 고등 교육을 허락하는 것은 흔한 일이 아니었으나, 교육을 중시하는 가정 환경으로 인해 그녀도 대학 공부를 할 수 있었다. 에니는 대학시절의 문학교육을 통해 자발적으로 문학 경력을 쌓으려고 습작을 하기도 했고, 그 분야에서 상당한 가능성도 보였다.[21] 이때의 대학 공부는 그녀가 미래에 진행할 교육선교와 문서선교를 위한 학문성과 문학성을 갖추는 시기였다.[22] 이후 그녀는 1883년부터 1884년까지는 남녀 공학인 하노버 대학에서 수학하였다.[23] 아버지의 죽음 이후, 가족은 캔서스 주의 토피카로 이주하였고, 1884년부터 85년까지는 와슈번 대학에서 수학하여 L.L.L. Lady of Liberal Learning 학위를 받았다.[24]

에니 아담스는 남편이 될 베어드를 만나기 전부터 이미 해외

---

19 옥성득 "한국선교 1세대 책임진 에니 베어드," 『뉴스앤조이』 (2016. 6. 8); 이글은 뉴스 앤조이 신문에서 출판을 위해 삭제하였으나, 이후 필자가 옥성득 교수로부터 직접 제공받음.

20 8번째 막내 남동생은 미국 해외선교자원운동의 지도자로 활동하다가 1896년 한국에 파송되어 대구선교지부를 개척한 아담스(James E. Adams)였다.

21 Richard Baird, 『배위량 박사의 한국선교』, 23.

22 김경완, "에니 베어드와 문서선교," 한국기독교문화연구소 편, 『베어드와 한국선교』 (서울: 숭실대학교 출판부, 2008), 235-236.

23 Richard Baird, 『배위량 박사의 한국선교』, 22.

24 위의 책, 22.

선교에 남다른 열정을 가지고 있었다. 그녀는 인디애나 주의 매리언에서 진행된 여름성경학교에서 기네스Grattan Guiness 박사의 연설을 듣고 선교사로 헌신하였다. 특히 미스 피바디즈 신학교를 다닐 때, 그녀는 여성선교회 회장으로 선교사의 꿈을 키우기도 했다.[25] 그녀의 해외선교의 꿈은 선교적 열의가 높았던 그녀의 고향 교회와도 관련 있었다. 그녀의 가족은 해외선교운동의 중심에 있었던 제일장로교회를 출석하고 있었는데, 이 교회는 1년 만에 9명의 교인들을 선교지로 보낼 정도로 선교의 열정이 대단한 교회였다. 이러한 분위기속에서 에니 또한 기독교 사역에 열정을 보였다.[26]

에니 아담스는 이후 캔사스의 YWCA에서의 일하게 되었는데, 이때 그녀는 학생자원운동 집회에서 윌리엄 베어드와 만나게 된다. 그녀는 오래전부터 선교사로 헌신할 준비를 하고 하나님의 정하신 때와 장소를 알려주기를 기다리고 있었는데, '청혼을 받음으로써 조선으로 가라는 주님의 부르심을 받았다고 확신할 수 있었다.'[27] 에니는 윌리엄과 약혼하고, 이제 둘은 1890년 여름에 조선의 선교사로 지명받게 되었다. 조선의 선교사로 지명을 받은 후 1890년 11월에 결혼식을 올렸다. 결혼 전에 이미 조선 선교사로 지명을 받았던 점과 결혼식이 끝나는 동시에 선교사로서의 여행이 시작되었다는 점 등은 그녀의 결혼 결정이 선교적 열정과 깊은 관련이 있었음을 보여준다. 베어드 부부는 결혼 후 몇 달 만에 아시아로 가는 "차이나" 호에 승선하

25　옥성득, "한국선교 1세대 책임진 에니 베어드," 2.

26　Richard Baird, 『배위량 박사의 한국선교』, 23.

27　Katherine Ahn, 『조선의 어둠을 밝히 여성들』, 62.

여, 다음해 1월 29일에 마침내 부산항에 도착하였다.[28]

(2) 에니 로리 아담스 베어드 Annie Laurie Adams Baird 시절

결혼과 함께 조선의 땅으로 출발한 에니 베어드는 1891년 겨울부터 남편과 함께 선교사로서의 생활을 시작하였다. 1891년부터 1916년까지의 조선에서의 에니 베어드의 삶과 사역은 크게 두시기로 나누어진다. 첫째, 남편 윌리암 베어드가 부산선교지부 개척(1891-1895년)과 대구 선교지부 개척(1896-1897년)을 진행하였던 시기, 둘째, 평양에서의 선교활동(1897-1916년) 시기로 나누어진다. 전자는 주로 남편의 사역을 후원하면서 가정을 돌보고 자녀들을 양육하는 일에 집중하면서 자신의 사역을 서서히 형성해가는 시기였다면, 후자는 자신의 문서선교, 교육선교의 활동이 만개한 시기였다.

부산 선교지부에서의 개척 시기, 에니 베어드는 주로 남편의 개척사역을 후원하였다. 이때는 비교적 젊은 나이로 가정적으로는 임신과 출산, 그리고 어린 자녀들의 육아 등으로 다른 사역을 계획할 여유는 없었을 것으로 보인다. 이 시기에 남편이 자주 경상도 내륙으로 선교여행을 떠났기 때문에, 집에 홀로 남은 그녀는 자녀들을 양육하는 일과 집안을 돌보는 일에 집중하였다. 도착한 지 이듬해인 1892년에는 큰 딸 낸시 로즈 Nancy Rose 가 태어났으나, 1년만인 1893년 5월에

---

28   Richard Baird, 『배위량 박사의 한국선교』, 24.

딸이 병으로 사망한다. 첫 어린 딸을 잃어버린 슬픔 속에서도 첫 아들인 존 애덤스가 1894년 10월에 출생한다.[29]

이 기간에 에니 베어드는 비록 어린 자녀들을 양육하는 일과 함께 선교사 가정을 통한 증거사역을 지속하였다. 선교사의 삶은 조선인들에게는 호기심의 대상이었다. 고용한 일꾼들이 아닐지라도 베어드 선교사의 사랑방에는 거의 매일 손님들이 찾아왔는데, 손님들은 예배나 가정, 주일에 진행되는 다양한 일들을 지켜보았다. 당시 조선의 선교사들은 대부분 사랑방을 운영하면서 외부인들을 환영하였다. 집 출입구와 가까운 사랑방은 항상 호기심이 많은 국내인들이 많이 있었다.[30] 베어드 가족도 마찬가지로 선교사 사택에 사랑방을 마련하여 사람들을 환대하였다. 외부인들을 위한 환대의 사역은 자연스럽게 에니 베어드의 적지 않은 수고가 필요했다. 또한 대구에서의 개척사역은 부산에서의 활동과 대동소이했다.

에니 베어드가 문서선교와 교육선교사역을 본격적으로 진행한 것은 평양에서부터였다. 1897년에 평양으로 베어드 가족은 이사를 했다. 1898년에는 아들 리처드 해밀턴 Richard Hamilton 이 출생하였다.[31] 그곳에서 남편 윌리엄은 숭실학당 전단계 교실들 pre-academy classes 을 시작하였다. 이때부터 에니 베어드의 교육사역은 서서히 빛을 발하기 시작하였고, 그녀의 문서 선교와 교육 선교도 폭발적으로 확대되었다.

1899년에 에니 베어드는 가족들과 함께 첫 안식년을 떠났다.

---

29 위의 책, 35.
30 위의 책, 53.
31 위의 책, 121.

안식년에서 돌아온 후 베어드 부부의 숭실학당을 통한 교육사역은 가속화되었다. 숭실학당은 숭실대학으로 발전하였고, 1908년에는 마침내 첫 졸업식이 거행되어 2명의 졸업생이 배출되었다. 이 기간 동안 그녀는 숭실학당에서 사용할 수많은 교재들을 번역하였다. 주로 과학과 역사 교과서였다. 1908년은 베어드가족이 두 번째 안식년을 가지는 시기였다. 이때 에니 베어드는 암에 걸리게 된 것을 알게 되었고, 볼티모어의 존 홉킨스 대학에서 치료를 받아 완치될 희망을 얻고 가을에 한국으로 돌아왔다. 그러나 1915년에 암은 재발되었다. 그녀는 볼티모어로 돌아가서 치료를 시도했으나 이번에는 별 효과가 없었다. 이제 죽음이 눈앞으로 다가왔다. 그녀는 결국 그곳에서 죽음을 맞이할 것인지 아니면 조선으로 돌아갈 것인지 결정해야 할 상황에 이르렀다.

그녀는 얼마 남지않는 기간 동안 고향인 미국에서 지내라는 조언을 결국 거부하고 선교사로서의 24년간의 생애를 보낸 조선의 땅으로 돌아온다. 병든 몸을 이끌고 조선 땅으로 돌아오는 것은 평범한 인간으로서는 이해하기 어려운 대단히 놀라운 결정이었다. 그녀는 세 아들을 불러 눈물의 고별인사를 나누고, 샌프란시스코에서 병상에 실려 기선에 올랐다. 그녀가 탄 배가 1916년 1월에 요코하마에 도착했을 때는 그녀는 의식이 없었다. 서울 도착 후 세브란스 병원에서의 정성어린 치료로 의식이 다시 돌아왔으나, 그것도 잠시, 병이 다시 악화되면서 1916년 6월 9일에 마침내 죽음을 맞이했다. 그녀의 나이 53세였다. 이로써 에니 베어드의 26년간의 조선에서의 선교 사역이 마무리되었다.[32]

4 | 에니 베어드의 선교사역에 대한 사역유형별 분석

여성선교사로서의 에니 베어드는 당대 여성선교사들 중에서 매우 왕성한 사역을 전개한 인물 중 하나이다. 에니 베어드는 한 남성 선교사의 아내이며 후원자로, 또 가정의 수호자로 자신의 역할을 감당했다. 그녀는 나아가 자신의 은사와 재능을 적극적으로 활용하여 왕성한 저술 활동을 하였고, 조선 여성을 위한 교육 사역에도 헌신하였다. 그녀의 조선여성의 인권 옹호 사역은, 비록 오늘날의 여성주의적 관점에 이르지는 못하지만, 당대의 여성으로 품을 수 있는 기독교적 가치관에 근거한 동료 여성에 대한 인류애에 근거한 것이었다. 이제 그녀의 사역을 유형별로 좀 더 살펴보자.

(1) 기독교 가정을 통한 환대 사역

당시 대부분의 기혼여성 선교사들이 그랬듯이, 에니 베어드는 부인 선교사로서 선교사 가정을 찾아오는 손님들을 환대하며, 방문한 조선인들로 하여금 선교사 가정에서 발견되는 기독교적 가치관을 발견함으로써 전도의 기회를 삼는 것이었다. 손님을 맞는 일은 여성 선

---

32 위의 책, 145-146; 옥성득, "한국선교 1세대 책임진 에니 베어드," 7.

교사들에게는 매우 중요한 사역이었다. 서양인들을 거의 만나보지 못했던 조선인들은 처음에는 방문이 많지 않았으나 호기심 때문에 시간이 지나면 방문객이 끊이지를 않았다. 그리고 여성 선교사들은 이러한 손님 접대를 체계화해야 했다. 또한 자신의 집에서 일하는 일꾼들도 선교의 대상이 되었다. 나중에 이들은 존경받는 한국인 그리스도인이 되었다.[33]

실제로 여성 선교사의 가정을 통한 전도는 기혼여성 선교사들의 유용한 선교 전략이었다. 다나 로버트 Dana Robert 는 선교사의 가정이 현대선교의 선교이론과 실천에 매우 중요한 역할을 하였다고 지적한 바 있다.[34] 그녀에 의하면, 당시 남성선교사들에 비해 여성 선교사들은 개인적 증거 Personal Witness 를 통한 전도에 더욱 탁월했다. 교회개척과 이어지는 교회와 선교회와의 관계와 같은 일들은 여성 선교사들의 선교적 의제에서는 거의 없었다. "개인적인 사역" Personal Work 은 여성의 강점이었고, 여성들은 집안을 돌보고, 자녀들을 키우고, 이웃들과 대화하는 것과 같은 일에 더 집중하였다. 여성 선교사들은 현지인들과의 개인적 관계를 맺는데 더 탁월했다.[35]

가정을 통한 환대의 사역으로 얻은 결실의 대표적인 사람이 바로 심부름꾼 "용규"이었다. 용규는 1891년 봄에 심부름꾼으로 베어드의 집에 들어와서 후에는 요리사로 일하였는데, 처음에는 선교사들을 적지 않게 비웃었으나, 여성 선교사와의 잦은 접촉과 신앙적인 대

---

33 Katherine Ahn, 『조선의 어둠을 밝힌 여성들』, 222.

34 위의 책, 220에서 재인용.

35 Dana Robert, *American Women in Mission*, 410.

화를 통해서 베어드 선교사 가정의 중요한 한국인 동역자가 되었다. 에니는 그에게 영어를 가르치기도 하고 신앙 서적을 읽거나, 성경공부에 참여하게도 하였다. 특히 그는 가정생활의 책임을 지닌 에니와의 접촉이 잦았다. 용규는 2년 6개월 정도 베어드의 집에서 일했다. 그곳에서 일하는 동안 용규는 기독교 신앙에 대하여 매우 긍정적으로 바뀌었는데, 안타깝게도 당시 유행하던 질병으로 결국 1894년에 용규는 죽고 말았다. 용규가 병에 걸려 죽기 전 고향 황해도를 방문한 후 부산으로 돌아가 세례를 받겠다는 의사를 밝힌 후 얼마 지나지 않아 결국 죽고 만 것이다. 윌리엄 베어드의 편지에는 용규의 신앙성장에 에니의 영향이 컸음을 여러 차례 언급하고 있다.[36] 용규의 회심에 에니가 중요한 역할을 한 것은 분명한데, 그녀의 친절과 친밀한 인간 관계를 통해서 용규는 기독교 신앙에 대하여 점차 긍정적으로 바뀌었다고 볼 수 있다.

에니 베어드의 환대의 사역은 남편의 사랑방 전도와 함께 진행되었다. 베어드 부부는 쇄국 정책으로 고립되어 살던 조선인들이 서양인들의 가정생활에 보이는 호기심을 선교의 기회로 삼았고, 조선의 관습에 따라 사랑채에 드는 손님을 친히 맞아 함께 대화를 나누며 질문에 답하기도 하고, 전도지를 주기도 하며, 쪽복음서를 권하기도 했다. 또한 가정예배를 한국말로 시작하였는데, 집을 방문하는 자들이나 조선인 일꾼들이 예배에 참석하는 것을 의무화함으로써 가정을 통한 전도를 시도하였다.[37] 이렇게 사랑방에서 시작된 주일예배는 얼마

---

36 이상규 역, 『윌리엄 베어드의 선교일기』 (서울: 숭실대학교 한국기독교박물관, 2013), 67-69.

후 현지교회의 모체가 되었다.

(2) 교육사역

에니 베어드는 남편의 교육 사역을 협력하기 위한 다양한 교육 사역을 펼쳤다. 남편이 세우고 학장으로 섬겼던 숭실학당에서 꾸준하게 과목들을 학생들에게 가르쳤다. 예를 들어, 1900년에는 식물학, 천문학, 화학, 물리학, 지리학 강사로, 1901년에는 지리학, 수학 강사로, 1904년에는 천문학, 식물학, 화학, 미술, 작문 강사로 활동하였다.[38] 그녀는 1913년에는 심리학과 생물학 강사였다.[39]

에니 베어드는 숭실학당뿐 아니라, 숭의여학교, 선교사 자녀를 위한 외국인학교, 평양여자성경학교에서도 가르쳤다.[40] 숭의여학교의 전신인 예수교 소학교가 1897년에 평양에서 시작되었을 때도 그녀의 역할이 컸다. 1903년 6년 만에 이 소학교에서의 첫 졸업생 3명이 배출되었다. 이때 예수교 소학교의 2대 교장이었던 에니 베어드는 첫 졸업장을 수여하기도 했다.[41] 숭의여학교에서는 과학 기초, 동식물학, 생리위생을 가르쳤다. 그녀는 숭의여학교의 이사회를 섬기기도 했고

---

37 고예진, "에니 베어드(Annie L. Baird)의 저서에 나타난 한국문화이해양상 고찰,"『인문과학연구 논총』33집 (2012), 12.

38 숭실대학교 100년사 편찬위원회,『숭실대학교 100년사』1편 평양 숭실편 (서울:숭실대학교 출판부, 1997), 90.

39 숭실대학교 100년사 편찬위원회,『숭실대학교 100년사』, 150.

40 옥성득, "한국선교 1세대 책임진 에니 베어드," 4.

41 숭의 100년사 편찬위원회,『숭의 100년사』(서울: 학교법인 숭의학원, 2003), 90.

한때는 이사장 역할을 감당하기도 했다.

그런데 에니 베어드의 교육사역은 철저하게 기독교적 관점에서 진행되었다는 것을 주목할 필요가 있다. 그녀가 수업 교재로 선택한 책들은 모두 기독교적 관점에서 역사와 과학을 재해석한 교재들을 번역하였다. 그녀의 과학교육은 하나님의 창조질서 속에서의 사물을 올바르게 인식하고 사용하도록 하는 것이어서 철저하게 선교적 목적을 담고 있었다.[42]

에니 베어드는 학교뿐 아니라, 교회에서도 상당히 분주하게 가르치는 사역에 참여하였다. 남편이 숭실학당을 공식적으로 시작하기 전에 조선인들을 위해 다양한 수업들을 진행하였다. 남편이 일주일 혹은 열흘 동안 이 수업들을 진행하는 동안 그녀는 여성들을 위한 교실을 운영하였다. 예를 들어, 1901년과 1902년의 보고서에 의하면 200명이 출석하는 주일아침 성경학교, 30-40명이 출석하는 수요기도회, 주일학교 교사들을 위한 토요일 오후반을 혼자서 이끌었다. 또한 여성훈련반의 성경교사로 봉사했고, 또한 여자 성경반을 지도했다.[43]

에니 베어드는 한국어를 배우려는 외국인들을 위한 "한국어 언어 학교"를 운영하기도했다. 1897년에 처음으로 출판한 그녀의 한국어 학습 교재 "한국어를 배우는 데 있어서 50가지 도움"Fifty Helps for the Study of the Korean Language 는 부부가 한국에 도착한 후 6년 만에 얻은 결실

---

42   Richard Baird, 『배위량 박사의 한국선교』, 142-143.
43   위의 책, 143.

이었는데, 2차 세계대전까지 외국인들에게는 한국어 공부의 표준이 되는 교재였다. 이 책은 한국어 학습 초보자들이 일상의 관용구를 신속하게 사용하는데 도움을 주고자 간단하게 만들어진 것이며, 이것은 입문서의 성격을 지닌 것이었다.[44] 신임선교사들은 누구든지 조선에 도착한 첫해 동안 이 책을 통해서 한국어를 배우게 하였다.[45] 그녀는 이 책을 사용하여 1911년에서 1913년 사이에 한 달 동안 한국어 학교를 평양에서 진행하였다. 이 학교에서 한국어를 배우기 위해 전국에서 신임선교사들이 찾아왔다.[46] 평양에서 진행된 이 언어학교는 기숙사를 이용하여 함께 생활하면서 수업을 진행했다. 언어 수업은 매일 오전에 진행되는데, 상당히 많은 선교사들이 교사로 활약하였고 전체적인 진행은 에니 베어드에 의해 주도되었다.[47] 에니 베어드는 특히 현지언어를 배우는 것을 중요하게 생각했다.[48] 언어 수업은 음성학, 생활 대화, 읽기와 번역, 어휘, 문법, 철자법, 작문, 지리, 편지쓰기와 서법, 교재작업 등 다양하게 준비되었다.[49]

교육 선교사로서 에니 베어드는 자신이 가르칠 수 있는 거의 모든 과목을 가르쳤다. 이외에도 그녀는 교회여성을 대상으로 하는 신앙교육, 선교사들이나 외국인들을 위한 한글 언어 교육 등, 참으로 다양한 영역에서 교육 사업에 참여하였다. 그녀가 이렇게 많은 교육

---

44 고예진, "에니 베어드(Annie L. Baird)의 저서에 나타난 한국문화이해양상 고찰." 16.

45 옥성득, 『다시 쓰는 초대한국교회사』(서울: 새물결플러스 출판사, 2016), 161.

46 Richard Baird, 『배위량 박사의 한국선교』, 143.

47 Annie L. A. Baird, "Schedule and Notice of Language Class," *The Korean Mission Field* 9, no. 3 (March 1913), 55.

48 Annie L. A. Baird, "Are We Satisfied?," *The Korea Mission Field* 8, no. 5 (May 1912), 130-131.

49 위의 글, 132.

사역을 전개할 수 있었던 것은 그녀의 남편이 교육 사역에 깊게 참여하고 있었던 환경적 요인도 있었으나, 그녀 자신이 본국에서 대학 교육을 받았기 때문이기도 했다. 당시 흔치 않은 대학 교육까지 받은 여성으로써 그녀는 자신의 교육 경험을 충분히 발휘할 수 있었다.

에니 베어드의 삶과 사역은 선교사로서의 소명 인식과 자발적 헌신이 선교사역의 가시적 열매와 깊은 관련이 있음을 보여준다. 에니 베어드는 결혼 전부터 이미 선교사로 헌신하였다. 그녀는 남편과의 결혼을 선교사로서의 부르심의 응답으로 받아들였다. 그녀는 선교사로 떠나기 전에 이미 선교사로서의 자기 정체성을 분명하게 가지고 있었고 이러한 분명한 선교적 정체성은 그녀가 평생 멈추지 않고 선교사역을 지속할 힘을 제공한 것이다.

(3) 문서사역

에니 베어드의 선교사역에서 가장 두드러지는 것은 문서 사역이다. 초기 한국교회 역사가였던 백낙준에 의하면, 에니 베어드만큼 뛰어난 문학적 성과를 남긴 여성 선교사는 아마도 없을 것이라고 하였고, 선교사 게일 Gale 은 "베어드 부인은 주한 외국인 사회에서 최고의 어학자였다. ….부인에게는 그 본성에 시적 영감이 흐르고 있다. 그것이 그의 글이나 말에 맑게 나타나 있다."고 언급하였다.[50] 게일 목

---

50 http://m.blog.daum.net/osowny/14813392 (2016년 9월 29일 접속).

사가 그녀를 한국어 최고의 구사자로 시적 영감이 넘치는 작가로 인정한 것은 결코 과장이 아니었다.[51]

에니 베어드가 저술가로서의 소질과 재능이 꽃을 피운 것은 숭실학당의 교재 만드는 일은 거의 전담하면서 이루어졌다. 에니 베어드의 번역 사역은 그녀의 교육 철학과 깊은 관련이 있었다. 베어드 부부는 모든 교육이 한국어로 진행되어야 한다는 원칙을 고수했다. "The Future of Unmoon"에서 그녀는 한글로 모든 교육이 이루어져야 하는 이유를 매우 명쾌하게 설명한다. 그녀는 한글 문자의 의사소통방식의 단순성과 충분함에 주목한다. 비록 조선 사회의 지식층이 한문을 선호하여 학문적 오만함이 잘 사라지지 않으나, 한글로 된 교과서야말로 전체 조선인들이 빠르고 쉽게 교육을 받을 수 있다고 확신했다.[52]

한글 교재의 중요성은 그의 부지런한 번역 작업을 통해서 잘 드러난다. 그녀가 번역한 교재로는 1906년에 『동물학』*Zoology*, 1908년 『식물도셜』*Botany for Young People and Common Schools*, 1911년부터 15년까지는 『만국통감 1-5권』*Sheffield's Universal History* 등을 번역 출판하였다.[53]

이외에도 그녀는 찬송가 위원회의 위원으로 활동하면서 많은 찬송가를 번역, 번안하였다. 찬송가 "멀리멀리 갔더니"(1895년), "인애하신 구세주여"(1908년) 등은 그녀의 대표적인 번안 찬송가 가사이다.

51 옥성득, "한국선교 1세대 책임진 에니 베어드," 3.

52 Annie L. A. Baird, "The Future of Unmoon," *The Korea Mission Field* 6, no. 8 (August 1910), 204-206.

53 김성연, "근대 초기 선교사 부인의 저술활동과 번역가로서의 정체성," 『현대문학의 연구』 55권 (2015), 266-267.

자신이 직접 쓴 찬송가 "어디 가야 좋을지 나를 인도하소서"(1894년)는 첫 딸이 죽은 후 슬픔에 잠겨있을 때 지어졌다. 그녀의 찬양곡들은 마침내 1915년에 편찬한 『창가집』으로 결실하였다. 이 창가집은 주일학교 학생들에게 찬송가를 교육하기 위해서 집필한 것인데, 46개의 창가, 19개의 찬송가, 미션스쿨의 교가가 악보와 함께 수록되었다. 그녀의 찬송가 번역은 기계적 번역이라기보다는 조선적 음계 리듬으로 변형하기도 하고, 음악의 조선적 토착화를 시도하고 있다.[54] 그녀는 찬송가의 번역이 한국인의 정서와 심금을 울리기 위해서 좀 더 자유롭게 번역하여 조선인의 가슴을 울리도록 해야 한다고 주장하기도 한다.[55] 결국 오랫동안 찬송가 번역에 있어서 서양음악에 한국어의 어설픈 번역으로 어울리지 않았던 문제들이 그녀의 유려한 번역으로 해소되었다.[56] 드디어 그녀가 번역한 『창가집』의 찬양들은 당시 글을 읽지 못하는 대부분의 노인과 여성들, 어린이들에게 기독교진리를 쉽게 전하고, 하나님께 예배할 수 있도록 도와주었다. 또한 고단한 가사노동 속에 조선의 여인들은 그녀의 찬송을 부르면서 괴로움을 달래며 하나님께 나아갔다.[57] 이외에도 그녀는 숭의여학교의 교가를 작곡하기도 하였다.[58] 이인성은 그녀의 작사한 찬송가의 "시어가 간결하고 아름다우면서도 시인의 시적 영감과 깊은 영성을 함께 느낄 수 있는

---

54 민경찬, "안애리가 편찬한 〈창가집〉," 김성연, "근대 초기 선교사 부인의 저술활동과 번역가로서의 정체성," 『현대문학의 연구』 55권 (2015), 272에서 재인용.

55 Annie L. A. Baird, "The Coming Song Book," *The Korea Mission Field* 10 no. 3 (March 1914), 20.

56 옥성득, 『다시 쓰는 초대한국교회사』, 540.

57 옥성득, "한국선교 1세대 책임진 에니 베어드," 4.

58 숭의 100년사 편찬위원회, 『숭의 100년사』, 109.

창작시"라고 평하였다.[59]

　에니 베어드의 문서선교는 그녀의 소설에서도 잘 나타난다. 그녀는 선교적 목적으로 직접 책을 저술하였다. 예를 들어, 1905년에 『샛별전』, 1906년 『쟝자로인론』, 1909년 『*Daybreak in Korea*』[뉴욕에서 출판], 1911년 『고영규전』, 1913년 『*Inside Views of Mission Life*』[필라델피아에서 출판] 등이 있다.[60] 문서선교의 일환으로 볼 수 있는 그녀의 창작 활동은 실제 조선인들에게 선교적 목적으로 쓰여졌다.

　에니 베어드의 선교 소설들은 조선인뿐 아니라, 본국의 선교 후원자들의 선교 의식의 고취를 위하여 사용되기도 했다. 뉴욕에서 출판한 "*Daybreak in Korea: A Tale of Transformation in the Far East*"[1909]는 조선에 관심 있는 선교후원자들에게 불행한 조선여인의 삶을 극적으로 그려냈다. 책의 내용은 전통적인 가정에서 자란 소녀가 기독교를 믿음으로 인생의 변화를 가져온 이야기를 극적으로 담고 있다.[61] 또한 그녀의 최고작품은 "*Inside Views of Mission Life*"[1913] 라는 소책자는 여러 판을 거듭하여 발행한 책인데, 그녀의 해박한 상식, 깊은 종교적 헌신, 인간에 대한 따뜻한 애정을 보여준다.[62]

　에니 베어드의 문서 선교는 개인적으로는 자신의 꿈을 실현하는 통로가 되었다. 즉, 그녀의 소설들은 대학 시절 발견한 자신의 재능을 선교 현장에 적극적으로 활용함으로써 자아 실현의 통로가 되었

59　이인성, "에니 베어드의 선교문학," 한국기독교문화연구소 편, 『베어드와 한국선교』 (서울: 숭실대학교 출판부, 2009), 191.
60　김성연, "근대 초기 선교사 부인의 저술활동과 번역가로서의 정체성," 267.
61　이인성, "에니 베어드의 선교문학," 189.
62　위의 글, 190.

다. 에니 베어드의 삶과 사역은 선교사가 자신의 재능과 은사를 정확히 이해하고, 그것을 꾸준히 개발할 뿐 아니라 그것을 활용할 적합한 사역으로 인도될 때 폭발적인 사역의 가시적 결과를 가져올 수 있음을 보여준다. 뿐만 아니라, 그녀의 선교 소설은 한국사회 안에서는 기독교적 가치관을 널리 알림으로써, 중요한 전도의 도구가 되었을 뿐 아니라, 본국에서는 조선 여성의 비참한 삶을 서구여성들에게 알림으로써 인류애적 사랑을 더욱 북돋아 조선을 향한 선교의 열의를 높였다. 나아가 그녀의 문서 선교는 한국 기독교의 정착과 발전에 가장 지대한 공헌을 하였다. 특히 그녀의 찬송가 번안은 기독교가 한국사회의 표면적 차원의 토착화에서 머무르지 않고 심미적 단계로 들어가는 데 공헌한 것이다.

(4) 여성 인권 옹호

에니 베어드는 현대적 의미에서의 여성주의적 관점을 지니고 있지는 못했으나, 조선 여성의 기구한 운명에 대한 깊은 연민을 느꼈고, 인간애에 근거한 동양 여성의 인권옹호에 남다른 관심과 애정을 보였다. 특히 조선 여성에 대한 깊은 연민은 그의 책 "어둠을 헤치고[63]"에 등장하는 소녀 보배의 삶을 통해서 잘 나타난다. 이 책의 서문에는

---

63 이 책의 원제는 *Daybreak in Korea* 인데, 1981년에 『먼동이 틀 무렵』으로, 또한 1994년 『어둠을 헤치고』라는 제목으로 한국어로 번역되었다. 필자의 분석은 1994년 번역판을 근거로 하였다.

2부 복음주의 선교학, 한국역사와 만나다

주인공 보배의 삶이 결코 허구가 아니며, 직접 관찰한 사실과 사건을 편집하고 재구성한 것임을 밝히고 있다. 에니 베어드는 이 책을 통해서 구한말 조선여성의 실상을 서구사회에 보다 극적으로 드러내고자 하였다. 이 책에서 에니 베어드는 선교사의 관점으로 조선 여성의 삶을 조명한다. 그녀는 평범한 조선 여인인 보배를 통해 당시 사회적으로 굴레 씌워 있는 여성들의 속박된 운명을 묘사함으로써, 당시 신분계층의 하층에 해당되던 조선여성들의 고통과 한을 슬프게 그려낸다.[64] 전염병으로 죽은 딸을 안은 채 강제로 또다시 팔려가는 보배의 모습은 절망적인 당시 조선 여성상을 그대로 드러낸다.[65] 그녀는 이 책의 또 다른 목적을 명백하게 밝히고 있는데, 즉, '조선의 여성이 하나님의 형상을 입은 존귀한 존재로 돌아가기를 바라는 소망'이 그것이다.[66]

에니 베어드의 소설들은 조선의 독자들에게는 기독교 신앙의 해방적 능력을 보여주려는 의도 속에 만들어졌다. 그녀는 기독교복음이 여성의 삶을 개인적 차원뿐 아니라, 공동체적 차원에서도 변혁적이라는 사실을 이 책을 통해서 설명한다. 즉, 복음을 받아들이는 일이 단순한 영적 변화에 머무르는 것이 아니라, 가정과 공동체의 변화를 포함하는 것이며, 사회전반에 만연한 가정폭력, 남녀차별, 전통사회의 부조리와 부패 등을 개선할 수 있다는 가능성을 제시하고 있다.[67] 그

64　위의 책, 21.

65　고예진, "에니 베어드(Annie L. Baird) 의 저서에 나타난 한국문화이해양상 고찰," 20

66　Annie Baird, *Daybreak in Korea*, 심현녀 역, 『어둠을 헤치고: 빛을 찾은 사람들』 (서울: 다산글방, 1994), 5.

67　위의 책, 86-87.

녀는 이 책을 통해서 변화된 조선 여성 보배가 이제는 새로운 하나님의 창조물로서 무조건적으로 받아들이도록 강요당한 운명의 굴레를 박차로 나와 새롭게 개혁하는 모습으로 그려낸다. 이러한 조선 여성의 변화를 희망하는 그녀의 메시지는 참으로 여성해방적이다. 선교소설을 통한 그녀의 조선 여성의 인권에 대한 관심은 고통받고 절망하는 또 다른 '보배'들을 일으켜 세우는 것이었다.

에니 베어드가 실천한 교육 선교도 철저하게 여성해방적 관점에서 강화되었다. 그녀의 교육 선교의 동기는 그녀의 소설 "어둠을 헤치고"에 간접적으로 표현된다. 이 소설에 등장하는 보배는 조선 여성의 배움에 대한 열정을 그려내고 있다. 보배는 '한 인간으로서 배우고자 하는 열정, 자신을 개발하고자 하는 노력과 의지가 사회적 편견과 왜곡된 가부장적 권위에 의해서 무참히 짓밟히고 있고 있는 현실을 안타깝게 토로한다.[68] 에니 베어드의 교육 선교에로의 헌신은 어쩌면 보배의 배우고자 하는 간절한 열망에 대한 응답이었을 것이다.

에니 베어드는 "Higher Education of Women in Korea"에서 조선여성의 고등교육의 필요성을 주장하는데, 이 글은 교육선교의 동기가 조선 여성의 인권 회복과 직결되어 있음을 보여준다. 특히 이 글에서 에니 베어드는 조선 여성을 위한 고등 교육 과정을 영어가 아닌 한글로 진행할 필요가 있음을 강조한다. 즉, 영어로 진행하는 수업 과정은 비효율적이며 학생들에게 지나치게 부담이 될 것이며, 결국 현지 언어로 교육이 이루어져야 한다고 강조한다.[69] 이 글은 중등 과정

[68]   위의 책, 28-29.

으로서의 숭의여학교가 이미 시작된 이후에 발표된 글이다. 따라서 이 글에서 에니 베어드가 구상하는 교육과정이 숭실학당과 같은 수준의 대학 교육의 필요성을 언급한 것으로 판단된다. 실제 여성을 위한 교육기관이었던 숭의여학교는 1924년에 고등 교육 과정의 여성 전문대학 보육과로 시작하게 된다. 이것은 그녀가 1916년에 죽은 후 8년 만에 실현되었다.

그녀는 선교사 공동체 내의 여성 차별 문제에도 적극적이었다. 1910년 선교사회가 기혼 여성 선교사의 투표권 자격을 3차 언어시험에 통과한 사람으로 제한하는 규정을 논쟁하는 것에 대하여, 에니 베어드는 "*Vote or Not for Married Women in Station and Mission*"에서 기혼 여성 선교사들에게 이러한 기준으로 투표권을 주지 않는 것은 부당하다는 주장을 펼친다. 그녀는 어린 자녀들을 돌보는 일이 오랜 시간이 걸리지만, 여성들이 언어 능력이 떨어지거나, 배우고자 하는 의지가 부족해서가 아니라고 주장하기도 하였다.[70]

에니 베어드의 사역은 비록 본인이 인식하지 못했다고 하더라도 조선 여성의 인권 옹호적 관점이 그의 사역과 글 속에서 잘 나타나고 있고, 비록 그녀의 여성에 대한 이해가 현대적 의미의 여성해방적 이해를 가지지는 못했더라도, 조선여성의 인권이 회복되기를 바라는 여성옹호적 관점은 그 시대적 한계 속에서 다양한 모습으로 표출되었다.

---

69   Annie L. A. Baird, "Higher Education of Women in Korea," *The Korea Mission Field* 8, no. 4 (April 1912), 113-115.

70   Annie L. A. Baird, "Vote or Not for Married Women in Station and Mission," *The Korea Mission Field* 9, no. 2 (February 1913), 35-37.

5. 나오는 말

에니 베어드는 초기 한국교회를 세우는데 주목할 만한 공헌을
한 몇 명의 선교사들 중 한 사람이다. 그녀는 조선의 소중한 친구였
다. 그녀의 짧은 생애를 안타까워하면서 브라운^A. J. Brown^은 아래와 같
이 그의 조사를 남겼다.

> 베어드 부인의 서거로 해외선교운동은 고귀한 마음과 사랑의 힘을 가
> 졌던 위대한 여성 한 분을 잃었습니다. … 아내, 어머니, 전도자, 교사,
> 저술가, 번역자, 성자 — 베어드 부인은 탁월한 여성이었습니다. 그는
> 사도바울과 더불어 "수고하며 애쓰며"^고후 11:27^ 그리스도를 따라갔다
> 고 말할 수 있습니다. … 그의 일생은 한국 선교 사업을 확립하는데
> 필수불가결한 요소입니다. 따라서 이 헌신적인 하나님이 종이 복음화
> 에 미친 26년을 언급하지 않고서는 그 나라에서 하나님의 교회가 발
> 전한 역사를 제대로 쓰는 것은 불가능합니다.[71]

에니 베어드가 당시의 다른 여성 선교사들보다 더 활발하게 사
역을 감당할 수 있었던 것은 여러 가지 요인이 함께 작용하였다. 먼저
선교사로 파송되기 전부터 이미 형성되어 있었던 분명한 소명 의식,

---

[71] A. J. Brown, "Death of Mrs. William M Baird," *The Korea Mission Field* (November 1916), 289.

또한 저술가로서의 재능과 가장 적합한 영역인 문서 사역과의 절묘한 만남, 지칠 줄 모르는 부지런한 성품 등이 함께 작용하여 탁월한 사역의 결과를 가져왔다. 그럼에도 불구하고 그녀는 여전히 그 시대의 사람이었다. 그는 전통적인 기혼여성 선교사의 역할에 충실했고, 조선 여성의 교육사역 또한 수혜자적 관점에서 진행된 것도 사실이다. 그러나 그녀는 열악한 선교 현장의 다양한 필요에 응답하기 위해 자신의 재능을 최선을 다해 발휘하여 교육 사역과 문서 사역 등에 헌신하였던 초기 한국교회의 정착과 발전의 숨은 공헌자임은 분명하다.

필자는 이제 글을 마무리하면서, 21세기를 살아가는 오늘날의 '에니 베어드'들을 생각해본다. 지금도 전 세계 곳곳에서 선교사역을 이어가는 한국 여성 선교사들은 21세기의 '에니 베어드'들이다. 이들은 100여 년이 지난 지금, 에니 베어드의 길을 각자 다름대로 따르고 있다. 그러나 안타깝게도 이들의 이야기는 거의 들려지지 않고 숨겨져 있다. 더 많은 숨겨진 이야기들이 다시 발굴되고 들려질 필요가 있다. 그리고 이러한 숨겨진 이야기들이 어떤 제한 없이 들려지고 이야기될 때, 우리는 하나님의 선교를 위한 진정한 남녀 협력을 실천할 수 있을 것이라고 확신한다.

6장

서서평 Elizebeth Shepping 의 삶과 선교사역

이 글은 "여성선교사의 관점에서 본 서서평의 삶과 선교" 『교회와 신학』, 81집 (2017. 2:311-336)에 실렸음.

1. 들어가는 말

여성선교사들의 이야기는 주변인과 약자들의 선교이다. 주변인으로서의 여성은 하나님의 선교의 적극적 대행자였다.[1] 기독교역사속에서 늘 그래왔듯이 진정한 예수 선교의 진정한 계승자들은 기득권에서 멀어졌던 주변인들에 의하여 이루어왔었음을 기억해야 한다. 여성들은 연약한 그릇으로서, 또한 주변인으로서 하나님의 선교의 대행자들이었다.

한국교회가 회복해야 할 '주변으로부터의 선교'를 가장 또렷하게 보여주는 경우가 바로 여성 선교사 서서평의 이야기이다. 서서평은 가부장적 문화로 점철된 선교사 공동체 안에서 철저한 주변인이었던 독신여성으로써, 또한 선교사 공동체 안에서 이등 시민으로 취급되었던 평신도 간호사로서, 약자에 의한 선교를 실천하였던 인물이다. 그의 선교는 철저하게 섬김의 선교이기도 했다. 그의 죽음 이후서재에서 발견된 좌우명 "성공이 아닌 섬김" Not Success But Service 은 오늘

---

1 Jooseop Keum, ed., *Together Towards Life: Mission and Evangelism in Changing Landscapes* (Geneva: WCC Publication, 2013), 16, 39.

날 섬김을 버리고 성공을 지향하는 우리들을 도전한다.

서서평의 선교는 철저히 약자의 선교였고, 중심의 기득권자들을 지향하지 않았다. 자신보다 더 연약한 자들을 향한 그녀의 선교는 자신의 어머니로부터의 거절의 경험에 투영된 성육신의 선교였다. 그녀는 참으로 상처받은 치유자였다. 서평의 선교는 상처받은 약자에 의한 '더 연약한 자'를 향한 선교였다. 서평의 선교는 투사처럼 처절하고 치열했다. 주선애는 그를 가리켜, "예수님의 사랑이 녹아져 그를 닮아 살아보겠다는 집념의 인물"이라고 평하였다.[2] 서평의 버림받고 학대받는 소녀들과 가부장제의 희생물이 되어버린 절망의 조선여인들을 향한 선교는 죽어가면서도 지칠 줄 몰랐다. 그녀의 선교는 그야말로 마지막 불꽃까지도 완벽하게 태워버리는 치열함 속에, 그리스도를 향한 사랑과 진정한 선교사가 되기 위한 끊임없는 성찰의 연속이었다.

이번 장에서 필자는 20세기 초 한국에 들어와서 진정성과 치열함으로 약자의 선교를 펼친 서서평의 선교사역을 여성선교사의 관점에서 평가하고자 한다. 서서평을 이해하기 위해 먼저 19세기 말부터 본격적으로 진행되었던 여성선교운동을 살펴볼 것이다. 서평은 그 시대의 딸이었다. 서평의 선교 속에 나타나는 탁월함 속에 서평이 여전히 시대적 공간적 한계 속에 있었음이 보인다. 이글은 이어서 서서평 선교사의 생애를 간략하게 기술할 것이다. 다음으로 서서평의 생애와 사역에 나타나는 여성선교사의 관점에서 조명해볼 것이다.

---

2   백춘성, 『천국에서 만납시다』 (서울: 대한 간호협회 출판부, 1980), 10.

2 | 역사적 배경: 여성선교운동의 "여성을 위한 여성의 사역"

여성 선교사로서의 서서평의 사역을 이해하기 위해서는 19세기 말 북미 대륙을 중심으로 이루어졌던 여성선교운동의 전개 과정을 살필 필요가 있다. 서서평의 살았던 19세기 말부터 20세기 초반까지의 북미대륙은 여성선교운동 Women's Missionary Movement 의 뜨거운 열기 한가운데를 통과하고 있었다. 특히 여성선교운동의 정점을 이루었던 1910년 여성선교 50주년 희년대회가 불과 2년 지난 후인 1912년에 서서평은 조선의 땅으로 향하게 된다. 따라서 서서평은 당시 북미대륙을 달구었던 여성선교운동에 영향을 받을 수밖에 없었을 것이다.

북미대륙의 여성선교운동은 1900년도 중반에 본격적으로 시작된다. 그리고 이 운동의 가장 중요한 촉발점은 '독신여성선교사'들의 파송이었다. 여성선교운동이 가능했던 또 하나의 원인은 국내에서의 많은 여성선교회들이 조직된 것이었다. 그 첫 번째 여성선교회가 1861년 뉴욕에서의 여성연합선교회 라는 이름으로 조직되었다. 뉴욕에서의 도시선교의 경험을 지닌 사라 도레무스 Sarah Doremus 가 주축이 되어 독신여성을 해외선교사로 파송하기 위해 결성된 것이다.[3] 여성연합선교회가 조직된 것은 독신여성들을 선교지로 파송하려는 도레

---

3 Ruth A. Tucker, "Women in Mission: Reaching Sisters in Heathen Darkness," in *Earthen Vessels: American Evangelicals and Foreign Missions*, 1880-1980, ed. Joel A. Carpenter and Wilbert R. Shenk (Grand Rapids: Eerdmans, 1990), 255.

무스의 주장을 기존의 남성중심의 선교회에서 인정하지 않았기 때문이었다. '이방자매'들을 향한 복음증거의 열망은 높아졌으나, 대부분의 기존선교회들은 여성을 독립적 선교사로 인정하지 않았다. 많은 독신여성들이 하나님의 부르심을 느꼈으나, 부르심에 응답할 길은 열려있지 않다.[4] 당시 미국해외선교부의 총무였던 루퍼스 엔더슨Rufus Anderson은 독신여성이 선교사로 파송되는 것을 공개적으로 반대하였다. 결국 도레무스는 이에 좌절하지 않고, 초교파적으로 몇 명의 여성을 모아서 여성연합선교회를 발족하였다. 이 선교회는 4년이 지난 뒤 2명의 선교사와 7명의 현지여성지도자를 지원하게 되었고, 1890년에는 63명의 선교사를 파송하는 단체로 성장하였다.[5]

여성연합선교회의 성공에 지극을 받아 다른 여성선교단체들이 교단별로 결성되었다. 회중교회의 여성선교회가 1868년에, 감리교 성공회의 여성선교회는 1869년에, 또한 북 장로교회 여성선교회는 1870년, 감리교 개신교회의 여성선교회는 1879년에 각각 만들어졌다. 이외에도 수많은 여성선교회들이 우후죽순처럼 만들어져서, 이때를 전후하여 적어도 1년에 한 개씩 새로운 여성선교회가 만들어질 정도로 놀라운 속도였다.[6] 각각의 선교회는 나름의 선교잡지를 발행하여 인쇄물을 통한 여성들의 선교관심에로의 증대와 참여를 유도하였다. 그 결과, 1900년에 이르러서는 약 40개의 교단에서 여성선교부

---

4 위의 글, 255.
5 Ruth A. Tucker, *Guardians of the Great Commission: The Story of Women in Modern Mission* (Grand Rapids: Zondervan, 1988), 100.
6 위의 책, 100.

가 존재하였고, 300백만 명 이상이 모금활동에 참여하여 선교현지에 학교와 병원을 세우고, 독신여성선교사들을 파송하여 의료선교사와 교사, 전도사로 활동하였고, 수많은 현지인 여성전도자들이 놀라운 성과를 거두었다.[7] 또한 1900년에 이르렀을 때, 약 6000명의 미국선교사 중에서 57%가 여성이었고, 1916년에 여성선교사는 62%로 전체 선교사의 약 2/3을 차지하였다.[8] 그 결과 20세기 초 여성선교운동은 북미대륙의 가장 큰 여성운동으로 자리 잡고 있었다.

여성선교운동은 1910년에 여성선교사역의 50주년 희년대회로 정점을 이루었다. 총 48개의 지역에서 이틀 동안 진행되는 희년대회가 열렸고, 하루 동안 진행되는 대회도 전국적으로 열렸다. 이 중에서 어떤 대회는 4,000명이나 되는 많은 여성들이 모였고, 100만 달러가 넘게 모금되었다. 희년대회는 그야말로 여성들의 잔치였다. 대회의 진행자는 모두 여성들이었고, 대회의 강연자들도 모두 당시 선교를 주도하는 여성들이었다. 당시의 통계조사를 보면, 여성선교운동을 통해 전세계적으로 약 6,000명의 전도부인과 8,000명의 교사들, 140명의 의사들, 그리고 79명의 간호사들, 380명의 전도자들을 후원하는 놀라운 성과를 가져왔다.[9] 그러나, 떠들썩했던 여성선교운동은 1910년을 분기점으로 남성중심의 선교회 구조 안으로 흡수되면서 결국 그 강조점이 약화되어 자연스럽게 쇠퇴하였다.[10]

7   Dana Robert, *American Women in Mission: A Social History of Their Thought and Practice* (Macon: Mercer UP, 1996), 129.

8   Dana Robert, ed., *Gospel Bearers, Gender Barriers* (New York: Orbis Books, 2002), 5.

9   Helen Barrett Montgomery, *Western Women in Eastern Lands* (New York: Macmillan, 1910), 243-44.

여성선교운동을 통한 여성선교사의 사역은 "여성을 위한 여성의 사업"Woman's Work for Woman 이라는 모토에서 잘 반영된다. 여성선교운동의 핵심이었던 "여성을 위한 여성의 사업"은 여성만이 선교 현지의 여성과 그 자녀들을 접촉할 수 있다는 점을 강조하여 개발된 전략이었다. 19세기 말 본국에서나 선교현지도 성 Gender 에 따른 구별은 이미 사회 속에 뿌리 깊게 내려있었고, 여성을 대상으로 하는 선교사역을 위해서는 선교사역에 있어서 여성선교사들의 다른 작은 공간을 만들 수밖에 없었다. 여기에 여성을 대상으로 하는 사역이 미치는 그 영향력이 자녀들로 이어진다는 점도 여성을 대상으로 하는 선교사역의 중요성을 더했다. 어머니들은 자신의 신앙 안에서 자녀들을 양육할 것이기에 종교의 수호자가 될 수 있다고 생각하였다.[11]

여성선교운동은 대체적으로 통전적 선교를 지향했다. "여성을 위한 여성의 사역"은 기독교화가 곧 문명화로 이어진다는 관점에 철저하게 기초하였다. 따라서 여성선교사들은 현지여성들의 영적인 면과 물질적 면의 진보를 함께 이루고자 했다. 따라서 여성선교운동의 우선적 관심은 복음전파에 있었으나, 선교현지의 여성들의 사회적 문제에 대하여 적극적으로 대응하였다. 서방여성들은 서구 문명의 특혜를 누리는 자신들이야말로 "이방" 자매들의 삶의 질을 높여주어야 할 책임적 존재임을 강조하였다. 당시의 "여성을 위한 여성의 사역"이 온정주의적인 접근을 벗어날 수 없었고, 당연히 문화적 제국주의적

---

10   Dana Robert, *American Women in Mission*, 303-304.
11   Patricia Hill, *The World Their Household: The American Woman's Foreign Mission Movement and Cultural Transformation*, 1870-1920 (Ann Arbor: University of Michigan 1985), 49.

특징의 위험성도 내포되었다.[12]

여성선교운동이 활발하게 전개된 시기에 선교현장에서 전개된 여성선교사들의 사역은 크게 봉사사역, 의료사역, 교육사역, 복음전파 사역의 3가지로 주로 분류될 수 있었다. 이러한 여성선교사들의 사역은 개인적 관계 형성을 중요시하는 여성의 특성이 잘 반영되었다. 여성선교사들은 독신이든지, 어머니든지, 선생이든지, 사회사업가든지, 혹은 전도자이든지, 의료인이든지 상관없이 대체적으로 인간관계형성을 통해서 일했다. 당장의 회심은 불가능할지라도, 여성들이 보여준 인간관계의 그물망은 타문화선교의 중요한 수단가 되었다.[13]

여성선교사의 의료사역은 1869년에 최초의 감리교 여성선교사, 클라라 스와인Clara Swain을 인도에 보냄으로 시작되었다. 파송된 지 10년이 되지 않아서 스와인은 한해에 약 7,000명의 환자들을 치료할 정도로 그 활동이 왕성하였다.[14] 이후 여성선교사들의 의료사역은 꾸준히 증가하여 1909년 미국여성선교사 10명 중 한 명 꼴로 개신교 여성선교회의 후원을 받는 의사 혹은 간호사였을 만큼 의료사역에 종사하는 여성선교사들이 많았다. 당시 미국개신교여성들에 의해 후원되었던 병원은 전 세계적으로 80개가 넘었고, 보건소는 82개에 이르렀다. 의료사역은 여성의 건강을 증진시킬 뿐 아니라, 의료사역을 통한 여성에 대한 존중은 선교현지인들에게 기독교에 대한 깊은 존경심

---

12   Dana Robert, *Christian Mission: How Christianity Became a World Religion* (Wiley-Blackwell, 2009), 127-28.

13   위의 책, 141.

14   Ruth Tucker, *Women in Mission*, 271-72.

을 일으켰다. 여성을 향한 의료사역은 질병에 고통받는 여성과 소녀들을 치유하는 예수 그리스도의 모범을 따르는 것으로 간주되었다.[15]

여성에 의해 진행되는 또 다른 중요한 사역은 교육사업이었다. 여성에 의한 최초의 교육선교는 이사벨라 소번 Isabella Thoburn에 의해 이루어졌다. 그녀는 1869년 인도로 가서, 아시아 최초의 여성대학을 설립했다. 여성선교사들의 교육사업은 대체로 매우 소박하게 시작되었다. 처음에는 고아들을 입양아거나, 혹은 자신의 집에서 학생들 몇 명들을 모아서 가르치는 방식으로 진행되었다. 그리고 이러한 작은 시작은 기숙학교로 발전하였고, 결국 19세기 말과 20세기 초에 몇 개의 여성대학들로 발전하였다. 이러한 교육기관들을 통해서 여성선교사들은 일반 과목뿐 아니라 종교적인 과목들도 가르쳤다. 여성을 위한 고등교육은 여성선교운동이 가장 왕성한 20세기 초에 몇몇 오래된 선교현장에서 대단한 꽃을 피웠다. 1909년 미국여성선교회는 전 세계적으로 일본, 중국, 한국과 인도에서만 3,200개의 학교와 11개의 여성대학교를 후원하고 있었다.[16]

여성선교사들의 복음전파 사업은 먼저 자신의 집으로 불신자들을 초청하여 환대하고, 현지여성들의 집을 방문하는 방법으로 기독교 메시지를 전달할 수 있었다. 여성선교사들은 현지여성전도인과 함께 팀을 이루어 전도사역을 펼쳤다. 백인여성을 보러 온 여성 무리들을 향하여 전도부인들은 현지 언어로 하나님의 말씀을 가르쳤다. 여

---

15 Dana Robert, *Christian Mission*, 132.
16 위의 책, 137.

성선교사들이 마을과 마을을 다니면서 불신자의 가정을 방문하는 순회전도는 서구여성선교사들에게는 매우 중요한 사역들이었고, 이일을 위해서는 반드시 현지여성전도인의 도움이 필요했다. 현지여성전도인들의 역할이야말로 비서구지역의 기독교여성에게 주어진 최초의 독립적 사역이었다.[17] 루스 터커Ruth Tucker에 의하면, 1900년도까지 중국에서만 약 40개의 전도부인들을 훈련하는 교육기관이 있었고, 인도에서는 30여개의, 그리고 일본을 포함한 극동지역에도 여신학생들을 위한 교육기관들이 많이 있었다.[18]

　　이제 요약해보자. 여성선교사 서서평이 선교사로 파송받기 전약 50여 년 동안 북미대륙은 "여성을 위한 여성의 사역"이라는 모토로 전국의 여성들을 해외선교사역에로 참여토록 격려하는 대단히 강력한 여성선교운동의 시기를 지나가고 있었다. 서서평이 파송받았던 1912년 전까지 여성선교운동의 희년대회가 전개되었던 심장부와 같은 뉴욕에서 선교사가 되기 위한 준비 중에 있었다. 이것이야말로 서서평 선교사의 사역은 보다 넓은 배경의 '여성을 위한 여성의 사역'이라는 여성선교운동의 흐름 속에 있었고, 그 당시 진행되었던 여성선교사들의 사역방식을 따를 수밖에 없었을 것이다.

17　위의 책, 139.
18　Ruth A. Tucker, "The Role of Bible Women in World Evangelism," *Missiology* 13 (April 1985), 135.

3. 서서평 선교사의 생애와 주요 사역

서서평 Elisabeth Shepping 은 1888년 9월 26일에 독일 비스바덴에서 태어났다.[19] 서평은 사생아의 신분으로 태어났고, 어머니는 당시 천민 계층인 하녀신분이었다.[20] 그녀의 어머니는 서평을 낳은 지 1년도 안 되어서 서평을 할머니에게 맡긴 채 미국으로 이민을 갔다. 빈곤한 삶 속에서도 독실한 가톨릭신자였던 할머니가 해줄 수 있었던 것은 철저한 신앙교육뿐이었다. 극심한 가난으로 인한 초라한 행색과 천박한 출생 배경, 부모의 부재로 인해 어릴 때부터 서평은 친구들로부터 따돌림을 당하기 일쑤였다. 서평은 9살이 되던 해 유일한 안식처였던 할머니마저 세상을 떠나자 홀로 남겨진다. 서평은 교구사제의 도움을 받아 어머니가 있는 미국으로 건너가게 되는데, 1889년 어머니의 주소가 적힌 쪽지만을 들고 혼자 미국행 배를 타게 된다.[21]

뉴욕에 도착하여 이민국을 어렵게 통과한 후 극적으로 만난 어머니를 따라 뉴욕에서의 미국인으로의 새로운 삶이 시작되었다. 어머니와 함께 이민자 청소년 시절을 보낸 후, 서평은 뉴욕시에 있는 간호학교에서 간호학을 전공하여 간호사 자격증을 취득한다. 이때 서평은

---

19 양창삼, 『조선을 섬긴 행복: 서서평의 사랑과 인생』 (서울: Serving the People, 2012), 83.

20 양국주, "서서평 선교사의 조선교회사적 위치와 중요성," 소향숙 외 4인, 『서서평 선교사의 섬김과 삶』 (서울: 도서출판 케노시스, 2014), 18-19.

21 양창삼, 『조선을 섬긴 행복』, 85.

동료의 권유로 개신교 성경공부모임에 참석하게 되어 개신교로 개종한다. 이 개종은 어머니에게로부터 두 번째 버림을 받는 계기가 된다. 독실한 가톨릭신자였던 어머니는 개신교로 개종한 서평을 받아들일 수 없었고, 결국 어머니와 또 한 번의 가슴 아픈 의절의 경험을 하게 된다.

회심한 후 서평은 1904년부터 하나님의 말씀을 더 연구하기 위해 신학교에 진학하게 된다. 신학교에서 성경을 깊이 연구하면서 서평은 "영적세계가 내 맘에 펼쳐졌으며 새로운 생명이 마치 포도주처럼 내 핏줄들을 가득 채웠다"고 고백하였다.[22]

서평의 가난하고 소외된 자들에게 대한 관심과 사랑은 서서히 구체적으로 나타나기 시작했다. 간호사가 된 그는 브루클린 소재 유대인 병원에서 일하면서 학업을 병행하였다. 또한 그는 유대인 결핵 환자 요양소와 이탈리아 이민자 수용소에서 자원봉사로 일하는 등의 다양한 사회봉사를 실천하였다. 뉴욕에서의 간호사역도 여전히 당시 뉴욕의 소외된 자들을 향한 것이었다. 신학교육을 받으면서 선교사역에 대한 꿈을 키워오고, 사회의 소외된 자들을 향한 애끓는 애정은 드디어 1912년에 이르러 결실하게 된다. 서평은 우연한 기회에 남장로교 해외선교부에서 간호선교사를 모집하는 것을 알게 되어 조선의 선교사가 되기로 결심하여 지원하였다. 서평은 드디어 1912년 2월 20일에 그의 나이 31세에 한국의 선교사로 샌프란시스코에서 출발했다. 서평은 당시 부산을 통해 한국에 들어온 후, 남장로교회의 선교지

22　위의 책, 92.

였던 목포에 잠시 머문 후, 다시 광주 선교부로 배치를 받아 한국어 학습을 한 뒤 본격적으로 선교사역에 들어간다.

　　서평은 언어습득에 매우 탁월한 모습을 보였다. 3년동안 한국어를 집중적으로 배웠고, 탁월한 한국어실력을 인정받았다. 그는 이후 한자도 열심히 배웠고, 더 나아가 일본어까지 배우는 일도 멈추지 않았다. 언어를 배우는 동안에도 동시에 간호사로서의 의료사역을 병행할 수밖에 없었다. 인력이 절대적으로 부족하여 바로 병원에 투입되었다. 불과 3년만인 1915년에 당시 선교사들이 자주 걸렸던 풍토병이었던 스루프에 감염되었다. 서평은 마지막 1934년 자신의 생애를 마감할 때까지 이 병으로 고통을 당해야했다.

　　서평은 본격적인 의료사역을 펼치면서 계속 늘어가는 환자들을 돌볼 간호사가 절대적으로 부족해서 선교부의 허락으로 서울의 세브란스 병원에서 간호사 훈련학교의 교사로 파견 근무하였다. 서평은 1917년 9월에 세브란스 병원으로 파견되면서부터 더욱 분주했다. 그는 광주 제중원과 군산 구암예수병원과 서울의 세브란스병원을 오가면서 사역해야 했기 때문에 매우 피곤하고 분주했다. 시작한 간호사 훈련학교의 교사사역은 1919년 3-1운동이 일어난 후 서평과 항일투사들과의 잦은 접촉으로 일본 총독부의 권고로 결국 세브란스에서 휴직을 하고, 1917년 6월에 이제 다시 광주로 돌아온다. 간호사로서의 서평의 공헌도 매우 크다. 조선의 간호협회를 만들어 회장직을 10년이나 맡았고,[23] 조선간호협회의 발전을 위해 수많은 노력을 펼쳤다.

---

[23]　위의 책, 126.

그는 조선어에 능통해서 많은 책을 한글로 저술하였고, 외국서적을 번역하였다. 그는 4권의 간호교과서를 집필하기도 하였다. 뿐만 아니라 간호인력을 기르는 기관을 만들어 간호사를 양성했다.[24]

서평의 초기사역이 의료사업에 집중했다면, 1921년 이후부터는 조선여성을 위한 교육사업에 헌신하였다. 서평은 1920년부터 광주 제중병원에서 간호원으로 근무하면서 사재를 털어 자기 가정에서 학교를 시작하였다. 이것은 3년제 정식 학교로 발전하였고, 26년에는 학교 교사도 마련되어 이일학교가 되었다. 전라도 지역 최초의 여자 신학교가 탄생한 것이다.

이일학교를 통하여 발굴된 전도부인들은 서평이 호남지역을 돌아다니면서 진행한 수많은 순회전도사업의 중요한 동역자들이었다. 또한 서평은 조선을 방문한 윈스보로 여사가 광주에 와서 사경회를 할 때 제안을 받아들여 부인조력회를 만들었다.[25] 이 일은 1920년 미국 남장로교 여선교회의 리더였던 "윈스보로Winsborough 여사가 한국을 방문하였을 때, 여성을 위한 사경회를 목격하고, 미국에서처럼 여성전도회를 조직하면 좋겠다고 제안함으로 이루어졌다. 윈스보로의 눈에는 참으로 놀라운 광경이었다. 윈스보로 여사의 제안이 있은 후 2년 만에 이루어진 일이었다. 1922년에 서평의 자택에서 처음 시작된 부인전도회는 3년 후인 1925년에는 전남노회에서 공식적으로 인준하였고, 1927년에 이르러 전국규모의 여전도회연합회로 발전하여

24 위의 책, 130.
25 George T. Brown, *Mission to Korea*, 천사무엘, 김균태, 오승재 역, 『한국선교이야기』 (서울: 도서출판 동연, 2010), 169.

오늘날 가장 광범위한 여성평신도 조직이 되었다.[26]

서평의 사역은 탁월하였다. 1931년에 장로교총여선교회에서 부회장으로 선출되었고, 그 이듬해 회장으로 선출되는 등의 선교사 공동체 안에서의 여성리더십을 발휘하였다. 1932년은 서평의 선교사역 20주년을 축하하는 기념대회가 있었고, 기념비를 이일학교 교정에 세워졌다. 서평은 1915년부터 당시 풍토병이었던 스프루병을 앓기 시작하여 20년이 넘도록 질병에 시달렸으나, 그의 왕성한 사역은 멈출 줄 몰랐다. 그리고 마침내 1934년 2월에 폐렴으로 병상에 눕게 된 후, 결국 6월 26일 새벽 4시에 하나님의 부르심을 받았다.[27]

4 | 서서평 선교사의 특징: 여성선교사 관점에서

서평의 사역을 여성선교사의 관점에서 조명하는 것은 서평의 사역들이 여성으로서의 서평과 어떻게 연관되는가? 라는 질문과 관련 있다. 다시 말해, 서평의 성 Gender 은 어떻게 그녀의 사역을 더욱 강화 혹은 제한하고 있는지를 살피는 것이다. 서평이 남성이 아니라 여

26　백춘성, 『천국에서 만납시다』, 93.
27　양창삼, 『조선을 섬긴 행복』, 337-50의 서평의 연보를 참고함.

성이었다는 점이 그의 사역의 어떤 특징과 맞물려 있는가?

　이 장에서는 서평의 사역들이 개인적 차원으로 서평의 성 Gender 인식이 그의 사역에 어떻게 영향을 미쳤는지 살필 것이다. 또한 서평의 사역은 개인적 차원에서만 조명될 수 없다. 서평은 19세기 말부터 북미대륙을 휩쓴 여성선교운동에 깊은 영향을 받지 않을 수 없었기 때문이다. 따라서 이 장에서의 서평의 여성선교사적 특징은 개인적 차원뿐 아니라, 선교사공동체 안에서 보다 넓게 공유되었던 북미대륙의 여성선교운동의 관점에서도 조명해볼 것이다.

(1) 여성선교사로서의 모성적 긍휼 사역

　여성은 기혼이든 미혼이든 상관없이 모성적 특성을 지닌다. 19세기 말부터 전개된 여성선교운동을 통해 선교지로 파송된 수많은 여성선교사들도 결혼을 하였던 독신이었든지 간에 상관없이 자신들의 집을 열어 기꺼이 버려진 아이들의 '어머니'가 되었다. 모성에 근거해서 선교지의 불우한 어린이들을 돌보는 일은 여성 선교사들의 성 Gender 에 기초한 독특한 공헌이었다. 영국의 대표적인 여성선교사 메리 슬레서 Mary Slessor 도 동나이지리아 Eastern Nigeria 에서의 수백 명의 천민 여성들과 죽도록 내동댕이쳐진 쌍둥이들의 어머니가 되었다. 여선교사 글라디스 아일워드 Gladys Aylward 는 혼자 1930년에 중국으로 들어가서 사역하다가 1940년에 전쟁난민이 된 아이들을 구해내기 위해서 수십 일 동안의 산을 넘는 피난길을 아이들과 함께 걸어서 구출했다. 전쟁

이후, 그는 대만에서 불우한 어린이를 위한 집을 열었다. 엘리자베스 홀 Elizabeth Hall 은 19세기 말 콩고에서 어린이들을 위해 13년간 일했다. 그녀는 후에 자마이카로 옮겨, 그곳에서도 오랫동안 어린이를 위한 사역을 진행했다. 엘리자 아그네우 Eliza Agnew 는 19세기 중엽에 40년 동안이나 1300명의 소녀들을 교육하였다. 그는 스리랑카의 최초의 독신여성선교사였는데, 그는 '천여 명 딸들의 어머니'로 불려지는 여성이었다. 여성선교운동의 시기에 북미에서 파송 받은 수많은 여성선교사들은 고아들의 '어머니'로서 개신교 선교사역 안에서 모성의 선교 mission of motherhood 를 감당하였다.[28]

　　서평도 예외가 아니었다. 그는 모든 여성이 지닌 모성애로 긍휼의 사역을 펼쳤다. 서평은 조선인 중에서도 특히 고통 받는 여성들과 병자와 고아들에게 주목하였다. 그는 수많은 조선의 소녀들을 긴급하게 구출했다. 자신이 받는 월급이 매우 제한적이었으나 끊임없이 고아들을 입양하였다. 서평의 의료사역도 철저하게 버림받고 고통당하는 곤경에 처한 자들을 돕는 긴급구호사업과 긴밀하게 연결되어있었다. 서평은 퇴원 환자들이 갈 곳이 없을 경우, 직장이나 거처를 마련해주는 일에도 관여하였고, 극빈자, 병자, 노인에게 숙소를 제공하여 치료될 때까지 돌보기도 했다. 1920년 선교편지에서 서평은 곤경에 처한 한 조선의 소녀를 그야말로 값을 주고 몸값을 지불하여 해방시킨 일화를 소개한다.

28　Dana Robert, *American Women in Mission*, 126-27.

한 소녀가 주인의 잔혹한 발길질로 궤양이 생긴 다리를 치료받기 위해 입원하였는데, 한 달 동안의 정성스런 치료 후 퇴원을 하게 되었으나, 다시 노예생활로 돌아가기를 거절한 이 15세 된 소녀가 결국 반복되는 매질과 저주를 피하려고 자살을 시도한다. 이 소녀는 부모가 없기 때문에 퇴원하면 실제로 팔려갈 신세가 되어 있었다... 서평은 이 소녀의 그 몸값을 지불하고 악한 남자들과 여자들로부터 해방시켜주었고, 이후 자신의 집에서 직접 돌보아 주었으며, 후에 훌륭한 기독교인과 결혼시켜 새로운 삶을 살게 해주었다.[29]

서평은 13명의 양딸과 1명의 양아들, 합해서 14명의 자녀들을 두었다.[30] 이렇게 많은 고아들을 자신이 입양하여 직접 길러낸 것은 서평이 얼마나 고아들에 대한 연민이 컸는지 보여준다. 서평은 입양한 고아들을 친 자식처럼 돌보았다. 특히 하나뿐인 아들 요셉을 무척 사랑했다. 양자 '요셉'은 만삭한 임산부가 순창에서 광주 제중병원으로 실려와서 제왕수술로 아이만 겨우 살리고 병원에서 죽게 되었는데, 그의 남편이 산모 시신만 운구해가고 핏덩이 같은 아기를 버리고 가버렸다. 간호사였던 서평이 이 아기를 맡아 기르게 된 것이다.[31] 안식년 기간에 쓴 그의 선교편지에는 서평이 특히 요셉을 사랑하여, '요셉'에 대한 그리움을 표현한다.[32]

29　Elisabeth Shepping, "Sanitary Work in Korea," *The Missionary Survey* (October 1920), 640-42.

30　양국주, 『바보야 성공이 아니라 섬김이야』 (서울: Serving the People, 2012), 224.

31　백춘성, 『천국에서 만납시다』, 150.

32　Elisabeth Shepping, "S. S. Empress of Canada," *The Missionary Letter* 7 (August 1930).

서평이 10번째로 입양한 아이 '순희'에 대한 일화는 서평이 결코 불쌍한 처지에 있는 소녀들을 그냥 두고 넘어갈 수 없는 자였는지를 보여준다. 서평은 제주도 전도여행 중에 어머니로부터 버림받은 5살 남짓 된 이 여자아이를 만나게 된다. 순희를 서평이 입양하겠다고 했을 때, 주위에서는 이미 8-9명의 아이를 입양했는데 어떻게 또 아이를 입양하려고 하는가 라고 주위에서 만류한다. 그러나 서평은 어머니로부터 버림받은 순희를 기어이 양딸로 삼겠다고 광주로 데리고 온다.[33]

서평이 다소는 유난스러울 정도로 많은 고아들을 향한 "예외적으로 탁월한 사랑"을 보이며 긍휼사역을 펼친 것은 서평의 개인적 상실과 버림받음의 경험과 깊은 관련이 있어 보인다. 서평은 태어나자마자 부모의 버림을 받고 할머니의 손에 자랐다. 어머니는 서평이 한 살도 되기 전에 미국으로 떠나버렸기 때문이었다. 할머니가 죽은 후, 불과 9살에 홀로 미국으로 건너가서 어머니를 찾았으나, 청소년기를 지난 후 또다시 어머니로부터의 버림받은 것은 서평이 개신교로 개종하였기 때문이었다. 또다시 어머니로부터 버림받음의 경험은 그의 영혼에 깊은 상처로 남았다. 그가 생애 처음이자 마지막 안식년을 가지는 동안 어머니와의 재회는 또 다른 아픔의 시간이었다. 초라한 행색의 서평을 본 그녀의 어머니는 "내 딸이라고 부르기도 창피하니 내 눈에 보이지 말고 어서 가라"고 하여 다시 한 번 서평을 거절한다.[34]

---

33 양국주, 『바보야 성공이 아니라 섬김이야』, 223.
34 위의 책, 221-22.

서평의 생애는 이렇듯 평생에 걸쳐서 부모로부터 지속적으로 거절을 당했다. 태어나자마자 경험한 부모로부터의 버림받음, 청년시기 종교적 갈등으로 인한 어머니와의 의절, 그리고 생애의 단 한 번뿐이었던 안식년 때 만난 어머니의 냉정한 거절. 서평에 있어서 버림받음의 상처는 과거의 사건이 아니라 지속적으로 등장하는 현재적 아픔이었다. 이러한 지속적인 상실과 거절의 경험은 '또 다른 버림받은 자들'에 대한 깊은 연민으로 표출되었다. 서평이 곤경에 처한 어린아이들을 입양하고 그들을 돌보는 일에 남다른 열정을 보인 것은 그가 고아처럼 자랐기 때문이었다. 그는 참으로 상처입은 치유자였다. 서평의 긍휼사역은 여성으로 누구나 가지고 있는 모성애의 발로였고, 어머니로부터 버림받은 자신의 상처를 통해 승화된 상처입은 치유자의 모성애적 긍휼사역이었다.

(2) "여성을 위한 여성의 사역"의 재현

"여성을 위한 여성의 사역"으로 대변되는 북미대륙의 여성선교운동은 크게 세 가지 도구를 통하여 선교현지의 여성의 지위를 '상승'시킨다는 논리였다. 즉, '교육', '의료사역', 그리고 '복음전파사역'이 그것들이었다.[35] 이 세 가지 사역은 서평의 사역에서도 나란히 등장한다. 서평은 의료사역자로 선교사의 사역을 시작하였다. 그는 매

---

35   Dana Robert, *American Women in Mission*, 133.

우 유능한 간호사였으나 병이 나서 결국 간호사역을 그만둘 수밖에 없었다. 이후 서평의 사역은 여성을 위한 교육사업으로 이어졌다. 그리고 서평의 복음전파사역은 교육사업의 결과로 얻어진 전도부인들과 함께 여성을 대상으로 전개되었다. 따라서 서평의 "여성을 위한 여성의 사역"은 당시 북미대륙을 중심으로 일어났던 여성선교운동의 모델을 그대로 따르고 있다.

서평에게 있어서 "여성을 위한 여성의 사역"의 핵심에는 조선여성을 위한 교육사업이 있었다. 1927년의 연례보고서에 의하면, 서평의 이일학교를 향한 사랑과 애착이 얼마나 큰지 잘 설명한다.

> 저의 가장 큰 소망은 이일성경학교의 확장과 주님의 사역에 유용하게 쓰임 받는 것입니다. 교회사역을 위해 훈련된 여성은 매우 중요합니다. 이 학교가 모든 이들의 심령 속에서 매일매일 자라나기를 바랄 뿐입니다. 수백 명의 조선인 친구들이 이일을 위해 중보하고 있습니다. 주님을 닮아가는 성품의 훈련과 주님을 위한 섬김에 적절한 센터가 되기를 바랍니다.[36]

이일학교를 통한 여성교육사업은 여성계몽사업으로 이어졌다. 이일학교에는 보통과와 성경과가 있었는데, 보통과는 초등학교 교과과정을 다루었다. 주로 한글과 과학상식 등의 일반교육이 중심이었

---

36 Elisabeth Shepping, "Korean High School Girls," *The Korea Mission Field* 24, no. 3 (March 1928), 54.

고, 비기독교인들도 입학할 수 있었다. 건강 가정위생, 아이와 어머니의 영양 및 교육, 상처치유법, 세균전염병 예방 등의 간호와 관련된 교육이 이루어졌다. 여성들을 계몽하고 이들의 사회적 지위를 높이는 교육이 이루어졌다.[37]

　　이일학교는 이 지역의 최초의 여자신학교로서 전도부인들의 핵심 양성소이기도 했다. 이일학교를 졸업한 전도부인들은 서평의 복음전파사역의 중요한 동역자들이 되었다. 서평의 "여성을 위한 여성의 사역"은 전도부인의 배출과 함께 부인조력회의 조직으로 크게 동력화되었다. 전도부인의 배출은 여성교역자 인력개발의 차원에서, 또 부인조력회의 조직은 평신도여성의 리더십의 배양이라는 차원에서 큰 의미가 있었다. 특히 교회의 여성평신도들 스스로가 여성들의 조직을 만들었다는 것 자체는 참으로 놀라운 것이었다. 김필례는 이것을 당시 "도시전체에 유일한 여성조직"으로 평가하였다.[38] 당시 조선의 여성들은 이름이 없이 살아온 존재들이었다. 이름이 없다는 것은 정체성이 없고, 인격이 무시당했다는 의미였다.[39] 서평은 부인조력회를 조직하기 위해서 먼저 일일이 조선여성들의 이름을 지어주어야 했다. 이름은 자신의 정체성을 부여하고 인격체로서의 회복을 의미했다. 간혹, 하루 이틀 후에 자신의 이름이 무엇인지를 다시 물어보러 온 사람들도 있었다.

37　양창삼, 『조선을 섬긴 행복』, 141.

38　Pilley Choi, "The Weaker Vessel Grows Stronger: A Few Little Efforts," *Executive Committee of Foreign Missionaries, Presbyterian Congress in the U. S.* (1925): 양창삼, 『조선을 섬긴 행복』, 418; 김필례는 남편 최영욱의 성을 따라서 최필례로 이 글을 발표하였다.

39　임희모, 『서서평 예수를 살다』 (서울: 도서출판 케노시스, 2015), 73.

서평의 탁월한 조직력으로 2년만인 1922년 10월에 광주 금정교회 내에 첫 번째 부인조력회가 조직되었다. 그리고 3년 뒤 전남노회가 부인조력회를 공식적으로 인준하였다.[40] 부인조력회는 한 달에 한 번 모임을 가졌는데 여인들이 교회를 오갈 때 잘 볼 수 있는 보름에 열렸다. 구역은 매주 집에서 기도회로 모였다. 이 프로그램은 성경공부, 개인간증, 봉사 세영역이 중심을 이루었다. 이와 함께 성미제도가 시작되었다.[41] 주일에는 이 작은 성미주머니를 교회로 가져와 헌미궤에 넣었다. 이런 방법으로 자신의 일용할 양식의 일부를 바쳤다. 부인조력회는 마침내 1928년 선교사 이루이시를 초대회장으로 대한예수교장로회부인전도회로 전국규모의 여성조직으로 발전하였다.[42]

요약하면, 여성선교사로서의 서평의 사역은 철저하게 20세기의 북미대륙의 "여성을 위한 여성의 사역"을 조선 땅에서 재현한 것이었다. 서평의 "여성을 위한 여성의 사업"이 크게 성공한 것은 이일학교를 중심으로 몇 가지 요소들이 함께 작용하여 가시적 결과를 낳을 수 있었다. 즉, 이일학교를 중심으로 진행된 여성교육과 계몽사업, 그리고 이일학교에서 배출된 전도부인들과 연대하여 진행하였던 조선여성들을 향한 복음전파사업, 마지막으로 복음전파사역의 결과로 얻어진 회심한 여성들의 조직화 즉, 부인조력회의 탄생과 발전으로 인해 서평의 "여성을 위한 여성의 사역"은 왕성한 열매를 거둘 수 있

---

40 George T. Brown, 『한국선교이야기』, 169-70.

41 Hallie Paxson Winsborough (compiled) and SarahLee Vinson Timmons, eds., *Glorious Living: Informal Sketches of Seven Women Missionaries of the Presbyterian Church, U. S.* (Atlanta: Committee on Women's Work, Presbyterian Church, 1937), 169.

42 George T. Brown, 『한국선교이야기』, 170.

었다. 즉, 서평이 펼친 "여성을 위한 여성의 사업"은 조선의 불우한 여성들에게 교육의 기회를 제공하였고, 여성의 조직화를 통해 교회와 사회에 유익한 존재로서의 자기정체성을 회복시킨 여성해방적 사역이었다.

(3) 성육신적 동일화를 통한 여성적 리더십 실천

서평에게서 발견되는 매우 뚜렷한 특징 중의 하나가 바로 그의 철저한 성육신적 선교사역이다. 서평은 철저하게 현지인과 함께 삶을 나누었고, 서양선교사로서 자신을 조선인과 차별화하지 않았다. 서평은 서양선교사가 아니라, 한국인으로 살기를 원했다. 보리밥과 된장국을 먹었고, 옥양목 저고리에 검은 통치마를 입었고, 맞는 신발이 없어 남자용 검은 고무신을 신고 다녔다. 조선의 옷과 신발을 신고 조선 말을 하면서 고아를 등에 업은 단발머리 서양처녀 서평은 광주사람들에게 매우 뚜렷한 인상을 남겼다.[43]

조선인의 행동과 풍습을 따라서 살아가는 서평의 모습을 임희모는 외양적 동일화로 설명한다.[44] 서평은 어떤 선교사보다 더 현지인들과 동일화하였으나, 여전히 서평은 더 치열한 동일화를 열망했다. 서평이 1930년 안식년 마지막 날 쓴 편지에는 자신의 깊은 내면에 있

---

43   양창삼, 『조선을 섬긴 행복』, 108.

44   "보리밥, 된장국과 고무신 끌고 생활: 자기 몸과 재산을 돌보지 않고 전심력을 교육, 자선에," 『동아일보』, 1934. 6. 28, 5; 임희모, 『서서평, 예수를 살다』, 120에서 재인용.

는 서구문명우월에 대한 철저한 반성이 들어있다.

> 어쩌된 일인지 이번 출국에는 처음의 경우처럼, 새로운 선교사로의
> 미지의 위대한 모험으로 인한 큰 흥분은 없습니다. 대신 오늘은 제가
> 선교사로 부적합한 것은 아니지 불안긴 했지만, 이전 잘못을 만회
> 하고 무엇보다 서구문명의 지배를 당할 것이 아니라, 오히려 동양의
> 생활방식에 더 순응하겠다는 큰 결심을 하였습니다. 동양에서 지낸
> 지난 17년 6개월을 돌아보면서 동양적 생활의 높은 이상과 방식을
> 과소평가한 실수를 범했던 것 같습니다. … 사실 동양에는 아름다움,
> 사랑, 그리고 훌륭한 것이 많습니다.[45]

서평의 동일화는 외형적인 동일화에 머무르지 않았다. 그는 철
저하게 내면적 동일화를 지향했다. 서평은 일본식민지 아래 조선인들
이 겪는 정치, 사회, 경제적 고통을 내면의 의식과 세계관 차원에게로
까지 공유하였다. 특히 소외받고 차별받는 여성들의 아픔과 고통을
느끼고 공감하였다. 서평이 내면화한 조선에 대한 사랑은 여성과 고
아, 과부들, 거지와 노숙인들, 병자와 나환자를 돌보고 교육하고 이들
을 슬픔과 아픔을 나누는 삶으로 표현되었다.[46]

임희모는 서평이야말로 성육신적 동일화에 이른 선교사로 평
가한다. 서평의 성육신적 동일화는 가난한 자들과 소외받고 차별받는

---

45   Elisabeth Shepping, "S. S. Empress of Canada."
46   임희모, "서서평의 성육신적 선교," 『서서평, 예수를 살다』, 122.

사람들과 완벽하게 동일화하신 예수 그리스도를 그대로 드러낸다. 그녀는 일제 강점기 한국의 가난한 자들과 차별받는 여인과 걸인과 나환자들을 섬김으로 성육신적 동일화를 이루었다. 바로 이러한 서평의 삶, 즉, 자신의 전 재산과 열정과 청춘과 생명까지도 모두 바쳐 조선인을 사랑하는 서평을 사람들은 "재림한 예수"로 불렀다.[47]

그렇다면 이러한 서평의 철저한 성육신적 삶이 서평의 여성성과 어떤 상관관계가 있는가 하는 점이다. 필자가 판단하기에 서평의 여성정체성과 성육신적 사역과는 분명 관련이 있다. 물론 서평의 성육신적 삶은 그의 싶은 신앙심, 가난하고 천박한 출신 배경, 그리고 이민자의 삶의 경험이 중요하게 작용하였을 것이다. 그럼에도 불구하고 서평의 성육신적 삶은 서평의 여성성이 함께 기여하였을 것이다.

최근 여성적 리더십에 대한 연구들은 여성들이 더 수평적인 리더십을 발휘함을 밝혀내었다. 흥미로운 것은 이러한 여성적 리더십이 더 수평적인 이유를 여성의 독특한 사회화 과정에서 그 원인을 찾았다. 즉, 남성은 강하고, 우유부단하지 않고, 경쟁적이며, 주도적인 존재로, 반면에 여성은 협력적이며, 감성적이며, 협조적 존재로 사회화하였기 때문이라는 것이다. 또한 여성은 공식적 권한과 자원의 통제 권한 없이 업무를 성취하는 경험들로 인해 더 수평적 리더십을 보인다고 하였다.[48] 또한 여성적 리더십은 변혁적 리더십의 특징을 보이는데, 즉, 리더와 따르는 자들 간의 교감을 중시하고, 따르는 자들에게

---

47 위의책, 123.
48 Judy Rosener, "Ways Women Lead," *Harvard Business Review* (November/December, 1990), 185-205.

비전을 제시하고, 영감을 끊임없이 제시하여, 동기유발에 매우 탁월하며, 따르는 자들의 감성적 반응을 일으키며, 따르는 자들의 필요에 민감하여 격려하는 리더십이라고 결론 내렸다.

여성 리더들은 남성 리더에 비해 대체적으로 수평적이며 따르는 자들과 격의 없는 관계를 유지한다. 여성 리더들은 따르는 자들의 의견을 적극적으로 수용하고 개개인의 의견을 무시하지 않으려고 한다. 여성 리더는 중요한 의사결정을 할 때, 공동체 구성원의 의견을 일일이 고려하여 전체적 동의가 일어날 때까지 기다린다. 구성원의 반대가 심해 공동체성을 깨드릴 위험성이 보일 때 여성 리더는 강압적 진행을 자제한다. 이러한 태도가 여성이 오히려 과단성 없는 우유부단한 리더로 보일 수가 있다. 또한 여성의 리더십은 투명성, 진정성, 정직성과 같은 특징이 강하게 나타난다.[49] 또한 여성 리더들은 조직의 효율적 운영과 경영에 우선적 관심을 가지기보다는 따르는 자 개개인에 대한 개별적 관심과 배려에 더 우선적 관심을 둔다. 이러한 연구결과들은 오현선의 연구결과와도 일맥상통한다. 즉, 여성들은 도덕성 투명성, 진실한 태도 등을 자신의 장점으로 인식하였다고 하였다.[50]

서평의 성육신적 삶은 여성선교사로서의 서평에게서 발견되는 수평적 리더십과 관련있어 보인다. 사실, 선교사들은 현지교회에서 어떤 형태로든 지도자적 위치에 있었다. 복음과 새로운 문물의 전달자요, 선생이며, 치료자였고, 교회의 지도자였고, 말씀을 가르치는 자

---

49 Commonwealth Secretariat, "Gender Difference in Leadership Style and Impact" (June 2013), 22-25.

50 오현선, "개혁된 교회, 개혁하는 교회," 전국여교역자연합회, 호남신학대학교 기독교교육연구소 편, 『여성목회입문서』 (서울: 한국장로교출판사, 2012), 18-19.

들이었다. 서평은 고아들의 어머니였고, 교장이었고, 환자들의 치료자였고, 하나님의 말씀을 가르치는 선생이었다. 서평은 부인조력회를 직접 조직하고 이끌었다. 그의 역할은 선교사로서의 조선인을 향해 리더십을 발휘하는 자리에 있었다. 그러나 서평은 선교사로서의 권위를 높이거나 차별화하지 않았다. 그는 철저하게 섬김의 리더십을 보여주고 있다.

서평의 리더십의 특징을 잘 드러내는 일화가 있다. 한번은 마리 보든 녹스Marie Borden Knox가 서평을 인터뷰할 때 이일학교 기숙사에서 모기가 많아 고심을 하는 서평의 이야기를 듣고 녹스가 서평의 숙소 현관 끝에 방충망을 만들어보라고 권했다. 그러자 서평은 "내가 기숙사 전체에 있는 모든 현관문에 방충망을 칠 여력이 되면 그렇게 하겠지만, 내방과 여학생들의 구역을 방충망으로 나누는 것을 원치 않아요."라고 말했다. 이 인터뷰에서 녹스는 이러한 태도가 조선인 사이에서 서평의 위력이라고 하였다. 녹스는 서평에 대하여 그는 실로 조선인 중의 한사람이었다고 평가하였다.[51]

서평과의 인터뷰에서 녹스는 "당신의 부인조력회"에 대하여 말해달라고 하였을 때, 서평은 "제가 한다고요? 아닙니다. 부인조력회는 누가 뭐래도 조선인의 것입니다."라고 응답하였다. 이 표현 속에 그녀가 얼마나 철저하게 자신의 업적을 자랑하지 않으려고 하였다.[52] 이와 같이 서평에게 가시적 업적은 중요하지 않았다.

---

51 Marie Borden Knox, "An Interview."; 양창삼, 『조선을 섬긴 행복』, 431.
52 위의 책, 431-32.

19세기 북미대륙의 여성선교사들의 사역을 면밀히 조사한 다나 로버트Dana Robert에 의하면, 남성에 비해 여성선교사들은 복음전파의 방식에 있어서 대체로 봉사적 삶의 스타일lifestyle of service과 개인적 관계personal relationship를 집중적으로 사용하였다고 하였다.[53] 이것은 여성선교사들의 사역방식에서도 여성들의 관계중심적 특성이 잘 나타났다는 것을 의미한다. 그리고 서평에게서도 바로 이러한 봉사적 삶의 스타일과 개인적 관계를 통한 섬김의 리더십을 엿볼 수 있다. 이런 여성적 특징들이 서평의 사역이 철저하게 현지인과의 동일화와 성육신적 사역을 가능토록 했을 것이다.

요약하면, 여성의 리더십은 투명성, 정직성, 수평적 관계형성, 따르는 자들에 대한 개별적 관심과 배려, 파토스와 감성적 접근을 통한 동기유발 등에서 남성들보다 탁월하다. 서평의 성육신적 접근이 여성으로서의 정체성과 더욱 긴밀한 관련이 있다고 판단하는 이유가 여기있다. 여기에 서평이 다른 여성들과는 또한 차별된 면모가 보이는데, 그것은 그녀의 조직력, 추진력 등이 남성적 리더십의 전형을 함께 보여주고 있다는 점이다. 서평의 사역은 이 둘의 절묘한 조화를 이루고 있다. 서평의 사역을 분석한 송경의는 "철저한 진정성의 추구와 그 추진에서 보여주는 무서우리만큼 강렬한 치열함"으로 서평의 사역을 요약하였다.[54] 즉, 여성적 특징으로서의 진정성과, 조직력, 추진력으로 대변되는 남성적 특징이 절묘한 조화를 이룬 것이다. 그리고

---

[53] Dana Robert, *Christian Mission*, 119.

[54] 송경의, "정신의학자의 서서평 이해: 서로득 부인이 쓴 Glorious Living을 중심으로," 양창삼, 『조선을 섬긴 행복』, 422.

결과적으로 서평의 사역들이 놀라울 정도로 왕성한 결과를 낳았다.

(4) 주변인으로서의 서평

서평은 평신도 전문인 사역자들을 선교보조자로 취급하는 선교공동체 안에서 간호사로 사역하였다. 선교사 회의에 여성사역자는 의결권도 주어지지 않았고, 의료 사역자들 중에서도 간호사는 의사를 돕는 보조적 인물로 여겨졌다.[55] 서평은 남성 중심적 가부장적 체계 안에서 독신여성으로 선교사역을 감당하였다. 독신여성선교사에 대한 편견은 서구선교사들에게서 편만했다. 19세기 중반까지만 해도 독신여성은 선교사로 적합하지 않다고 생각하였다. 그나마 결혼을 하지 않은 젊은 독신들보다는 과부에게 더 호의적이었다. 남편의 보호와 안내를 길든지 짧든지 간에 받아본 경험이 있는 과부가 젊은 미혼여성보다는 선교사로 그나마 더 적합하다는 생각이 팽배했다.[56] 이후 독신여성선교사들이 파송되기는 했으나, 독신여성에 대한 편견은 쉽게 사라지지 않았다.

서평은 남장로교회 선교사들의 주류를 이루었던 스코트랜드인들 사이에서 독일에서 온 이민자 출신으로, 또한 남부인이 아닌 북부 출신으로서 신분적으로도 철저하게 주변인이었다. 특히 그녀는 미국

---

[55] 양국주, "서서평 선교사의 조선교회사적 위치와 중요성," 23.

[56] Pierce Beaver, *All Loves Excelling: American Protestant Women in World Mission* (Grand Rapids: Eerdmans, 1968), 63.

에서 겪었던 앵글로 일치주의Anglo-Conformity로 인해 독일 이민자로 2등 시민의 차별과 억압을 아프게 느꼈을 것이다.[57] 서평의 출신배경으로 인해 겪었던 심리적 소외감을 보여주는 일화가 있다. 1932년 레이놀즈 부부의 크리스마스 파티의 초대를 거절하였던 서평의 답장에는 북부 출신으로 느꼈던 심리적 소외감을 보여준다.

> 날씬한 이, 아담한 이, 키 큰 이, 모두 다 초대되었지만,
> 저같이 왜소한 몸매의 사람은 빠뜨리셨네요.
> 이도록 짧은 시간에 내 키를 두배나 키워야
> 응할 수 있는 초청은 감당할 범위 밖입니다.
> 유복한 입장에 있는 영국인들끼리의 모임에
> 참여할 수 있는 특권은 사양해야만 하겠네요.
> 그래도 한 가지 꼭 당부드릴 말씀은 지나간 세월의 형태는
> 지속되지 않았으면 합니다.
> 왜냐하면 '소란스러운 어깃장부리는 남부인들'을 어떻게 처리해야 할지
> 이 선교부 안에서는 수없이 논란이 되었기 때문입니다.[58]

서평이 선교사 공동체 안에서 주변인이었던 것은 그녀의 성격도 일조를 했다. 서평은 무슨 일이나 참지 못하고 느낀 그대로를 상대가 누구이든 위신이나 체면을 가리지 않고 그 자리에서 총알처럼 마

---

57 임희모, 『서서평 예수를 살다』, 37.
58 양국주, "서서평선교사의 조선교회사적 위치와 중요성," 29에서 재인용.

구 쏘아대는 성격이었다. 서평은 다른 선교사들이 선교에만 심혈을 쏟지 않고, 재산을 늘리는 일에 관심을 가지거나, 개인재산문제로 한국인과 송사를 일으킨다거나, 남녀 고용인을 두고 육적 생활, 즉, 세상 일에만 치중하여 선교대상자인 조선인은 기아상태에 허덕이는 참상을 눈앞에 두고도 사치와 호화생활을 하는 것을 거침없이 책망했다.[59] 자연히 자신들을 책망하는 서평을 선교사들이 좋아할 리가 없었다. 동료선교사들은 서평의 삶을 규모가 없다는 둥, 선교사들을 통째로 망신시킨다는 둥, 위선이라는 둥 험담을 했다.[60]

이와같이 안수 받지 못한 독신 여성선교사로서의 서평은 선교사 공동체 안에서도 주변인이었다. 서평은 선교사 공동체 안에서도 권력의 중심에서 멀어져 있었고 차별받았다. 서평이 활동하였던 1900년도 초반이나 지금이나 마찬가지로 여성은 항상 주변부와 약자로 존재한다.

그러나 역사 속에서 주변인과 약자는 하나님의 선교의 적극적 대행자가 아닌가?[61] 그동안 교회의 선교가 권력 있는 자로부터 힘없는 자로의 선교였다면, 하나님의 선교는 정반대의 길을 걷는다. 인간의 선교가 철저하게 중심에서 주변으로, 유력한자로부터 무력한자로, 부유한 자로부터 가난한 자에게로, 그리고 특권층에서부터 소외된 자로 향하는 선교였다면,[62] 진정한 하나님의 선교는 주변인들의 자리에

---

59   백춘성, 『천국에서 만납시다』, 173.
60   양국주, 『바보야 성공이 아니라 섬김이야』, 226.
61   Jooseop Keum, *Together Towards Life*, 16, 39.
62   위의 책, 15.

서 일어나서 중심의 기득권자들을 부끄럽게 한다. 하나님의 선교가 변두리에서 일어날 수 있는 것은 변두리는 결핍의 장소요 상실의 장소이기 때문이다. 주변인들은 중심의 자리에 있는 기득권자들이 경험할 수 없는 상실과 결핍을 통하여 하나님을 발견한다. 서평의 삶의 자리는 철저하게 주변인이면서 약자였다. 그러나 그는 자신의 결핍과 상실에 머물러있지 않고 더 연약한 자들로 향했다. 서평이 주변인이며 약자로서 하나님의 선교에 참여할 수 있었던 것은 그가 자신의 결핍과 상실을 역설적으로 해석하고, 더 절박한 약자와 주변인들을 향하였을 때, 그는 하나님의 선교의 진정한 계승자가 되었다.

이제 여성선교사로서의 서평을 정리해보자. 서평의 위대함은 그녀가 이룩한 업적들 때문이 아니다. 서평의 위대함은 여성선교사로서 보여주었던 선교사의 치열한 헌신 때문이었다. 여성선교사로서의 서평은 상처입은 치유자로서 탁월한 모성적 사랑으로 조선의 아들과 딸들을 품었다. 서평이 선교는 자신이 겪은 상실과 거절의 경험을 고귀한 모성적 사랑으로 승화하였다. 또한 서평의 사역은 19세기말부터 진행되었던 여성선교운동의 "여성을 위한 여성의 사역"이 재현되는 것이었다. 결국 서평은 그 시대의 딸이었다. 서평은 자신이 몸담았던 시대적 한계를 넘어설 수는 없었다. 그래서 서평은 조선의 여인들을 위한 사역에 집중하였다. 그리고 서평의 성육신적 동일화의 삶은 여성적 특성을 잘 반영하는 선교리더십이었다. 서평의 선교는 약자이면서 주변인이었던 여성선교사들의 모습을 잘 보여주었다. 서평의 선교는 철저하게 주변에서의 선교였다. 그녀는 선교사 공동체 안에서 결코 기득권자가 아니었다. 그러나 하나님의 선교가 주변부에서 항상 신비로운 방법으로 일어나듯이 서평을 통해서 이루어졌다.

5. 나오는 글

서평의 삶과 사역에 대한 평가는 1934년 6월 29일자 동아일보의 사설에 기록된 것만큼 강력한 것이 없다. 동아일보는 "위대한 인류애, 서서평씨 영전에"라는 제목으로 이렇게 서평의 삶을 요약한다.

"백만장자의 위치에 지지 않을 집에 편히 앉아서 남녀 하인을 두고 자동차를 몰고 다니는 어떤 선교사의 귀에 양의 일생은 어떠한 음성을 가지고 울리울까? 그 보다도 동족의 비참한 생활에는 눈을 감고 오직 개인 향략주의로 매진하고 있는 수많은 조선 신여성들의 양심에 과연 어떤 자극을 주고 있을까? 서서평씨의 일생은 조선의 신여성 대중 앞에 일대 거화가 되지 않을 수 없다. 이국의 여성으로써 이러하거든 조선의 여성으로써 그 뒤를 따를 자 그 몇 명이뇨!"[63]

---

63 『동아일보』, 1934. 6. 29.; 양창삼, 『조선을 섬긴 행복』, 323.

참으로 서평의 삶과 사역은 21세기를 살아가는 우리에게도 또 다른 서평이 되기를 호소하고 있다. 그리고 세계선교의 새로운 세력으로 자부하는 한국교회와 선교사 공동체를 향하여 서평의 삶과 사역을 이어가라고 도전하고 있다. 서평의 이야기는 약자와 주변인의 자리에서 자신을 헌신하여 하나님의 선교를 이어가는 또 다른 서평들의 이야기와 함께 공명하고 있다. 그리고 약자의 삶을 선택하여 하나님의 선교에 동참하는 수많은 또 다른 서평들이 우리들을 향하여 다시 말을 걸고 있다. "그 뒤를 따를 자 누구인가?"라고.

7장

언더우드 Horace G. Underwood 의
총체적 선교

이 글은 "호레이스 언더우드의 총체적 선교: 펜데믹 시대의 교회의 선교를 위한 교훈" 『복음과 선교』 52집 (2020. 12:81-114)에서 발표하였음.

7장   언더우드의 총체적 선교

1. 들어가는 말

2. 총체적 선교의 역사적 발전 과정과 그 핵심 개념들

3. 언더우드의 생각과 사역에서 발견한 총체적 선교

4. 펜데믹 시대의 한국교회의 선교를 위한 제언:
   언더우드의 총체적 선교를 통한 교훈

5. 나오는 글

1. 들어가는 말

2020년의 한국사회는 코로나19 펜데믹의 상황으로 인한 인명 피해뿐 아니라, 강력한 사회적 거리두기의 방역조치로 인해 한번도 경험하지 못한 힘겨운 길을 걸어가고 있다. 과연 이러한 상황 속에서 한국교회는 자신에게 주어진 선교적 과제를 어떻게 감당할 수 있을까? 필자는 펜데믹 시대에 한국교회가 어떻게 선교를 감당해야 하는지의 해답을 찾기 위해 과거로 돌아가, 약 140년 전 한국 땅에 처음 선교사로 도착하여 30여년이 넘게 자신의 생애를 바쳐 한국사회에 복음을 전한 호레이스 그란트 언더우드 Horace Grant Underwood 선교사의 사역을 조명한다.

언더우드는 참으로 "넓은 날개 wide wings 와 복음의 불덩이 the bundle of fire 의 삶"을 살았던 인물이었다[1]. 그의 아내 릴리아스 호톤 언더우드 Lillias Horton Underwood 는 그의 생애의 가장 두드러진 특징은 "사랑"이었으며, 특정 교파나 인종, 시간이나 장소와 같은 좁은 테두리에 얽매이지

---

1 Lillias horton Underwood, *Underwood of Korea*, 이만열 역, 『언더우드: 조선에 온 첫 번째 선교사와 한국 개신교의 시작 이야기』 (서울: IVP, 2015), 58.

않았다고 하였다.[2] 즉, 그는 복음에 대한 뜨거운 확신과 함께 그 시대에서는 찾기 어려운 총체적 선교를 실천한 인물이었다.

이번 장에서는 30년이 넘도록 자신의 생애를 바쳐 조선인을 사랑하였던 언더우드의 종횡무진의 조선을 향한 헌신적 사역을 선교학적으로 분석해보면서 언더우드의 총체적 선교가 지금 한국 상황 속의 교회에게 주는 메시지가 무엇인지 조명해볼 것이다. 먼저 최근 선교학계에서 다루어지는 총체적 선교에 대하여 다룬다. 이어서 언더우드의 선교사역에서 나타나는 총체적 선교의 특성을 조명하고, 다음으로 21세기 펜데믹 시대에 필요한 교회의 선교적 과제로서의 포괄적 통전성의 선교를 제안할 것이다.

2 | 총체적 선교의 역사적 발전 과정과 그 핵심 개념들

복음주의 진영에서는 과거 복음전도만 강조하였던 입장에서 진일보하게 된 계기가 1974년 로잔대회에서 처음으로 그리스도인의 두 가지 의무로 복음전도와 정치사회적 참여를 나란히 제시함으로써 총체적 선교를 위한 포문을 열었다. 그러나 에큐메니컬 진영의 통전

2　Lillias horton Underwood, 『언더우드』, 20.

적 선교 개념이 지나치게 전통적인 복음전도의 사역을 약화시킨다고 우려하여, 전도와 정치사회적 책임 중에서 복음전도가 더 우선적인 것이라고 천명함으로써 에큐메니컬 진영과는 차별화된 복음전도 중심의 총체적 선교이해를 출현시켰다.

이 관점은 1980년대 복음주의 진영안의 소위 "급진적 제자도"를 주장하는 자들에 의해서 이어졌는데, 이들은 전도와 사회적 책임이 새의 두 날개와 같이 서로 동반자적 관계에 있다는 주장하였다. 그런데 2000년이 넘어서면서 이들이 복음주의 진영 전반에 광범위하게 영향을 미침으로써, 복음주의 진영 안에서 총체적 선교에 대한 이해가 발전하였다. 복음주의 진영은 에큐메니컬 진영에서 통용되는 용어인 '통전적' Holistic 이란 용어 대신, '총체적' Integral 선교를 제안하여 복음주의 진영의 총체적 선교개념을 발전시켰다. 이 미가 선언문은 총체적 선교 integral mission 와 통전적 변혁 holistic transformation 을 동격으로 제시하면서 다음과 같이 총체적 선교를 정의한다.

> 총체적 선교 integral mission 혹은 통전적 변혁 holistic transformation 은 복음의 선포 proclamation 와 드러냄 demonstration 을 모두 의미한다. 이것은 단순히 전도와 사회참여가 나란히 이루어져야 한다는 것이 아니다. 오히려 통전적 선교란 우리가 삶의 모든 영역에서 회개와 사랑을 사람들에게 요청할 때, 우리의 선포가 사회적 결과를 가져오게 되며, 우리가 예수 그리스도의 변혁적 은혜를 증거할 때, 우리의 사회적 참여가 전도의 결과를 만들어낸다.[3]

즉, 미가선언문은 총체적 선교를 복음전파의 사역과 삶을 통한 드러냄 자체를 분리하여 이해하지 않고 이 둘 다를 선교의 영역으로 인정하며, 또한 가난한 자들과 소외된 자들을 돌보고 함께 하는 것, 나아가 이러한 자들을 위한 옹호사역을 선교의 측면으로 담아냄으로써 명실상부 복음주의 진영의 총체적 선교이해를 위한 첫걸음을 제시하였다. 미가 선언문에서 발견되는 총체적 선교는 그동안 전도의 우선성을 강조하였던 복음주의 진영의 종래의 입장을 수정하여 선교의 총체적 이해를 위해 진일보한 결과를 낳았다.[4]

2010년은 남아공에서 개최된 3차 로잔대회를 통해서 에반젤리컬 진영 안에서의 총체적 선교가 본격적으로 두각을 드러낸 해가 되었다. 이때 발표한 케이프타운 서약에는 과거 로잔진영이 포기하지 않았던 전도의 우선성이 사라지고, 미가 선언문의 총체적 선교가 인용됨으로써 실제적으로 복음주의진영의 선교이해로 자리를 잡았다.

한편, 2010년은 에큐메니컬 진영에서도 다른 각도로 통전적 선교개념의 수렴이 일어났다. 바로 1910년 에딘버러 대회를 기념하는 에딘버러 100주년대회를 통해서였다. 이 대회는 모든 전통의 기독교대표들, 즉, 가톨릭, 복음주의, 정교회, 오순절, 개신교의 대표자들이 모두 모여, 100주년 선교대회를 기념하면서 선교운동을 축하하고 치유하고 수렴하는 시간이 되었다.[5] 결국 2010년을 기점으로 적어도

---

3   Micah Network Declaration on Integral Mission, in https://www.micahnetwork.org/sites/defaul t/files/doc/page/mn_integral_mission_declaration_en.pdf (2020년 8월 28일 접속).

4   박보경, 『통전적 복음주의 선교학』 (서울: 도서출판 케노시스, 2016), 60-61.

5   Kenneth Ross, Jooseup Keum, Kyriaki Avtzi, Roderick R. Hewitt, *Ecumenical Missiology*, 한국에 큐메니컬 학회 역, 『에큐메니컬 선교학: 변화하는 지형과 새로운 선교개념』 (서울: 대한기독교서 회, 2018), 224-225.

복음주의 진영과 에큐메니컬 진영의 통전적 선교에 대한 이해는 수렴을 이룬 셈이다. 물론 양 진영의 선교 신학적 의제들이 완벽하게 일치되는 것은 아니다. 여전히 에큐메니컬 진영이 다루는 통전적 선교는 정치, 경제, 사회적 문제들을 적극적으로 다루고 있으나, 복음주의 진영에서는 이러한 주제들을 다소 소극적인 방식으로 다루어지고 있다. 복음주의 진영의 관점에서 볼 때, 에큐메니컬 진영의 주제들이 여전히 사회개혁적 요소가 지나치게 강조되어 보이며, 복음전파의 전통적인 선교적 과제를 약화시키는 것이 아닌가 의구심을 일으키게 한다. 에큐메니컬 진영의 통전적 선교에서 복음전도에 대한 논의가 완전히 배제된 것은 아니지만, 사회정치적 이슈에 대한 논의에 비하면 분량도, 그 깊이도 미흡하고, 논점 또한 전통적인 복음전도에 대한 비판적인 견해들이 더 강조되는 듯하다. 이에 반해 총체적 선교를 강조하는 복음주의 진영의 논지는 여전히 전통적인 그리스도 중심의 선교관이 강조되어 세상 속에서 일하시는 하나님의 선교에 대한 강조는 충분하지 않아 보인다. 이러한 강조점의 차이가 여전히 있다고 하더라도, 분명한 것은 복음주의 진영이든 에큐메니컬 진영이든 적어도 교회의 선교적 과제에 대한 보다 통전적/총체적이어야 한다는 주장에는 이견이 없어 보인다.

이제 통전적/총체적 선교의 관점을 몇몇 학자들의 관점에서 살펴보자. 먼저 주목할 것은 이러한 선교이해가 여전히 형성되는 과정 중에 있다는 점이다. 다렐 구더Darrell Guder 는 "통전적 신학을 한다는 것은 예수 그리스도를 통해 완성된 복음사건이 우리들의 신조와 신학에 의해서 이해될 수 있는 것 이상임을 인식하는 것이며, 그분에 대한 우리들의 증거가 진리에 대한 연약한 인간의 반응일 뿐이며, 깨어지기 쉽고, 유한한 인간의 사고와 언어의 그릇을 통해서 표현될 뿐, 결코 완전하게 드러날 수 없다는 것을 받아들이는 것"이라고 하였다.[6] 다시 말해, 교회는 자신 스스로 온전한 총체성을 향한 여정 중에 있는 존재임을 잊지 말고, 지속적으로 보다 온전한 이해를 위한 여정을 멈추지 않아야 하며, 그럴 때에야 교회는 하나님의 선교에 참여하는 교회 자신의 선교에 대하여 보다 온전하게 이해할 수 있다는 의미일 것이다. 결국, 총체성/통전성으로서의 여정은 복음에 대한 더 깊고 성숙한 이해를 향한 열린 태도를 견지하는 것이며, 더 풍성하고 더 깊어지는 과정으로 향하려는 노력을 멈추지 않는 신학함의 부지런함을 담고 있다고 하겠다.[7]

샤론 조오지 Sherron George 는 에베소서에 등장하는 "플레로마" pleroma 즉, 풍성함과 충만함, 가득 채움과 같은 개념을 총체적 선교이해와 연결하였다. 조오지는 삼위일체 하나님의 풍성함과 그 하나님의 총체적 선교사역이 교회와 우주에 가득 찰 때, 그 결과 모든 존재의 생명의 충만함을 경험하게 된다고 주장한다. 이러한 영적, 물질적, 사회적, 그리고 감성적 생명의 풍성함은 하나님의 다차원적 선교적 활동을 통해서 경험된다. 그리고 이러한 하나님의 선교는 복음전도와 긍휼사역과 사회정의의 사역이 모두 함께 이루어질 때 가능해진다. 그리고 모든 교회가 자신의 은사와 다양성 안에서 그 하나님의 선교에 참여할 때,

---

6   Darrell Guder, "통전적 선교신학을 향하여: 세계, 공동체, 이웃,"『선교와 신학』15(2005), 166.
7   박보경, 『통전적 복음주의 선교학』, 5.

그 하나님의 선교의 깊이와 높이와 길이와 넓이를 이해할 수 있을 것이다.[8]

특히 조오지는 하나님의 총체적 선교를 실천하기 위해서는 복음전도, 긍휼사역, 그리고 정의구현사역, 3가지 부분의 온전한 통합 integration 이 선교적 대화Missionary dialogue를 통해서 이루어져야 한다고 주장한다. 그리고 이 세 가지 부분은 지속적인 선교적 대화를 통해서 창조적인 융합과 확장을 경험한다.[9] 복음주의 관점에서 총체적 선교이해를 발전시킨 올란도 코스타스Orlando Costas도 강조점은 융합함에 있다고 하였다. 즉, 복음전파와 제자삼음이던지, 사회 정치 경제적 해방을 위한 사역이든지, 중요한 것은 우리가 이 모든 일들을 포괄적으로, 그리고 역동적으로, 그리고 지속적인 증거행위로서 서로 융합할 수 있는가capable of integrating에 달려있다[10]고 주장하였다.

또한 총체적 선교의 보다 실천적인 방안을 제시한 연구는 장 폴 헬츠Jean-Paul Heldt에 의해서 전개되었다. 헬츠는 의료선교사로서의 오랫동안의 경험을 근거로 하여, 인간이 직면한 곤경은 영적인 것에만 머무는 것이 아님을 상기시킨다. 헬츠는 총체적 선교의 필요성에 대하여 다음과 같이 주장한다.

---

8 Sherron George, "God's Holistic Mission: Fullness of Parts, Participants, and Places," *Missiology: An International Review* 41-3(2013), 287.

9 George, "God's Holistic Mission," 290.

10 Orlando Costas, *The Integrity of Mission* (San Francisco; Harper & Low, 1979), 75.

어떤 사회적 관심을 제쳐놓고 선포만을 고집하는 것은 참된 복음을 왜곡시키고, 앞뒤를 잘라 내 버리는 것이며, 좋은 소식을 서둘러 모방하고 흉내내는 것이며, 현실세계에 살고 있는 현실의 사람들의 현실의 문제를 외면하는 것이다. 또 정반대로 사회개혁에만 집중하는 것은 영적 차원이 결여된 사회의 인본주의적 행동주의라는 결과를 낳을 뿐이다. 두 접근 다 비성경적이다. 그것들은 하나님의 형상을 따라 창조된 인간의 본질의 총체성을 부정한다. 우리는 총체적으로whole 창조되었기 때문에, 그리고 타락이 우리의 인간성 전체에 영향을 끼치기 때문에, 구속, 회복 및 선교 역시 정의상 총체적일holistic 수밖에 없다.11

이제 요약해보자. 총체적 선교란 포괄적 인간 이해, 즉, 인간은 육체적, 사회적, 정치적, 경제적, 심리적 차원, 영적 차원을 모두 함께 담고 있는 포괄적 존재로서의 인식에서 시작하며, 이러한 포괄적 존재로서의 인간의 총체적 구원을 이루기 위한 교회의 선교 행위를 총체적으로 실천하려는 것이라고 할 수 있다. 또한 총체적 선교는 한 개인이나 교회가 전부를 수행할 수 없기에 총체적 선교를 위해서는 교회 전체가 필요하다. 그리고 이 교회들 간의 지속적인 선교적 대화와 협력의 과정 중에 이루어진다.

---

11 Jean-Paul Heldt, "Revisiting the Whole Gospel: Toward a Biblical Model of Holistic Mission in the 21st Century," *Missiology: An International Review* 32-2 (2004), 166.

3 | 언더우드의 생각과 사역에서 발견한 총체적 선교

본 장에서는 언더우드의 생각과 사역을 앞 장에서 언급한 총체적 선교의 관점에서 조명해보려고 한다. 김도훈은 언더우드가 한국교회역사에서 '최초의 통전적 신학자', 혹은 '통전적 활동가'라고 해도 전혀 손색이 없다고 하였다.[12] 언더우드 선교사의 사역에서 발견되는 총체성은 복음전도를 통한 회심과 교회개척사역, 병든 자를 돌보는 치유사역, 조선인들을 향한 참다운 연민에 근거한 구제사역, 문명 개화론에 근거한 사회개혁을 위한 문서사역 등이 모두 함께 아울러져 진행되었다. 이제 각 영역의 사역이 어떠했는지 살펴보자.

(1) 의료사역과 복음전도의 총체성

언더우드가 처음 한국에 들어올 즈음에 이미 세워진 제중원은 관민 합작의 의료선교기관으로 설립되었고, 의료와 교육을 통한 간접 선교 방식을 그 시작점으로 잡았다. 언더우드는 제중원에서의 보조적 의료 활동으로 한국선교를 시작하였다. 제중원은 최초의 근대식 의료

---

12 김도훈, "대한예수교장로회(통합)의 통전적 신학적 정체성과 온 신학의 과제," 『장신논단』 48-1 (2016), 121.

기관으로서 실제로 많은 사람들을 돌볼 수 있었다. 또한 이 제중원은 이후 초기선교사들의 활동처가 되었기에 언더우드에게 영향을 미쳤다.[13] 더욱이 이후에 결혼하게 된 아내가 의료선교사로 활동하였기에 일찍부터 영혼구령의 열정과 육신의 질병을 함께 돌봐야 한다는 인간 이해의 총체성이 그의 내면에 자라고 있었을 것이다.

특히 1895년 콜레라가 전국에 퍼졌을 때, 선교사들의 조선인을 향한 노력을 매우 헌신적이었다. 릴리아스 언더우드는 당시의 상황을 기록하면서, 남편 언더우드 선교사가 여러 군데의 검역소의 책임을 맡아, 찾아오는 사람들을 도울뿐 아니라, 방역을 위한 훈련과 소독방법에 대하여 집집을 다니면서 가르치는 일에 전념하였다고 하였다.[14] 이후 자신들의 진료소가 콜레라를 치료하는 병원으로 사용되면서, 환자들을 치료하는 일에 더욱 전념할 수밖에 없었고, 밀려오는 환자들로 인해 부족한 간호사 인력을 메꾸기 위해서 조선인 기독교인들까지도 동원하여 환자들을 돌봤다. 릴리아스 언더우드에 의하면 의료진들이 저녁마다 진료소의 뜰에서 예배를 드리며 찬송을 부르는 모습이 입원한 환자들이 목격할 수 있었는데,[15] 이것은 일종의 공개된 전도 사업이었다. 콜레라 전염병으로 인해 고통받는 민중들을 위한 치유사역은 자연스럽게 복음전도를 위한 노력과 통합되었다.

이러한 통합적 접근은 1893년의 한국장로회선교공의회의 선

---

13 서정민,"언더우드와 제중원 공동체," 언더우드기념 사업회 편, 『언더우드 기념 강연집』 (서울: 연세대학교출판부, 2011), 86.

14 Lillias Horton Underwood, *Fifteen Years Among the Top-Knots*, 김철 역, 『언더우드 부인의 조선견문록』 (서울: 도서출판 이숲, 2011), 176.

15 Underwood, 『언더우드 부인의 조선견문록』, 178.

교 원칙에서도 잘 나타났다. 즉, 의료사역과 복음전도사역이 함께 이루어져야 한다는 입장을 보였다.[16] 즉, "선교의사들이 선교활동의 좋은 열매를 거두려면, 환자를 가급적 오랫동안 개별적으로 치료하면서, 치료와 함께 의사가 행동으로 모범을 보여 환자가 가슴 깊이 감동을 받을 수 있는 기회를 만들어야하며", 또한 다음으로는 "지방에서 치료를 위해 올라와 장기간 동안 입원하였다가 퇴원하여 돌아간 환자들을 고향땅으로 심방하여 치료 후에도 계속 돌보아야 하는데, 그들이 병원에 있을 때 받은 따뜻한 환대와 돌봄이 하나의 매개가 되어 전도의 문을 열어 나가야 한다"고 주장하였다. 이 제안은 당시 제중원의 원장이었던 빈톤[C. C. Vinton]의 제안을 공의회가 채택한 것인데, 서정민에 의하면, 빈톤의 제안 뒤에는 언더우드의 영향력이 있었을 것으로 보았다.[17] 언더우드는 초기 제중원을 통한 간접선교를 강조하였던 알렌의 지나친 신중함과는 달리, 의료사역과 복음전도사역이 서로 통합되어야 함을 강조하였다. 또한 1899년 언더우드가 보고한"한국선교역사에 대한 개요"에서도 의료선교가 얼마나 전도사역과 깊게 통합되어야 하는지를 언급하고 있다.

처음부터 의료사역에는 "복음전도"적 차원이 내재되어 있었다... 한국인 그리스도인들이 섬기고 있는 대기실에는 도서자료가 갖추어져 있으며 여기서 모든 환자들은 '영혼을 치유하시는 위대한 의사'에 대한

---

16   서정민,"언더우드와 제중원 공동체," 94-95.
17   위의 글, 94-95.

이야기를 접하게 된다... 그리고 의사와 간호사, 많은 한국인 직원들은 자신의 말과 행위로 모범을 보이고, 기독교소책자를 활용하여 십자가에 못 박히신 그리스도를 나타내 보이려 힘쓰고 있다.[18]

정리하면, 언더우드가 생각하는 의료사업은 복음전도의 차원을 담고 있어야 하며, 이러한 총체적 이해는 인간의 영혼뿐 아니라, 육신, 특히 질병으로 고통당하는 사람들에게 필요한 의술을 제공하는 것이 전도사역으로 직접 연결될 수 있다고 믿었고, 그의 총체적 인간이해는 의료사역과 복음전도사역을 총체적으로 진행할 수 있는 근거가 되었다.

(2) 교육과 복음전도의 총체성

언더우드의 초기 사역에서는 복음전도를 구심적으로 교육과 구제사역이 함께 진행된 반면에, 후기로 갈수록 복음전도와 교육사역이 새로운 방식으로 각자의 고유한 가치를 가지고 선교적 차원을 담아 진행하는 보다 더 포괄적인 선교이해로 확장되었다. 평양지역의 선교사들은 복음전도사역에 더 치중하는 한편, 제중원을 시작한 의료선교사였던 알렌은 국법으로 금지된 전도를 함부로 시도함으로써 어렵게 시작된 의료사역조차도 막히게 될까봐 매우 조심스러운 접근을

---

18 김인수, 『언더우드 목사의 선교편지 (1885-1916)』 (서울: 장신대출판부, 2002), 344-345.

했다. 이러한 입장 차이에서 언더우드는 중도적 입장을 보였다. 서정민에 의하면, "언더우드가 평양의 마펫이나 다른 보수적인 선교사들과도 비교하여 덜 복음주의적이며", "덜 직접적 선교방식의 실행자"라는 평가도 있으나, 이러한 평가는 그의 "보다 넓은 의료와 교육, 복음전도의 사역이 폭넓게 이루어졌다는 관점에서 제기되는 것"이라고 평가한다.[19]

그럼에도 불구하고, 언더우드는 적극적인 전도사역에 대하여 조심스러운 입장을 취하였던 알렌과는 달리, 처음부터 적극적인 복음 전파사역을 강조하였다. 언더우드는 1886년 7월 11일 노춘경에게 한국 최초의 세례를 집례했다. 당시 세례를 집례하는 행위는 "국법을 어기고 다시는 되돌아갈 수 없는 길을 가는 것"임을 설명하였으나, 노춘경은 세례를 받기 원했고, 자신도 추방을 당할 수 있는 위험 부담 속에 세례를 강행하였다.[20] 그는 전도여행에도 대단한 열정을 보였다. 또한 언더우드는 1887년에는 평안북도 의주까지 홀로, 1888년 봄에는 아펜젤러와 함께 2차 전도여행을, 1888년 11월에는 3차 전도여행을 떠났다. 1889년 3월의 4차 전도여행은 신혼여행을 겸하여 떠났고, 1895년 여름 5차 전도여행을 떠나면서 복음전파의 열정을 멈추지 않았다.[21] 또한 언더우드는 교회개척에도 대단한 열정을 보였다. 1887년 9월에는 자신의 집에서 14명의 세례교인들과 함께 최초의

---

19 서정민, "언더우드와 제중원 공동체," 92.

20 이만열, 옥성득 편역, 『언더우드 자료집 I』 (서울: 연세대학교출판부, 2005), 36.

21 정종훈, "언더우드의 생애, 선교활동, 정신에 비추어 본 기독교 대학의 학풍," 『장신논단』 47, no. 1 (2015), 241.

조직교회인 새문안교회를 창립하였다.[22]

그런데 언더우드는 그의 사역 후반기로 갈수록 교육사업의 독립적이며 고유한 선교적 차원을 새롭게 발견했다. 특히 언더우드의 교육사역은 서울에서의 대학 설립을 통하여 절정을 이루었는데, 그것은 그의 선교사역 경험의 축적과 동료 선교사, 에비슨의 영향과, 평양 주재 선교사들의 계속되는 반대와 선교현장에서의 현지인들을 통한 영향 등이 함께 작용하여 발전된 것으로 판단된다. 특히 에비슨의 영향이 컸던 것으로 생각되는데, 에비슨과 언더우드의 우정으로 많은 선교철학을 공유하였기에 언더우드의 입장에서는 에비슨의 선교철학에 영향을 받을 수밖에 없었을 것이며, 자연스럽게 선교에서의 의료와 교육의 가치와 중요성을 확신하였을 것으로 보인다. 즉, 다른 선교사들이 의료활동을 본격적 선교의 예비단계 정도로 이해했으나, 언더우드는 의료 활동을 단순히 수단으로 이해하는 것에서 한 걸음 나아가 기독교적 사랑의 실천이라는 에비슨의 의료선교철학을 공유하게 된 것이다.[23] 결국 선교사는 현장에 영향을 줄 뿐 아니라, 현장에서의 경험으로부터 영향을 받기도 하며 그 신학이 변화를 경험할 수밖에 없는 것이다.

---

22 정종훈,"언더우드의 생애, 선교활동, 정신에 비추어 본 기독교 대학의 학풍," 242.
23 여인석,"언더우드와 연세," 496-497.

(3) 인재 양성의 총체성

언더우드의 총체적 선교이해는 그의 인재 양성에서도 잘 나타난다. 그는 교회개척 후 한국인 전도자들에게 교회를 맡겨 돌보게 함으로써 교회 내의 목회 지도력을 세우는 일을 펼쳤다. 그가 개척한 교회들을 한국인 목회지도자에게 돌보게 함으로써 현지 지도자들의 목회지도력을 세워나갔다. 서울과 인근지역에서는 서상륜, 김충경, 박태선, 유홍에게 맡겨 전도사역을 하도록 했고, 고양과 김포지역에서는 신화순, 도정희가 맡아 전도사역을 펼쳤다.[24]

또한 그는 한국사회를 근대화로 이끌 사회개혁의 일꾼을 길러내는 일에도 헌신하였다. 그의 인재 양성 사역이 현실 참여적이었던 것은 그의 조선왕궁과의 협력, 일본제국의 폭력적 간섭과 이어지는 침략에 대한 비판적 태도 등이 함께 작용하였다. 또한 기독교복음에 열렬히 반응한 평안북도 지역의 청년들의 기독교에로의 회심이 개인적 관심보다는 사회개혁적 관심에 의해서 이루어졌음을 인지하면서, 언더우드는 일찍부터 조선에 필요한 기독교복음이 현실 참여적이어야 함으로 깨닫고 있었던 것 같다. 이 모든 상황들이 그가 보다 적극적으로 사회개혁적 관점을 가질 수 있도록 하였을 것이다.

그의 문서선교사역도 비슷한 관점에서 진행되었다. 그가 창간한 "그리스도 신문"은 "기독교인들을 상대로 할 뿐 아니라, 한국의 지식인들과 민중들을 상대로 교육 정치 경제 산업 및 농촌생활 등의 계

24　이만열, "언더우드 선교사의 생애와 활동," 17.

몽을 위한 것"이었고, 따라서 단순히 교계소식만 전하는 것이 아니고 농업을 비롯한 산업과 국내외 문제를 다루었다.[25] 뿐만 아니라, 언더우드는 근대화를 위한 노력으로 YMCA를 만들어 사회의 상류층 청년들을 동력화하여 조선을 일제의 폭력에서 구출하려 하였다. 정종훈은 언더우드의 이러한 접근을 성육신적인 것으로 언급하면서, "한국교회 초기의 복음주의 계열의 선교사들은 대부분 신앙영역과 세상영역을 구분하고 신앙영역에 비중을 크게 두었던 반면에 언더우드는 성육신의 정신 속에서 신앙을 세상 영역 안에서 꽃피워야 할 것으로 이해했다"고 평가하였다.[26]

언더우드가 꿈꾸었던 현실 참여적 인재양성의 과제는 대학설립에서 정점을 이루었다. 언더우드는 1900년 2월 20일 엘린우드 박사에게 보낸 편지 속에 보다 광범위한 교육을 지향하는 대학교육을 서울에서 시작해야하는 이유를 몇 가지로 언급한다. 그는 먼저 교회를 하나로 유지하고 이단에 빠지지 않도록 기여할 교회의 지도자들교육할 필요가 있고, 둘째, 기독교인뿐 아니라, 일반인들도 교육함으로써 교육기관을 전도의 기회로 활용할 수 있으며, 셋째, 현재까지의 전도사업의 주 대상은 중하계층과 하류계층이었는데 교육 사업을 통해서 중상계층과 상류계층을 포괄할 수 있기에 서울에 이런 고등교육기관이 필요하다고 강조한다.[27] 엘린우드에게 보낸 편지에서도 알 수 있듯이. 언더우드의 대학교육의 방향은 처음부터 사회 개방적 성격의

25 위의 글, 16-17.
26 정종훈, "언더우드의 생애, 선교활동, 정신에 비추어 본 기독교대학의 학풍," 250.
27 이만열, 옥성득 편역, 『언더우드 자료집 II』 (서울: 연세대학교출판부 2006), 108.

대학을 설립하는 것이었다. 숭실대학은 교회에 봉사할 수 있는 인물을 기르는 것에 교육목표를 두었기에 입학조건을 기독교인으로 한정한 반면,[28] 언더우드는 비기독교인들도 수용하여 산업분야를 포함한 일반교육을 실시하는 대학을 지향했다.[29] 그는 이 대학이 종교교육뿐 아니라, 상업, 농업, 산업의 전문지식의 배양을 위한 대학으로 자리를 잡기를 바랐다. 특히 당시 평민의 직종 중에서 약간 천시되는 직종으로서의 상업을 격려하기 위해 상학과를 설치했던 것은 특별히 주목할 만한 것이다.[30]

언더우드가 지닌 포괄적인 인재양성의 비전은 인재양성에 있어서도 총체적이었다고 평가된다. 그는 교회를 이끌 한국인지도자를 세우는 일에도 최선을 다했다. 그는 새문안교회와 이어지는 많은 교회개척을 통해서 한국인 기독교지도자들을 양성하였다. 그는 사회개혁을 위한 인재 양성도 동시에 진행하면서, 인재양성에 있어서의 통전성을 견지하였다.

(4) 문화와 종교이해의 총체성

19세기 말 서양 선교사들의 세계관 속에 선교현장의 문화와 종교에 대한 깊은 존중을 기대하는 것은 사실상 거의 불가능한 일이

---

28 최재건, "언더우드의 대학설립의 이상과 실현," 413.
29 위의 글, 414.
30 위의 글, 414.

었다. 대체로 19세기 후반까지의 서양인들에게 비치어진 한국인식은 매우 부정적이었기 때문이다. 언더우드도 그 시대의 관점을 거부할 수 없었다. 그러나 사역의 후반기로 갈수록 언더우드는 한국문화와 종교에 보다 깊은 관심을 보이며, 우호적인 이해를 하게 되었다. *The Call of Korea*에서, 언더우드는 한국인을 중국인만큼 냉담하지도 않지만, 일본인처럼 변덕스럽지도 않다고 평가하면서 긍정적으로 평가하기도 한다.[31]

　　1910년에 출판한 *The Religions of Eastern Asia*에서도 중국과 일본의 종교를 다루면서 도교, 신도, 샤머니즘, 유교, 불교의 신개념을 고찰하였다.[32] 이 연구에서 언더우드는 당시 팽배했던 진화론적 관점의 종교이해와는 다른 견해를 제시했다. 종교진화론자들은 자연에서의 진화와 마찬가지로, 종교도 진화되었다고 주장하였다. 즉, 가장 저급하고 미숙한 미신, 즉, 조상숭배와 주물, 자연숭배와 같은 종교에서 고상하고 영적인 지고의 하나님 Supreme God에 대한 관념으로의 진화, 즉, 상승의 방향으로 진화되었다고 보았다. 그러나 언더우드는 오히려 종교는 상승의 방향이 아니라, 하강의 방향으로 실제로 일어났다고 주장했다. 즉, 인간은 최초에는 창조주 하나님만 예배하다가 이후, 왕을 신의 자손이나 대리인으로 신격화하고, 그 다음에는 영웅, 조상, 자연의 힘이 다신교로 자연숭배로 나타났고, 저급한 미신들로 하강하였다는 것이다.[33] 언더우드는 이러한 자신의 주장을 뒷받침하는

31　Horace Underwood, *The Call of Korea*, 한동수 역, 『와서 우릴 도우라』 (서울: 기독교문서선교회, 2000), 55.

32　Horace Underwood, *The Religions of Eastern Asia* (서울: 한국기독교역사연구소, 1998).

증거로 한국의 전통문화와 종교의 형태와 양식, 그리고 다양한 고대의 종교행사를 제시한다. 그는 한국종교를 분석하면서 고대에 행해졌던 제천행사, 천신신앙에서의 일신교의 뿌리를 찾으며 무속신앙과 정령숭배는 후대에 종교가 타락하면서 생겨난 것으로 파악했다. 여기서 언더우드는 고대의 한국인들은 하나님을 우주의 창조자요 통치자로 예배하였고, 이 일신교적 특성이 잔존했다고 주장하였다.[34]

언더우드의 한국문화와 종교에 대한 깊은 이해는 초기 한국선교에 있어서의 신명 선택의 문제로 이어졌다. 언더우드는 '하나님'이라는 전통 종교 안에서 존재하였던 신 개념을 도입하여 기독교 하나님의 신명으로 선택함으로써 매우 획기적인 상황화를 시도하였다.[35] 결국 언더우드는 한국인의 마음속에는 창조주며, 모든 신을 통제하는 지고의 능력을 지닌 존재로서의 '하나님' 개념을 신명으로 채택하도록 지지하기에 이른 것이다.[36] 이것은 언더우드가 '하나님'과 기독교 하나님과의 접촉점을 찾으려 한 시도였으며,[37] 이러한 '하나님'을 기독교의 신명으로 적합하게 제시한 것은 언더우드의 한국종교에 대한 깊은 연구와 관심이 아니고서는 불가능한 일이었다.

---

33   위의 책, 231-234.

34   김홍수, "언더우드의 한국종교연구," 『언더우드 기념강연집』, 134.

35   설충수, "제임스 레그(James Legge)와 호레이스 G. 언더우드(Horace. G. Underwood)의 신관 비교연구," 『장신논단』 44, no. 1 (2012),107-130.

36   위의 글, 124.

37   위의 글, 125.

(5) 교회이해의 총체성

언더우드의 교회 이해 또한 총체적이었다. 언더우드는 예수 그리스도를 인간들의 구조로 믿는 청교도적 신앙과 기도와 말씀공부를 강조하는 경건주의적 부흥운동의 실천을 강조하면서, "선교적과제를 교회연합운동의 차원에서 풀어가려는 포용적인 신앙을 견지하였다고 평가한다.[38] 언더우드의 이러한 교회이해는 어린 시절부터 경험한 다양한 교파에서의 경험도 중요하게 작용한 것으로 보인다.[39] 언더우드는 영국에서 태어났을 때에는 영국 국교회에서 교회생활을 하였고, 프랑스로 유학 갔을 때에는 가톨릭교회가 경영하는 학교에서 기숙사 생활을 하였다. 그가 다시 미국으로 이민갔을 때에는 화란개혁파 교회에 출석하여, 신학을 공부하였으나, 구세군의 활동에 참여하기도 하였다. 그리고 마침내 북장로교 파송 선교사가 되었다.[40]

언더우드의 다양한 교파에서의 경험은 그의 교회에 대한 견해가 총체적일 수밖에 없도록 그를 자연스럽게 이끌었다. 그래서 언더우드는 선교사역에 있어서 처음부터 연합활동을 강조하였다. 그는 먼저 미국의 남북장로교회가 함께 장로회공의회를 구성하였고, 후에 캐나다 장로교회와 호주장로교회가 참여하여 4개의 장로교 선교회가 함께 협력하였다. 1905년에는 미국의 남북 감리교회가 참여하여 6개의 선교부가 주축이 되어 한국개신교복음주의선교공의회 the General

---

38 주재용, 『한국그리스도교 신학사』 (서울: 대한기독교서회, 1998), 74-79.
39 최재건, "언더우드의 대학설립의 이상과 실현," 416.
40 위의 글, 416.

Council of Protestant Evangelical Missions in Korea가 구성되었다. 초대회장으로 언더우드가 선임되었다.[41] 이와같이 언더우드는 한국선교의 초기부터 모든 영역에서 교파간 연합을 강조하여, 전도, 문서, 교육, 의료사역에 있어서 모든 교단의 선교사들이 참여하도록 하였다. 그가 설립하고자 하였던 대학도 구상단계에서부터 감리교와 장로교의 연합대학을 꿈꾸었다.[42] 피어슨기념성경학교를 세울 때도 미국북장로회, 남북감리교회 선교회와 연합하여 세웠다. 언더우드는 장로교 감리교의 교파분열을 무시하고 장로교 선교사로서 감리교 선교부의 위임을 받고 사역을 하게 해달라고 할 정도로 에큐메니컬 정신이 뛰어났다. 장감연합이 이루어지기를 기대하는 편지를 보낸 일도 있었다.[43] 참으로 언더우드의 사상 속에는 교회이해의 통전성이 뚜렷하게 나타났다. 송길섭은 언더우드의 개혁교회의 전통에 근거한 인간의 죄성의 강조 속에서도 특정 교리에 매달리는 편협성은 나타나지 않았다고 평가하는데,[44] 이러한 총체적인 교회관이 그의 사역에서 다양하게 나타나고 있다고 하겠다.

41 위의 글, 380.
42 위의 글, 416.
43 위의 글, 417.
44 송길섭, 『한국신학사상사』 (서울: 대한기독교출판사, 1991), 44.

4 | 펜데믹 시대의 한국교회의 선교를 위한 제언: 언더우드의 총체적 선교를 통한 교훈

필자는 앞장에서 언더우드에게 나타나는 총체적 선교의 모습을 살펴보았다. 과연 언더우드의 이야기는 전혀 다른 상황 속에서 살아가는 우리들에게 어떤 총체적 선교의 과제를 제시하는가? 물론 21세기를 살아가는 우리들에게는 언더우드의 총체적 선교와 동일하게 해석될 수는 없을 것이다. 그러나 언더우드는 그 시대 안에서는 누구보다 총체적 선교이해를 지향하였고, 실천하였다. 이제 본 장에서는 21세기 한국사회, 특히 코로나 19의 펜데믹으로 인해 고통받고 있는 우리 시대에, 교회가 실천해야 할 포괄적 총체성의 선교를 어떻게 구현해야 할지 제시해보고자 한다.

(1) 생태학적 실천을 포함하는 선교에로

19세기 말 조선 땅에서의 언더우드는 그 시대를 반영한 총체적 선교신학과 실천을 수행하였다. 언더우드는 당시의 대부분의 선교사들이 복음전도를 강조하면서 의료, 교육, 구제사역을 전도를 위한 수단 정도로 생각하는 관점을 견지했다. 이에 비해, 언더우드는 복음전도사역과 의료사역, 교육사역, 구제사역 등이 통합적으로 진행하는 총체적 선교이해를 견지했다. 언더우드의 선교이해는 당시에서는 총체적인 것임은 분명하였다. 그러나 21세기의 총체적 선교는 새로운 상황에 맞는 새로운 선교이해로 확장되어야한다. 필자가 주장하는 바는 이것인데, 21세기 펜데믹 시대의 총체적 선교는 하나님의 피조세계를 하나님의 선교의 대상으로 포함시키는 일까지 나아가야 한다. 지구의 온난화, 기후변화, 새로운 바이러스를 인한 인류의 새로운 도전들에 대한 선교학적 응답을 제공하는 선교신학이 되어야한다. 다시 말해 우리의 총체적 선교신학은 생태계를 보호하기 위한 실천을 교회의 선교적 과제로 포함시켜야 한다. 최근 복음주의 선교신학자들 중에서 창조세계 전체를 향한 선교적 과제에 주목하기 시작하였는데, 이것은 생명공동체 전체를 조망하는 선교신학의 필요성 때문일 것이다.[45]

사실 통전적 선교라는 개념은 그동안의 인간이해가 다소 협소함에 대한 반성으로 비롯하였다. 즉, 영적으로 구원받을 존재로서의 인간이해를 확장되어 사회, 정치적 구조 안에서의 인간에 대한 이해로 확대되면서 제시된 것이다. 에큐메니컬 진영의 통전적 선교이해도 1975년 방콕대회에서 '오늘의 구원'을 선언하면서 등장했고, 그동안 영혼구원을 위한 구령사업만을 선교로 보는 견해가 현재 지금 정치적 억압과 경제적 착취의 현장에서 어떤 의미로 다가올 수 있는가 라는 고민에서부터 탄생한 것이다. 결국 당시 직면한 인간실존에 대한 성

---

45 최근 한국복음주의선교신학회에서 생태학적 주제를 선교적으로 조망하기 시작하였다. 이 주제는 비교적 에큐메니컬 진영이 90년도부터 다루기 시작한 것이었으나, 복음주의 진영이 이 주제를 다루는 것은 비교적 최근의 일이다. 예를 들어, 이현모, "피조세계도 선교의 대상인가?," 『복음과 선교』 49 (2020), 277-309; 김필균, "환경청지기의 돌봄과 선교적 함의," 『복음과 선교』 49 (2020), 45-80; 이명석, "생태학적 신학의 발전에 대한 탐구와 선교적 적용," 『복음과 선교』 50 (2020), 245-273에서 각각 다루어졌다.

찰이 새로운 관점으로서의 총체적 선교이해를 탄생시킨 것이다.

　　지금의 전 세계는 뉴노멀 시대의 삶에 진입하면서 그전에는 경험하지 못했던 새로운 인간실존의 성찰을 요구하고 있다. 이러한 새로운 인간실존은 인간이 자연으로부터 고립된 존재가 아니라, 인간은 생태 그물망 속에서 연결되어 존재하며, 온 세상의 피조물의 생태계 그물망 속에서 서로 의존적 존재라는 사실을 깨닫게 한다. 동시에 이번 코로나19의 펜데믹 현상은 인간이 스스로 탐욕으로 인한 자연의 저주를 스스로 초래한 그 현실을 목도하게 한다고 하겠다. 따라서 이제 새로운 인간실존의 과제 앞에서 교회의 선교는 이에 대한 선교적 대응을 제공할 수 있어야 한다. 즉, 교회의 선교적 과제로서의 생태신학적 차원을 포함시키는 것은 이제 불가피한 과제로서, 온전함과 충만함의 발견으로서의 여정, 즉, 통전성을 향한 확장의 여정의 시작점이다.

(2) 공감과 환대를 실천하는 선교에로

　　언더우드가 도착하여 함께 동고동락하였던 조선땅은 개화와 사회개혁의 과제를 앞에두고 심각한 외세의 침략으로 풍전등화의 상황에 있었던 격동의 시기였다. 이러한 때에 언더우드는 기독교신앙을 전파함으로써 조선인의 영혼구원만을 위해 노력하지 않았다. 그는 조선의 왕실과 협력하고 도움의 손길을 펼쳤고, 릴리아스 언더우드는 명성황후의 친구가 되었고, 개화를 위한 과감한 행보를 격려했고,[46]

언더우드는 일제의 잔인한 폭도에 의해 살해당한 비통스러운 아내의 주검 앞에서 두려워 떨고 있는 고종을 위해 자신이 할 수 있는 모든 방법을 동원하여 고종의 안위를 지키려고 노력하였다. 또한 콜레라로 인해 고통 중에 있는 민중의 아픔을 덜어주기 위해 노력하였다. 그는 다른 의료선교사들과 함께 콜레라를 퇴치하기 위한 예방법을 널리 알리고, 잘못된 방역 상식을 바로잡고, 콜레라의 발병 원인과 전파의 원리, 감염예방을 위한 정보를 지속적으로 전달하였다.[47]

언더우드가 당시의 조선땅의 아픔에 응답하려고 했던 것처럼, 오늘날 우리들의 총체적 선교도 우리 시대의 아픔에 응답하는 선교가 되어야 한다. 21세기 한국교회가 직면한 선교적 과제는 갑작스러운 전염병으로 고통받는 사람들을 위로할 뿐 아니라, 전염병의 추가적 확산을 막기 위한 사회적 노력에 참여하면서, 교회가 먼저 방역에 솔선수범함으로써, 사회보다 더 높은 윤리적 삶을 통한 모범적 삶의 실천을 하는 일을 포함한다. 크리스토퍼 라이트가 언급한 대로 하나님의 백성의 윤리적 삶의 가시성 그 자체가 선교적 행위가 된다.[48]

코로나 19로 인해 우리의 이웃은 갑작스러운 고통의 현실에 직면해 있다. 이러한 때의 교회의 선교는 고통 중에 있는 자들과 함께하는 공감과 환대를 구체적으로 실천하는 성육신적 선교가 되어야 한다. 여기 포괄적 통전성은 신학적 논리성을 넘어서 아픔의 현장으로

---

46 Lillias Horton Underwood, 『언더우드 부인의 조선견문록』, 199.
47 위의 책, 176.
48 Christopher Wright, *The Mission of God*, 정옥배, 한화룡 역, 『하나님의 선교』 (서울: IVP, 2010), 478

스며드는 성육신적 동행과 공감과 환대의 구체적 실천으로 표현되어야 한다. 공감과 환대를 통한 교회의 성육신적 동행의 선교는 고난받는 현실의 아픔에 함께 참여하며, 사회가 당하는 고난을 함께 당하고 공감함으로써 이루어진다. 또한 교회의 선교는 상처입은 사람들을 향한 환대의 사역으로 이루어진다.

(3) 여성과 남성의 동반자적 협력의 선교에로

한 사람의 선교이해는 주위의 다양한 영향에 의해서 지속적으로 변화를 경험한다. 언더우의 삶과 사역에 있어서 지대한 공헌을 한 인물이 바로 그의 아내 릴리아스 호톤 언더우드이다. 그녀는 독신의 몸으로 조선 땅에 도착하여 의료선교를 펼친 당찬 여성이었다. 릴리아스 호톤 언더우드는 31세가 되서야 의료선교사를 목표로 시카고 여자의대Woman's Medical College of Chicago에 입학하여 의사가 되었고, 37세의 나이로 1888년 3월에 미국 북장로교 의료선교사로 한국에 왔다. 그녀는 38세 되던 1889년 3월에 8살 연하인 언더우드와 결혼하였다.[49] 그녀는 처음부터 독신여성선교사로 파송 받았기에 뚜렷한 선교사로서의 자의식을 가지고 있었을 것이며 명성황후와도 남다른 우정을 만들어내는 탁월한 외교력을 지닌 여성이기도 했다. 결국, 릴리아스 호톤의 모습은 빅토리안 시대의 전형적인 여성상과는 동떨어진 것이었

---

49 이만열, "역자 서문," 릴리어스 호톤 언더우드, 이만열 역, 『언더우드』, 15.

을 것이다. 8살이나 연상이었던 그녀의 생각들은 자연스럽게 언더우드의 선교이해를 형성하는 과정에 중요한 영향을 미쳤을 것이다.

릴리아스 호톤 언더우드는 문장 구사력이 뛰어난 문필가이기도 하였다. 그녀는 자신의 대표적인 책, *Fifteen Years of Among the Top-Knots* (1904)[50], *Underwood of Korea* (1918)[51]을 통해서 자신만의 탁월한 관찰력과 예리한 통찰력, 여성다운 섬세함으로 유감없이 자신의 필력을 발휘하였다. 비록 그녀의 글에서 발견되는 "기독교문명에 대한 절대적 우월감"과 "서양 중심적 편견"이 나타난다고 하더라도, 시대와 상황의 구속을 벗어날 수 없는 한 개인에게 사태에 대한 더 깊고 많은 뜻을 파악하도록 요청하는 것은 지나친 요구이다.[52]

릴리어스 호톤 언더우드의 글들을 통해서 우리는 선교 역사의 기술에 있어서도 남성중심의 역사기록을 극복해야 할 필요성을 확인하게 된다. 그동안 선교역사방법론은 매우 남성중심적이며, 공적영역 중심적으로 기술되었다. 사적인 영역에 주로 남겨져 있었던 여성선교사들의 이야기들은 자주 무시되거나 기껏해야 남성선교사의 '부록' 정도로 기록되어왔다. 바로 여기 미시적 역사방법론micro-historiography [53] 자신의 경험을 풀어내는 여성적 선교역사기술을 주목해야하는 이유이다. 여기 릴리어스 언더우드는 자신만의 미시적이며 네러티브적 글

---

50 한국어로는 『언더우드 부인의 조선생활: 상투쟁이와 함께 보낸 십오년 세월』 (김철 역, 뿌리깊은 나무, 1984)로 부분 번역되었고, 이후 동일한 책이 『언더우드 부인의 조선견문록』으로 수정하여 재출간되었다.

51 한국어로는 『언더우드: 조선에 온 첫 번째 선교사와 한국 개신교의 시작이야기』로 번역되었다.

52 김 철, "역자의 말," 『언더우드부인의 조선 견문록』, 315.

53 Christine Lieneman-Perrin, Atola Longkumer, Afrie Songco Joye, *Putting Names with Faces: Women's Impact in Mission History* (Delhi: ISPCK Publisher, 2014), 16.

쓰기를 통하여 위대한 선교사 언더우드를 21세기를 살아가는 우리들과 다를 바 없는 평범한 인물로 부활시키고 있다. 그녀는 *Underwood of Korea*에서 분명하게 집필 목적으로 이렇게 밝힌다. "이 책은 한 개인의 선교 사업에 대한 완벽하고 철저한 역사적 기술이 아니라,.. 그의 성품, 난관극복, 방해와 반대에 대한 대처방법, 그리고 그의 헌신, 신앙, 사랑, 인내 불굴의 의지 등 한 인간으로서의 그를 생생하게 묘사하고자 하는" 목적으로 책을 저술하였다.[54] 이것은 영웅으로서의 선교사가 아니라, 그저 평범한 사람들의 이야기로 재탄생시키고 있는 글쓰기이다. 최근 이러한 방식의 글쓰기가 주목을 받고 있는데, 낸시토마스Nancy Thomas는 내러티브야말로 역사 안에서 일하시는 하나님의 선교의 발자국을 발견할 수 있도록 한다고 주장한다.[55] 그리고 이러한 이야기들은 그것이 집단적이든, 개인적이든, 하나님의 선교에로 우리들이 동참하도록 이끈다.

(4) 일방적 선교에서 동반자적 우정의 선교에로

언더우드는 "복음의 열정"과 "넓은 날개"를 동시에 가진 선교사였다. 평양지역의 장로교 선교사들에 비해 보다 넓은 선교 이해를 견지한 점과, 가능하다면 교파 간 경쟁보다는 협력을 위한 노력을 펼

---

54   Lillias Horton Underwood, 『언더우드』, 19.

55   Nancy Thomas, "Following the Footprints of God: The Contribution of Narrative to Mission Theology," in *Footprints of God: A Narrative Theology of Mission*, ed. Charles Van Engen, Nancy Thomas, and Robert Gallagher (Monrovia: MARC Publisher, 1999), 226.

친 것은 대단히 선각자적 견해를 보여주는 것이었다. 또한 현지문화에 대한 우호적인 태도를 견지한 점 등은 당시의 서구인들의 세계관보다는 훨씬 총체적인 것임은 분명하였다. 그럼에도 불구하고 그는 그 당시 시대적 한계 속에 있었던 사람이었다. 그의 선교는 서양문명에 대한 자부심과 우월감으로 정치적 격동의 시기에 고통 받던 조선의 민중을 돕기 위해 복음과 함께 서양문명을 전달함으로써 고통 받는 조선인을 구하려는 온정적 선교의 모습을 벗어지는 못했다.

그러나 21세기 지금의 시대는 이러한 문화 식민적이며, 일방적인 선교의 패러다임을 넘어서야한다. 지금의 시대는 세계기독교World Christianity의 등장의 시대이다. 그러므로 21세기 시대의 총체적 선교는 세계 교회들 간의 다자간 선교적 대화를 통한 동반자적 우정선교를 실천하는 선교로 나타나야 한다. 서정운은 이러한 동반자적 우정선교의 차원은 동지적 우애감의 나눔이라고 말한다. 그는 "진정한 일체감은 지적이고 관념적이라기보다 우선 정서적 차원에서 하나가 되는 것"이라고 주장한다. 즉, 동지적 우애감이 없는 나눔은 참다운 나눔이 아니다.[56] 김영동은 동반자적 선교를 열정을 담은'우정선교'로 표현한다.[57] 그는 각자도생의 가치가 뿌리 깊게 내린 한국선교는 반선교적이며 교회 위기의 원인 되었다고 한탄하며,[58] 우정의 선교야말로 오늘날의 선교가 나가야 할 방향임을 강조한다. 미국의 여성선교학자 다

---

56 서정운, "아시아신학의 나눔과 모색," 장신대 세계선교연구원 편, 『아시아 선교신학의 모색과 나눔』(서울: 장신대 세계선교연구원, 2015), 35.

57 김영동, 『우정의 선교, 열정을 붙잡다』(서울: 도서출판 케노시스, 2019), 8.

58 위의 책, 9.

나 로버트^{Dana Robert}는 글로벌 선교의 핵심적 요소로서의 우정의 중요성을 주목한다. 그녀는 우정이야말로 문화 간의 다리, 즉, 동양과 서양, 아프리카와 서양, 동양과 아프리카, 중남미와 서양 등의 문화간의 가교를 형성하는 것이었다고 역설한다.[59] 결국 21세기 포괄적 통전성의 선교는 정서적 교류, 우정의 나눔이 있는 단계까지 나아가야 하는 것이다. 그리고 이 포괄적 통전성은 장기간의 동반자적 연대와 교류를 통한 겸손함 속에서의 우정의 나눔을 실천함으로 가능해진다.

5. 나오는 말

19세기 말 동방의 은둔의 나라로 처음 파송받아 한국선교역사에 잊지 못한 공헌을 남긴 호레이스 언더우드 선교사는 복음에 대한 깊은 열정과 넓은 선교이해를 가진 인물이었다. 본 글은 언더우드의 선교를 총체적 선교라는 선교 신학적 틀거리로 적용하였다. 물론 21세기 총체적 선교는 언더우드가 보여주었던 총체적 선교의 모습과는 동일할 수 없다. 언더우드는 19세기 말의 시대적, 공간적 한계 속에 존재했기 때문이다. 이제 글을 마무리하면서 바라기는 이 글의'과거

---

59 Dana Robert, "Global Friendship as Incarnational Missional Practice," *International Bulletin of Mission Research* 39-4 (2017), 180.

돌아보기'가 우리가 직면한 문제의'현재 해답 찾기'뿐 아니라, '미래로 향해가기'의 단초 제시가 될 수 있기를 기대해본다.

8장

김광명 여사[1929-2017]의 삶과 선교사역

이 글은 "한국선교역사의 숨겨진 인물: 김광명 여사(1929-2017)
의 삶과 선교", 『여성과 선교:현대선교 23』 (서울: 한국선교연구원,
2020), 85-106에 처음 기고하였음.

8장 김광명 여사의 삶과 선교사역

1. 들어가는 말

2. 1950년대 한국사회와 교회 그리고 여성

3. 김광명 여사의 생애와 사역

4. 김광명 여사의 삶과 사역이 우리에게 주는 교훈

5. 나오는 말

1. 들어가는 말

저명한 선교역사학자 다나 로버트^{Dana Robert}는 기독교야말로 여성의 종교였다고 주장한다.[1] 이렇게 기독교역사에 있어서 여성들의 공헌을 결코 간과할 수 없는 것이지만, 안타깝게도 최근까지도 선교에 있어서 여성의 역할에 대한 역사적 연구는 매우 미비하였다. 그동안의 선교역사는 주로 남성 중심적이며, 공적 영역 중심으로 기술되었기 때문이다. 기독교선교의 숨겨진 사적 영역의 이야기들은 주로 여성들에 의해 구성되었다. 그리고 이러한 여성들의 이야기는 사실 선교역사학계에서 거의 무시되어왔다. 이러한 현상은 한국선교역사에서도 그대로 반복된다. 한국선교의 역사에 있어서 여성들은 그 이름조차도 언급되지 못하거나, 기껏해야 남성들의 이야기 속에 부록처럼 잠시 등장하는 정도이다. 바로 이러한 이유 때문에 선교역사에 있어서 여성들의 숨겨진 이야기들을 발굴하기 위해서는 종종 미시적 역사방법론^{micro-historigraphy}이 필요하다.[2]

이 글은 한국기독교선교에 있어서 숨겨진 한 여성의 생애를 집

1 Dana Robert, *Christian Mission: How Christianity Became a World Religion* (West Sussex: Wiley-Blackwell. 2009), 118.

2 Christine Lieneman-Perrin, Atola Longkumer, Afrie Songco Joye, *Putting Names With Faces: Women's Impact in Mission History* (Delhi: ISPCK Publisher. 2014), 16.

중적으로 살피는 미시적 역사방법론을 선택한다. 필자가 다루고자 하는 이 여성은 바로 해방 이후의 최초의 타문화권 선교사인 최찬영 선교사의 아내 김광명 여사이다. 김광명 여사는 비록 공식적으로 선교사의 명칭을 받지는 못했으나, 남편 최찬영 목사의 곁에서 평생 동역자로 사역한 인물이다. 최찬영 목사에게 붙어 다니는 수식어는 대단히 많다. 그는 해방 이후 최초의 한국 선교사이며, 한국 최초로 선교사 여권을 받은 자이며, 한국교회 최초의 태국교회 에큐메니칼 선교파트너이며, 한국인 최초의 아시아 태평양지역 성서공회 총무로 일하였다. 그는 당시 한국교회가 낳은 국제적으로 활약한 자랑스러운 한국인 선교사이다. 그는 후에 풀러 신학교에 초빙되어 선교대학원의 교수로 일하면서 선교사들을 훈련하는 등의 그의 생애에 걸친 한국선교에 미친 영향력은 참으로 대단하다. 그러나 최찬영 선교사의 유명세에 비하면 김광명 여사의 생애에 대하여 아는 사람은 많지 않다.

필자가 이 글을 쓰기 위해 김광명 여사와의 인터뷰를 시도하였을 때는, 안타깝게도 그녀는 89세의 노환으로 이미 의사소통이 어려운 상태였다.[3] 이 글은 그녀와 평생을 같이했던 남편의 증언과 자녀들의 증언, 최찬영 선교사의 일생을 다룬 자서전에 근거하여 그녀의 생애를 조명하였다. 인터뷰 당시 최찬영 선교사는 자신에 대하여 인터

---

3 이글은 원래 영어로 작성되었는데, American Society for Missiology에 2017년 6월에 처음 발표되었다. 김광명의 생애를 재구성하기 위해서 필자는 그의 가족들과의 몇 차례 인터뷰를 실시하였다. 인터뷰는 직접면담과 이메일 인터뷰로 2017년 5월과 6월에 진행되었다. 이와 함께 남편 최찬영의 생애를 다룬 전기 "최찬영 이야기"와 이후 새롭게 구성하여 다시 출판된 두 번째 책, "해방이후 최초의 선교사이야기"를 중심으로 재구성하였다. 2017년 9월에 김광명 여사는 하나님의 부르심을 받아 소천하였다. 영어로 발표된 필자의 글은 그녀의 장례식에서 그녀의 생애를 기리며 모든 조문객에게 전달되어 읽혀졌다.

뷰를 요청한 경우는 매우 많았지만, 김광명 사모에 대하여 인터뷰를 시도하는 것은 처음이라고 하였다. 김광명 여사의 생애와 사역은 당연히 받아야 할 최소한의 주목도 받지 못한 채, 한국선교역사의 숨겨진 인물로 남아 있었던 것이다.

모든 개인의 이야기는 그 시대적 공간적 한계 속에 있다. 따라서 김광명의 삶과 사역 또한 1950년대를 배경으로 하고 있닫. 따라서 오늘날의 관점에서 그녀의 삶을 이해하는 것은 결코 쉽지 않다. 그녀는 1950년대 한국사회에서 발견되는 근대적 여성상과 전통적 여성상이 융합된 독특한 여성상에 근거해서 자신의 삶과 사역을 전개하였다. 즉, 그 시공간적 환경 속에서 자신이 할 수 있는 헌신을 다했다. 그녀는 한국선교사로서 공식적으로 인정받은 바도 없고 자신도 선교사로 인정받기를 요구하지도 않았지만, 김광명은 최찬영의 선교사역에 있어서 가장 중요한 동역자요, 든든한 후원자요, 내적 지지자였다. 비록 그녀가 한국선교역사에서는 가려진 인물일지라도 그녀의 이야기는 하나님의 선교의 역사 속에서는 결코 숨겨지지 않았으리라!

2. 1950년대 한국사회와 교회 그리고 여성

1945년 대한민국은 마침내 일본으로부터 해방되었다. 해방의 기쁨도 잠시, 이어지는 정치적 혼란으로 나라는 좀처럼 안정을 얻지 못했다. 일본이 2차 세계대전을 치르면서 한국의 많은 물자들을 수탈해간 까닭에 한국은 경제적으로도 여전히 극심한 가난을 벗어날 수 없었다. 설상가상으로 남한과 북한의 두 개의 정부가 만들어지면서 정치적 갈등이 극에 달했다. 그러던 중, 1950년 6월 25일에 한반도는 잊을 수 없는 동족상잔의 비극적 전쟁이 시작되었다. 전쟁은 참혹하게 한반도를 초토화시켰다. 한국전쟁은 미국을 중심으로 하는 연합군과 중공군의 등장으로 더욱 가열되었다. 전 세계가 다시 3차 세계대전으로 발전하게 될까봐 우려할 만큼 이 전쟁은 치열하였고, 그 결과 한반도는 초토화되었다. 모든 전쟁이 참혹하지만, 한국전쟁이 더욱 한반도를 초토화한 것은 3년 이상 지속되면서 남한의 연합군과 북한과 중공군 사이에서 각각의 남하와 북진을 반복함으로써, 한반도를 더욱 초토화시켰기 때문이었다.

한국전쟁은 2차 세계대전 이후 가장 치열하고 참담한 전쟁이었다. 한국전쟁이 더욱 심각하게 한반도를 초토화된 이유는 진격과 퇴각을 반복하면서 양쪽간의 무차별적 공격이 이루어졌기 때문이었다.[4] 1950년 6월부터 이듬해인 1951년 6월 23일에 처음으로 휴전이 제안되기까지 북한 인민군의 남하와 퇴각, 그리고 연합군의 인천상륙작전의 성공으로 인한 북진, 그리고 다시 중공군의 남하로 인한 1·4 후퇴 그리고 38선 근처에서의 대치까지 그 전선이 오르락내리락하면

---

4 한국기독교역사학회 편, 『한국기독교의 역사 3: 해방이후 20세기 말까지』 (서울: 한국기독교역사
   연구소, 2009), 53.

서 그 피해는 더욱 커질 수밖에 없었다. 더욱이 이 전쟁이 공산주의와 자본주의 이데올로기의 대립적 갈등 상황에서 발생하였기 때문에 그 피해가 더 컸다. 서로 다른 이데올로기로 무장한 양쪽은 진격과 퇴각을 반복하면서 서로를 향하여 무참하게 죽이고 파괴했고, 결국 한반도에 형언할 수 없는 재난과 황폐함을 사회전반에 가져왔다. 수많은 인명과 재산의 피해가 발생했고, 전쟁은 또한 수많은 사람들을 극심한 가난과 배고픔 속으로 내몰았다. 이미 수많은 사람들이 전쟁으로 죽었고, 재산의 손실도 엄청났지만, 남겨진 가족들에게도 살 길이 없었다. 사회 전체적으로 전쟁고아들과 과부들이 넘쳤고, 살기위해 남하 한 수많은 피난민들, 한반도 전체가 상상할 수 없는 고통을 겪어야 했다. 전쟁 이후에도 자연 재해와 전염병의 만연으로 사람들을 도탄에 빠뜨렸다. 폐결핵과 천연두가 크게 증가하였고, 전쟁이 끝났어도 사회전반의 파국상태는 지속되어 남한사회는 그야말로 인구절반이 구호를 필요로 하는 상태였다.[5] 1951년 8월 당시 정부가 집계한 피난민은 약 380만 명, 전시에 가옥과 재산을 잃은 전재민은 대략 4백만에 이르렀다.[6] 중공군의 공세로 1·4후퇴를 유엔군이 감행할 때, 수많은 북한주민들이 남하면서 대규모 가족해체가 발생하였다. 많은 사람들이 또다시 희생되었다. 특별히 고아가 되거나 부모와 헤어진 아이들이 10만 명에 달했고, 이들은 구두닦기, 행상인이 되어 거리를 헤멨고, 소매치기나 좀도둑이 되었다.[7] 남편을 잃은 과부들은 고아보다 더

---

5 한국기독교역사학회, 『한국기독교의 역사 3』, 63.
6 Robert T. Oliver, *Verdict in Korea* (State College: Bald Eagle Press, 1952), 147.
7 한국기독교역사학회, 『한국기독교의 역사 3』, 66.

많았는데, 약 30만 명에 달했고, 이들에게 딸린 자녀들은 51만 7천 명이나 되었다.[8] 뿐만 아니라, 전쟁으로 인해 미망인이 된 수많은 여성들은 경제적 어려움으로 인해 극심한 고통을 당했는데, 이들은 자신들이 가진 재산이나 노동력을 팔아 모든 종류의 일을 해야 했고, 식모살이, 일용노동에 종사하는 경우가 많았다. 그중에서 생활의 길을 잃은 여성들은 매춘의 길로 들어가기도 했다.[9]

1950년대의 한국교회는 한국사회 만큼이나 큰 혼란의 소용돌이를 통과했다. 먼저 신사 참배 문제로 인해 교회는 일제 말기에 이미 큰 피해를 입은 상태였다. 많은 교회들이 문을 닫았다. 일부는 일제의 압박에 굴복하여 신사참배에 참여했다. 바로 이 문제로 인해 한국 개신교의 주류교단인 장로교가 첫 분열을 경험하였다. 장로교뿐 아니라 또 다른 주류 교단인 감리교도 분열을 경험했다. 교회 내부적으로는 이단들과의 싸움에 힘겨웠다. 문선명, 박태선 등의 이단들의 강력한 도전으로 교회는 보수적 정통신앙을 정립하는 데 힘을 다했다. 또한 이 시기는 놀라운 교회성장을 경험하는 시기이기도 했다. 이렇게 한국교회가 혼란의 시기를 지나면서 소수종교로서의 기독교는 이제 사회의 주류종교로서 자리를 잡게 되었다. 교회가 이 시기에 주류종교로 자리잡게 된 데는 몇 가지 요인이 함께 작용하였다. 먼저, 친기독교적 정권의 등장과 한국 전쟁으로 진행되었던 교회의 다양한 구호활동으로 인한 사회 속에서의 기독교 호감도가 크게 증가한 점을 들 수

8 위의 책, 67.
9 김행선, 『6·25전쟁과 한국사회 문화변동』 (서울: 도서출판 선인. 2009), 44.

있다. 또한 전쟁 후 이북 난민들로 인한 기독교인구의 급증으로 인해 교회가 크게 성장하였다. 이러한 요인들에 의해서 1950년대는 한국 사회 전반에서 기독교가 생활종교로서 자리매김을 한 것이다.

그렇다면 이러한 시기에 한국사회 안에서의 여성인식은 어떠했을까? 이 시기의 한국사회 안에서의 여성 인식은 전통사회 안에서의 여성관과 근대화된 학교교육을 통한 새로운 여성관이 함께 공존하였다. 그동안 서양선교사들에 의해 세워진 학교들은 근대화된 여성교육의 요람이 되었고, 대체적으로 기독교적 가치관에 근거한 교육이 실시되었다. 자연스럽게 근대적 교육을 받은 한국여성들은 주체적 자아로서의 자신을 새롭게 발견했다. 결국 이은선의 주장대로, 기독교의 유입은 한국여성들의 인격적 주체성을 다른 어떤 전통 종교보다 더 크게 신장시킨 것은 사실이다.[10]

그럼에도 불구하고 1950년을 전후로 기독교를 통한 여성들의 삶의 변화는 큰 변화를 가져왔다. 즉, 한국기독교 초기에는 기독교적 여성인식이 일부 지식인 여성들에게만 수용되었다면, 해방 이후에는 기독교인구의 증가와 기독교가 생활종교로 정착하고, 또 기독교대학들의 설립과 확장으로 기독교적 여성상이 이제 일상의 윤리와 이념으로 자리잡게 되었다는 점이다. 이제 기독교적 여성관은 제도화된 윤리로 내면화되면서 당대 여성들의 정체성에 깊게 자리 잡게 되었다.[11]

그럼에도 불구하고, 1950년대의 여성교육은 사회 속에서 활동

---

10 이은선, "21세기 한국여성리더십에 있어서의 유교와 기독교(1)," 『동양철학 연구』 62집 (2010. 5), 214.

11 송인화, "1950년대 지식인 여성들의 교육과 기독교: 임옥인의 들에 핀 백합화를 보아라를 중심으로," 『한국문예비평연구』 36집 (2011. 12), 475.

할 수 있는 전문화된 인력양성으로서의 교육이라기보다는 생활중심의 단순 기능적 영역에 한정되어있었고, 여성교육의 목표는 결혼과 가정이데올로기에 밀착된 주부 만들기였다.[12] 따라서 기독교여성으로 성장한 김광명이 내면화하였던 1950년대의 기독교적 여성관은 외유내강하며, 순결하며, 슬기롭고, 품위 있고, 생산에 기여할 수 있는, 그리고 남에게 도움이 되는 여성이었다. 즉, 현모양처와 부덕을 강조하여 가정과 사회에 이바지하는 여성이었다.[13]

요약하면, 김광명 여사가 선교사로 파송되었던 1955년의 한국사회는 참혹한 전쟁이 끝난 지 몇 해도 지나지 않은 채 여전히 정치적 혼란과 극심한 가난 속에 있는 사회였다. 정치적으로는 일본으로부터의 해방과 이어지는 남북 정권의 형성과 분단, 이어지는 동족상잔의 비극적 전쟁으로 인해 돌이킬 수 없을 정도로 폐허가 되었다. 경제적으로는 세계 최빈국으로서 극심한 가난에 시달려야 했다. 교회적으로는 여러 가지 요인에 의해 기독교인구가 증가하면서 소수의 종교로서의 기독교는 이제 한국사회 안에서 생활종교로 자리를 잡게 되었다. 특히 1950년대의 여성교육은 전문화된 여성인력양성을 위한 교육이라기보다는 생활중심의 단순기능적 영역에 한정된 교육이었고, 결혼과 가정 이데올로기에 밀착된 주부 만들기가 교육의 목표였기에 자연스럽게 이 시대의 이상적인 여성상은 현모양처와 부덕을 강조하며 가정과 사회에 이바지하는 여성이었다. 바로 이러한 사회적 환경과 여

12   송인화, "1950년대 지식인 여성들의 교육과 기독교," 474, 492
13   김재인 외 3인, 『한국여성교육의 변천과정 연구』 (서울 한국여성개발원, 2001), vii.

성상의 내면화를 거쳤던 김광명은 해방 후 첫 한국인선교사의 아내로 선교지로 향했던 것이다.

3. 김광명 여사의 생애와 사역

(1) 부모의 신앙 유산과 어린 시절

김광명은 1929년 8월 31일에 평양에서 김예진 목사와 한도신 사모 사이에 셋째 딸로 태어났다. 아버지 김예진 목사는 일찍부터 목회자가 되기 위해 숭실대학에 입학 후, 평양에 위치한 산정현 교회에서 집사로 봉사하였고, 1917년부터는 전도사로 목회를 시작하였다. 그는 또한 민족독립운동에 매우 적극적으로 참여한 인물이다. 1919년 3월 1일에 평양지역에서 태극기를 만들어서 비밀리에 나누어 주어 독립만세를 주도하였는데 이로인해 일본경찰에 체포되어 평양감옥에서 복역하기도 했다. 이후, 중국 상해로 가서 대한민국 임시정부에서 김구 선생을 만나 독립운동을 하기도 했다. 할아버지 김두연은 정미소를 운영하고 있었는데, 이때부터 독립군을 위한 군자금을 모아서 상해 임시정부와 연락하며, 독립운동을 후원하였다. 어머니 한도신 여사 또한 남편과 함께 독립운동에 참여하였고, 후에 일본 경찰에 체포되어 감옥살이 중 모진 고문을 당하기도 하였다. 이렇게 김광명의 가정은 조부모로부터 이어지는 민족독립을 위해 투쟁한 애국열사의 가정이었다. 후에 김예진 목사는 국가 유공자로 국립묘지에 애국열사들의 무덤이 있는 곳에 묻혔다.[14]

김광명의 아버지 김예진 목사는 평양 신학교를 졸업하였으나, 지속적인 독립운동을 전개한 것 때문에 항상 일본 경찰의 감시의 대상이 되었다. 이로 인해 그는 일제 강점기에는 실제적으로 목회를 거의 할 수가 없었다. 1945년 드디어 해방이 된 후 김예진 목사는 서울로 와서 후암동교회에 초대목사로 목회를 하였다. 이후 1950년 한국전쟁일 발발하였는데, 아버지는 피신하던 중 공산당에게 체포되어 총살당하고 만다.[15]

이와 같이 김광명은 순교자이며 목회자, 독립운동가였던 아버지와 신앙적인 어머니의 영향으로 어릴 때부터 깊은 신앙적 분위기 속에서 성장했다. 그런데 워낙 어릴 때부터 목회자 가정에서 흔히 경험되듯이 매우 가난한 삶을 살았는데, 아버지의 죽음 이후 가정 상황이 어려워져 경제적으로는 더욱 심한 빈곤 속에서 힘들게 성장했다. 학급에서 항상 1등을 놓친 적이 거의 없을 정도로 매우 우수한 학생이었으나, 가난 때문에 초등학교를 졸업하고 중학교로 진학을 할 수 없을 정도로 가난했으나, 후에 어려운 환경 속에서 겨우 학업을 이어갈 수 있었다. 그의 아들 최사무엘의 증언에 의하면, 하루는 학비를

---

14 최찬영, 『최찬영 이야기』 (서울: 조이선교회 출판사, 1995), 85-88.
15 임윤택, 『해방후 최초의 선교사 체험기』 (서울: 두란노 출판사, 2009), 102-110.

위해 모은 돈이 모두 도난을 당했을 때, 너무 절망하여 하나님께 기도하며 울부짖었는데, 한 미국여성선교사를 만나게 되어 그녀의 의학공부를 계속할 수 있었다고 하였다.[16] 이 시기에 김광명은 극심한 가난과 어려움 속에서도 하나님을 의지라고 신뢰하는 훈련을 받을 수 있었고, 이후 선교사로서 겪어야 했던 극심한 가난과 어려움을 이때부터 준비하였다.

(2) 김광명의 신앙생활

김광명은 어릴 때부터 신앙적 분위기 속에서 성장했는데 특히 그녀는 어린 시절부터 기도생활에 열심이었다. 어린 시절 그녀가 기도를 중요하게 생각하게 된 계기를 알 수 있는 일화가 있다.

7-8살 때의 어느 날 연못에서 목욕을 하고 나와서 보니 속옷을 잃어버린 적이 있다. 집에 돌아오는 동안 어머니에게 꾸지람을 들을까 겁이 났다. 차마 집에 집 벽 뒤에 머리를 데고 기도를 하고 들어갔더니, 뜻밖에도 어머니께서 꾸지람을 하지 않았다. 그때는 아버지의 박봉 월급으로 6식구가 살기 어려워 가난에 허덕이는 때였다. 이때부터 나는 기도응답 알게 되었다.[17]

---

16 이 이야기는 그의 아들, 최사무엘과의 이메일 인터뷰를 통해 제공받았다 (2017년 5월 10일).
17 이 일화는 그녀의 작은 성경책의 앞부분에 적혀있었는데 이것을 최찬영 선교사가 발견하고 그 메모의 내용을 필자와의 인터뷰 때 제공하였다 (2017년 5월 5일).

이 일화에서 보여주듯이 그녀는 아주 어린 시절부터 기도의 중요성을 체험하였다. 그녀는 여고 시절 때는 학교에 가기 전에 새벽기도를 드리러 교회를 가곤 했었다. 그녀는 새벽기도를 마치고 난 후 기쁨이 넘쳤던 그때의 경험을 이렇게 적고 있다.

여고시절 나는 학교를 가기 전에 새벽기도를 드리려고 교회로 먼저 가곤했었다. 한참 기도하고 나오면 나의 눈앞에 보이는 모든 것이 아름답게 느껴졌다. 주의 만드신 세상의 아름다움을 체험하였다. 이렇게 아름다울 수 있는 세상!! 나는 그때 본 세상을 잊어버릴 수 없다.[18]

김광명의 기도생활은 청소년기부터 시작된 결혼을 위한 구체적인 기도에서도 발견된다. 그녀는 자신의 결혼이 개인의 행복뿐 아니라 보다 큰 목적인 하나님 나라와 그 사업을 위한 결혼이 되기를 기도했다. 그는 17세 때부터 구체적으로 목회자의 아내가 될 것을 기도해왔다.[19] 아버지가 목회자로서 결국 순교당하고, 이로 인해 온 가족이 가난에 허덕이며 살게 된 것을 고려한다면 결코 쉽지 않은 결심이었다. 그녀는 "사람의 인생은 한번 뿐인데, 이 생애를 어떻게 살면 가장 보람 있을까? 그것은 하나님을 사랑하고, 타인을 사랑하고, 생명을 구원하는 일이 아닌가? 그런데 이런 삶이야말로 목회자의 삶인데, 나는 그 길을 갈 수 없으니 목회자의 아내로 사는 것이 가장 행복한 삶

---

18 최찬영 선교사가 발견한 김광명 자필 메모 내용의 두 번째 일화이다.
19 임윤택, 『해방후 최초의 선교사 체험기』, 113.

이 아닌가?"라고 생각했다. 당시 한국 여성에게 목사의 길이 열려있지 않았기에 그녀가 선택할 수 있는 가장 큰 헌신의 삶은 목회자의 아내가 되는 것이었다.[20]

(3) 결혼과 선교사역에로의 헌신

김광명은 54년 11월에 최찬영 목사와 결혼을 했다. 결혼한 지 얼마 되지 않아 신혼집에 총회 선교부 임원 목사 한명이 방문하였다. 그는 남편 최찬영 목사에게 혹시 선교사로 갈 의향이 없는지를 물었다. 혹시 의향이 있으면, 내일 선교부 회의 장소로 나오라고 하였다. 사실 이미 총회는 해방 후 선교사를 파송하기 위한 작업을 시작하고 있었는데, 총회가 주목한 사람이 바로 최찬영이었다.

최찬영 목사의 증언에 의하면, 자신이 선교사로 떠나기로 결심할 수 있었던 것은 아내 김광명 여사의 적극적인 동의해 주었기 때문이었다. 사실, 이때까지만 해도 최찬영 선교사는 선교사가 되는것에 대하여 한 번도 생각해 본 적도 없었기에 이 방문은 매우 당황스러운 것이었다. 당시 최찬영 부부는 미국으로 유학을 떠날 준비를 하고 있었다. 남편도 이미 미국의 신학교에 입학 허가서를 받아놓은 상태였고, 김광명 사모 또한 남편의 학교 근처에 있는 미국병원에서 인턴을 하도록 이미 편지로 약속이 되어있었다. 병원으로부터 인턴을 약속하

20　위의 책, 114.

는 편지를 받아놓은 상태였다. 이제 떠날 날 만을 기다리고 있었다. 그래서 선교사로 가는 것은 모든 것을 포기하고 다른 곳으로 갑자기 방향을 돌리는 것이었기에 대단한 용기가 필요한 것이었다. 김광명의 입장에서는 결코 동의하기 어려운 제안이었다. 미국행은 남편뿐 아니라, 자신의 미래를 위한 길이기도 했기 때문이었다. 그런데 남편이 이 제안에 대하여 어떻게 생각하는지 물어오자, 놀랍게도 김광명은 주저하지 않고 대답하였다. "당신이 가겠다면 나도 갈 것입니다" 라고 말하는 김광명의 주저없는 대답을 들으면서 최찬영은 하나님께서 선교사로 부르신다고 확신하였다고 한다.[21]

선교지에서의 김광명 여사의 가장 중요한 일은 자신에게 주어진 2남 2녀의 자녀들을 양육하고, 남편의 완벽한 내조자가 되는 것이었다. 특히 남편이 성서공회 동아시아 총무로 일하게 되면서 일 년에 절반 이상을 해외에 다녔기에 가정에서 아이들을 돌보는 일은 전적으로 아내의 몫이었다. 김광명이 이렇게 남편을 위해 자신은 가정에 전적으로 헌신하였던 것은 그녀가 세운 원칙 때문이었다. 즉, 첫째, 가정 일 때문에 선교사역에 방해받는 일이 없도록 한다. 둘째, 경제적인 일 때문에 선교사역에 지장이 없도록 한다. 그리고 이 경제적인 지원이 자신의 몫이라고 생각하였다.[22]

한 번은 큰아들 사무엘이 방콕 전역에 널리 퍼진 급성 뇌염에 걸려 병원에 입원을 하게 되었다. 당시 방콕에만 2만 명 이상의 아이

---

21 이 일화는 최찬영 선교사와의 개인적 인터뷰에서 제공받음(2017년 5월 5일).
22 임윤택, 『해방후 최초의 선교사 체험기』, 157.

들이 이 병에 걸렸고, 그중 1만 명 정도가 목숨을 잃었다. 남편은 늘 그렇듯이 바쁘게 태국 전역을 다니면서 선교사역을 전개하고 있었다. 긴 여행을 마치고 마침 돌아온 최찬영 선교사는 아들이 유행하던 전염병에 걸려 입원해있다는 것을 알게 되었다. 방콕으로 돌아온 최찬영 선교사는 병원으로 달려가 사경을 헤메는 아들과 아들을 돌보는 아내를 지켜볼 수밖에 없었다. 때마침 그날밤 다시 태국의 가장 먼 시골지역으로 다시 부흥회를 인도하러 가야 하는 일정이 있었다. 사경을 헤매는 아들을 두고 떠날 수 없어 고민할 때 김광명 사모는 남편에게 이렇게 말했다. "생명은 하나님께 주신 것이니 그 결과도 하나님께 달려있기 않겠습니까? 이 모든 일을 하나님께 맡기고 오래전부터 약속되어있는 전도집회에 하나님의 말씀을 전하러 가시는 것이 좋겠습니다." 이렇게 하여 남편을 결국 전도집회를 인도하러 떠나보냈다. 다행히 아들은 이후에 회복이 되었다. 이 일화는 김광명 사모가 얼마나 남편이 전적으로 선교 사역을 할 수 있도록 가정과 자녀양육의 책임을 홀로 온전하게 감당하려고 했는지를 보여준다.[23]

(4) 의사로서의 김광명

김광명 여사가 의학을 공부하게 된 것은 워낙 어릴 때부터 병약했던 자신의 상태와 관련이었다. 그녀는 병약한 자신처럼 병든 사

---

23 최찬영, 『최찬영 이야기』, 123-128.

람들을 돕고 싶은 마음을 어릴 때부터 가지고 있었다. 그녀는 신앙인으로서, 또 여성으로서 다른 사람을 도우면서 살 수 있는 길이 무엇일까 고민하다가 그는 병든 사람을 도울 수 있는 의사가 되기로 한 것이다. 의과 대학을 졸업한 후 첫 근무지는 부산복음병원이었다. 당시 친분이 있었던 장기려 박사께서 그녀의 깊은 신앙심을 의료활동으로 표현하려는 뜻을 알고, 부산복음병원에서 일하도록 권했기 때문이었다. 이 병원은 서울에 있는 대형 병원처럼 좋은 의료시설을 갖춘 곳을 아니었으나, 기독교적 정신으로 운영되는 곳으로 복음전파의 현장으로 사용되는 곳이었다. 그녀는 이곳에서 그녀의 소망, 즉, 의사로 일하면서 질병을 치료할 뿐 아니라 예수 그리스도의 사랑을 복음으로 전하고자 한 소망이 이루어진 셈이다.[24]

결혼과 함께 복음을 전하는 의사가 되는 꿈은 결국 잠시 뒤로 미루어 놓아야 했다. 결혼 후 그녀의 우선적 과제는 선교사의 아내로서 가정을 돌보고 자녀들을 잘 양육하는 것이었기 때문이었다. 그렇다고 의사로서의 전문직을 결코 쉽게 포기하지는 않았다. 태국에서의 첫 10년을 마친 후, 1968년에 김광명은 남편과 함께 선교지로 가느라 미처 이루지 못했던 자신의 꿈을 찾아 미국으로 건너갔다. 미국에서 의학공부를 할 수 있는 길이 열렸기 때문이었다. 태국에서 잠시 근무한 병원에서 김광명에게 미국으로 가서 전문의 과정을 마치고 돌아오도록 권했기 때문이었다. 4년 동안의 미국병원에서의 의사생활은 매우 힘들었다. 불규칙한 병원생활로 인해 아이들을 돌볼 수 없어서

---

24 위의 책, 90.

부득이하게 4명 중 첫째와 둘째를 친구 목사의 집에 맡기고 작은 아이 둘은 시어머니를 태국으로 가게 해서 남편과 함께 아이들을 돌보게 하였다. 이 기간은 본인뿐 아니라 온 가족 특히 자녀들에게 매우 어려운 시간이었다. 특히 둘째 딸은 어린 나이에 갑작스러운 부모와의 이별로 인해 무척 힘들어했고, 그때 받은 마음의 상처로 인해 어머니와의 소원한 관계를 회복하는데 많은 시간이 걸렸다. 그녀는 방사선과 전문의로 훈련을 받아 마침내 미국에서 의료 활동을 할 수 있는 모든 자격을 마침내 갖추게 되었다.[25]

의사로서의 김광명의 사역은 남편의 사역지가 바뀔 때마다 새로운 지역에서 진행되었다. 그러나 의사로서의 활동은 남편을 내조하고 자녀들을 양육하는 일이 우선적이었기에 항상 파트 타임으로 의사직을 했으나 결코 멈춘 적은 없었다. 예를 들어 남편이 필리핀으로 사역지를 옮기게 되었을 때, 그녀는 필리핀에 있는 의과대학에서 교수로 강의를 하기도 하고, 인턴들을 훈련시키기도 하였다. 또한 후에 남편이 홍콩으로 사역지를 옮겼을 때에도 파트 타임으로 병원에서 근무했다. 의사로서의 활동은 자신이 주어진 환경 안에서 할 수 있는 만큼만 진행하였다.

---

25 임윤택, 『해방후 최초의 선교사 체험기』, 243.

(5) 성품과 소명의식

김광명은 내성적이며, 조용한 성격의 소유자였다. 특히 사람들 앞에 나서는 것을 매우 부끄러워하여 활발하고 주도적인 남편과는 대조적이었다. 또한 그녀는 생각이 깊고 이성적이며, 감정적이지 않았다, 그런가 하면 한번 결심하면 반드시 해내고야 마는 강한 의지의 소유자이기도 했다. 또한 비록 자신을 선교사로 인식하지는 않았다고 하더라도 깊은 신앙심에 근거하여 철저하게 하나님을 신뢰하는 신앙적 인물이었다.[26]

또한 김광명 여사의 사역은 철저하게 약자를 돌보는 사역에 헌신하는 것이었다. 그녀의 큰아들 사무엘은 태국에서나 필리핀에서 어머니가 항상 함께 지내던 모든 가사 도우미에게 매우 친절했다고 기억했다.[27] 이들을 특히 가족처럼 대했는데, 한 가난한 과부는 수년 동안 선교사의 집에서 일을 했었는데, 선교사 가족이 필리핀으로 떠난 이후에도 지속적으로 이 가난한 과부를 도왔다고 한다. 이사를 갈 때면 함께 생활하던 가사도우미들이 항상 눈물을 흘리며 헤어지는 것을 슬퍼했다. 그녀는 명절이 되면 100명이 넘는 사람들을 초대하여 음식을 대접하고 사람들을 위로하였다. 미국에서 지낼 때에도 해마다 한국학생들을 자신의 집으로 초청하여 식사를 대접하곤 해서 지금까지도 자신의 친구들이 그 친절함을 회상하고 있다.[28]

---

26 김광명의 막내딸 최미란과의 이메일 인터뷰 중에서 (2017년 5월 18일).
27 최사무엘과의 이메일 인터뷰중에서 (2017년 5월 10일).
28 최사무엘과의 이메일 인터뷰중에서 (2017년 5월 10일).

김광명은 자신의 삶을 하나님께 헌신하는 삶으로 인식하였다. 그녀는 선교지에서의 어려운 순간들을 극복할 때마다 자신을 소명의 관점에서 이해하였다. 그녀는 이렇게 고백한다.

선교지에 왔다는 사실이 너무 감사해서 육신적 어려움은 문제가 되지 않았어요. 원망이라든지 불평이라든지 하는 것은 전혀 생각지도 못했어요. 선교지는 당연히 그런 곳이니까요. 나같은 사람을 주의 일을 위해 불러주셨다는 생각만 해도 감사한 생각이 가슴에 가득했어요.[29]

이것은 김광명이 선교사의 아내로서 살아가는 자신의 삶을 하나님의 사역자로서의 정체성으로 이해하였다는 것을 보여준다.

4 | 김광명 여사의 삶과 사역이 우리에게 주는 교훈

선교사역에 헌신한 숨겨진 여성들의 이야기를 발굴하는 것은 선교역사에 있어서 매우 중요한 과제이다. 그리고 이러한 여성들의 이야기를 발굴하는 작업은 미시적이며 네러티브적 접근을 채택되곤

---

29 임윤택, 『해방후 최초의 선교사 체험기』, 132.

한다. 낸시 토마스 Nancy Thomas 는 네러티브가 선교학적 성찰에 얼마나 중요한지를 강조하였다. 토마스는 네러티브야말로 역사 안에서 일하시는 하나님의 선교의 발자국을 발견할 수 있도록 하기에, 이러한 이야기들은 그것이 집단적이든, 개인적이든, 하나님의 선교에로 우리들이 동참하도록 동기 유발한다고 주장하는데,[30] 필자가 생각하기에도 이야기식 접근은 숨겨진 여성들의 삶과 사역을 드러내는 중요한 접근이다. 또한 하나님의 선교에 참여한 여성들의 이야기는 또한 "평범한 사람들"의 이야기로 드러나는 경우가 대부분이다. 캐티 로스 Cathy Ross 에 의하면 이러한 "평범한 사람들"의 이야기의 발굴이라고 언급한 바 있다. 그리고 바로 이러한 여성들의 선교야말로 아래로부터의 선교 mission from the below 이며, 겸손의 선교 mission of the humble 이다[31] 참으로 김광명의 선교는 아래로부터의 선교이며, 겸손함의 선교이다. 이제 필자는 김광명의 생애와 삶의 특징을 조명하여 오늘날을 살아가는 우리들에게 어떤 메시지를 던지는지를 살펴보고자 한다.

첫째, 김광명의 이야기에서 발견되는 가장 뚜렷한 특징은 선교적 존재로서의 자의식이 그녀의 평생에 걸친 선교적 실천에 중심적 역할을 하였다는 점이다. 그녀는 자신을 하나님의 부르심을 받고 또한 보냄받은 선교적 존재로서의 정체성을 뚜렷하게 그리고 지속적으로 지니고 있었다. 그녀는 비록 공식적으로 선교사로 임명받지는 않

---

30 Nancy Thomas, "Following the Footprints of God: The Contribution of Narrative to Mission Theology," in *Footprints of God: A Narrative Theology of Mission*, eds. Charles Van Engen, Nancy Thomas, and Robert Gallagher (Monrovia: MARC Publisher. 1999), 226.

31 Cathy Ross, "Without Faces: Women's Perspectives on Contextual Missiology," in *Putting Names With Faces: Women's Impact in Mission History*, eds. Afrie Songco Joye, Atola Longkumer and Cristine Lienemann Perrin (Delhi: ISPCK Publisher. 2014), 363.

앉아도 그녀의 생애는 자신을 하나님의 부름받은 일꾼으로 뚜렷하게 인식하고 있었다. 그녀에게 있어서 선교사의 아내가 되는 것은 하나님의 자신에게 부여한 소명이었고, 자신이 할 수 있는 가장 최고의 하나님을 향한 헌신이었다. 그리고 자신에게 주어진 이 책임을 다하려는 의식으로 가득 차 있었다. 그것이 자녀들을 양육하는 일이든지, 그것이 선교사역을 위해 자신의 직업을 잠시 연기하는 것이든지, 다시 자신의 직업을 통해서 의미있는 봉사를 하였든지, 그녀가 직면한 모든 역할에 그녀는 주저함 없이 그 역할에 최선을 다했는데, 이렇게 그녀가 모든 역할에 충실하였던 것은 그녀의 뚜렷한 선교자로서의 자의식 때문이었다. 즉, 김광명은 하나님의 선교에 부름받은 선교자적 정체성을 지닌 것이다. 그녀의 선교 자의식은 그녀의 깊은 신앙심에서부터 나왔다. 부모로부터 물려받은 행동하는 신앙은 그녀의 귀중한 신앙적 자산이 되었고, 어린 시절부터 기도의 응답을 경험함으로써 하나님을 신뢰하는 법을 배웠다. 또한 그녀는 목회자와의 결혼을 통해서 자신을 하나님의 일꾼으로 헌신하였고, 그것은 자연스럽게 남편이 선교사로 부르심을 받는 일로 이어졌다. 따라서 김광명에게 있어서 가난한 목회자와의 결혼은 자신을 하나님께 드리는 급진적 헌신의 경험이었다. 이러한 강력한 소명의식은 김광명의 평생에 걸쳐 모든 상황마다 최선을 다하게 하는 그녀의 신앙적 원동력이 되었다. 오늘날도 수많은 선교적 과제가 교회 앞에 펼쳐져 있다. 하나님의 선교에 동참하도록 요청받은 그리스도인들은 어떤 의미에서는 모두가 다 선교적 존재이다. 선교는 더 이상 지리적 이해로 머무르지 않는다. 모든 교회가 하나님의 선교에 동참할 책임적 존재이다. 이런 의미에서 김광명 여사의 생애는 자신에게 주어진 선교적 과제를 평생에 걸쳐서 신실하게 감당한 숨겨진 여성이 이야기이며, 그녀의 이야기가 바로 21세기 자신의 선교적 과제를 감당해야 할 우리들에게 도전하고 있다.

둘째, 최찬영 김광명 부부는 가부장적 문화를 극복하기 힘든 사회적 통념 속에서도 예외적으로 부부간의 동반자적 관계를 유지하였다. 이들에 나타난 동반자적 관계는 1950년대의 남성중심의 가부장적 이해가 편만한 당시의 상황을 고려한다면, 매우 특별한 것이었다. 최찬영이 선교사로 갑작스러운 방향전환을 할 때 아내의 의견을 통하여 하나님의 뜻을 발견하려 했던 것은 어쩌면 21세기의 남녀평등사상이 일상화되어있는 오늘날의 상황에서는 자연스러운 것처럼 보일 수 있다. 그러나 1950년대 한국사회는 아직도 전통적 가부장제가 사회와 가정의 의사결정과정에서 여전히 중요하게 작용하던 때였고, 남편이 아내의 동의 없이 중요한 가정의 의사결정을 하는 일이 대다수를 차지했던 시대적 상황을 고려한다면 이러한 행동은 매우 놀라운 것이다. 특히 아내의 의학공부를 위해서 기꺼이 홀로 선교지에서 남아 있기로 결정한 남편 최찬영의 결정은 전통적으로 자녀를 돌보는 일을 아내의 몫으로 생각하는 상황 속에서, 결코 쉽지 않은 결정이었을 것이다. 여기서 우리는 이들의 동반자 의식이 21세기의 남녀평등적인 관점에서 볼 때 여전히 성차별적인 측면이 여전히 존재하지만, 그럼에도 불구하고, 최찬영과 김광명 부부의 관계는 1950년대의 상황에서는 발견되기 힘든 동역자적 의식에 근거한 팀사역의 모델이 된다. 안타까운 것은 21세기를 살아가는 오늘의 한국교회와 한국선교사 공동체에서 이만한 남녀평등적 모델이 자주 나타나지 않는다는 것이다. 여전히 여성은 보조적 역할을 강요당하고 있고, 부부간의 온전한 양성평등의 실현은 아직도 요원한 과제이다. 김광명의 이야기는 부부간의 평등한 동반자적 인식을 끊임없이 추구하는 21세기의 그리스도인 가정, 특히 목회자와 선교사 가정들에게 부부간의 양성평등적 동반자적 정신의 중요성을 다시 한 번 상기시키고 있다.

셋째, 김광명은 의사로서의 전문직을 통한 독립된 사역에 대한 사역과 비전을 결코 끝까지 포기하지 않는 강인한 인내심과 진취적인 여성이었다. 큰아들 사무엘에 의하면 어머니 김광명은 적어도 6번 이상 자신의 꿈을 포기해야 하는 기회가 있었다고 말하였다. 그러나 그녀는 결코 자신의 꿈을 포기하지 않았다. 자신에게 주어진 책임을 다하면서도 끝까지 의사의 꿈을 포기하지 않고 지속적으로 그것을 향해 전진하였던 그녀의 대단한 인내력은 자녀들에게도 깊은 감동을 주었다. 자녀들은 한결같이 그들의 어머니가 보여준 삶의 태도를 조용하지만 대단한 인내력의 소유자이며 결코 꿈을 포기하지 않는 여성으로 회상하였다. 사실, 1950년대의 한국적 여성상을 고려한다면, 그녀가 끝까지 자신의 꿈을 포기하지 않는 것은 결코 쉬운 일이 아니다. 1950년대 한국여성상은 가정의 수호자로 좋은 어머니로, 지혜로운 아내로의 삶을 사는 것이었다. 그녀는 이러한 한국적 여성상에서 충실하면서도, 한 걸음 더 나아가 자신에게 주어진 사명을 의사로서의 사명을 발휘하는 것은 대단한 노력이 필요했다. 따라서 김광명의 이야기는 당시 여성상을 극복하려는 강인하고 진취적인 여성의 모습을 보여주기도 한다. 필자는 여성선교사들을 향하여 자주 도전하는 것이 바로 "자신에게 주어진 소명을 발견하고 진취적으로 그 소명을 위해 헌신하는 삶으로 도전하라"라고 권면한다. 부인선교사들의 약점 중 하나가 바로 가정이라는 자신만의 "안전지대"를 벗어나지 않으려는 경향이다. 그리고 자기연민과 수동성을 극복하는 것이다. 여성적 형 태의 죄는 '하찮은 일에 만족하는 것과 작은 일에 성실하고 감사하는 것을 구분 못하고 전자에 고착되는 것, 쉽게 산만해지는 것, 목적의식 이 분명하지 않은 것, 삶과 사고를 체계화하는 중심의 결여, 자신의 존재를 타자가 규정해주기를 바라거나, 계속 타인의 인정에 의존하려 는 마음, 탁월성의 기준을 쉽게 포기하려는 잘못된 관용, 개인 영역의 경계를 존중할 줄 모르는 것, 감상주의, 소문내는 것, 이성 Reason 의 불 신, 중요성의 정도를 구분하지 못하는 것, 어떤 하나의 목표를 일관된 방식으로 집중적으로 추구하지 못하는 것' 등등이다.[32] 필자가 생각하 기에 김광명 여상의 삶은 우리들에게 자신의 안전지대를 벗어나서 새 로운 도전을 멈추지 않는 진취적인 여성으로 살 것을 도전하고 있다.

넷째, 김광명의 선교는 친절함과 환대를 통해 그리스도를 증거 한 선교였다. 김광명의 선교는 삶 속에서 녹아있는 그녀의 친절함과 긍휼함, 겸손한 태도로 외로운 이웃들을 환대함으로 그리스도의 사랑 을 실천하였다. 외롭고 소외된 또한 고통받는 이웃을 향한 그녀의 소 박한 섬김과 환대는 많은 사람에게 깊은 감동을 주었다. 그녀가 베푼 식사들은 배고픈 수많은 사람들에게 육신적 양식뿐 아니라 정신적 배

---

32 Carol P. Christ and Judith Plaskow, eds., *Womanspirit Rising: A Feminist Reader in Religion* (San Francisco: Harper and Row, 1979), 25-42.

고픔을 해소해주었다. 그녀의 친절함은 소외된 사람들의 마음을 따뜻하게 감싸기 충분했다. 참으로 그녀가 맺은 수많은 개인적 관계를 통해 전달된 친절함은 하나님의 선교의 위대한 통로가 되었다. 21세기 한국선교의 중요한 동력으로써, 지금도 하나님의 선교에 동참하고 있는 부인선교사들의 선교는 환대의 선교로 요약될 수 있다. 선교사들의 집은 여전히 환대의 공간이 되고 있다. 부인선교사들의 수고로움이 없다면 이것은 불가능한 일이다. 필자는 한국선교에 있어서 부인선교사들의 독특한 환대의 사역을 보다 적극적으로 해석하고 격려하며, 이들을 하나님의 선교의 중요한 동역자로 다시 세우는 일도 한국선교에 대한 중요한 해석적 과제라고 믿는다. 그동안의 선교가 지나치게 사업중심으로 흘러갔다며, 이제는 다소 비공식적이며, 사적인 방식의 선교로 구성된 여성들의 따뜻한 환대의 선교를 주목할 때가 되었다.

5. 나오는 말

김광명의 이야기는 한국선교역사에 있어서 숨겨진 약자의 선교를 대변한다. 한국기혼여성선교사들은 남성선교사의 보조자 정도로만 이해되어왔던 편견을 극복하고, 강인하고 무한하게 인내하며 가정의 수호자로서 자신의 역할을 최선을 다한 숨겨진 하나님의 일꾼들로 다시 조명될 필요가 있다. 이들은 자신에게 주어진 삶의 환경 안에서 최선을 다해서 하나님의 선교에 동참하였다. 그리고 이들은 오늘도 가부장적 문화라는 제한된 환경 속에서도 하나님의 선교에 동참하고 있다. 이들은 참으로 하나님의 선교의 숨은 헌신자들이다. 그러나 안타깝게도 한국선교역사에 있어서 이 여성들의 이야기는 거의 들려지지 않고 있다. 서론에서 필자가 언급했지만, 최찬영의 삶과 사역은 한국교회의 자랑으로 자주 언급되고 있지만, 김광명에 대한 조명은 거의 없었다는 점만 보더라도 오늘날 한국선교에 있어서 얼마나 부인선교사들의 역할을 과소평가하는지를 보여준다고 하겠다.

선교현장에서 부인선교사들이 아직도 동등한 역할을 하지 못하는 것처럼, 한국선교학계에서도 부인여성선교사에 대한 연구는 거의 없다. 일부 특출한 독신여성선교사들의 이야기를 제외하고는 한국선교역사에 있어서 부인선교사들의 이야기를 발견하는 것은 거의 불가능하다. 한국선교역사에 있어서 부인여성들의 이야기는 공식역사에서 철저하게 배제되어 왔다. 가부장적 문화로 인해 철저하게 가려진 수많은 부인 선교사들의 희생과 헌신은 바른 선교역사이해를 위해 반드시 재조명받아야 할 것이다. 필자가 판단하기에 선교학 영역에서의 여성학 연구는 먼저 잊혀지고 숨겨진 여성들의 이야기를 다시 발굴하는 것에서부터 시작되어야 할 것이다. 특히 김광명과 같이 숨겨진 여성들의 이야기를 발굴하는 것은 현재에도 진행되는 수많은 여성선교사들을 격려하고, 또 다른 여성들이 선교사역에 적극적으로 선교에 참여하도록 독려해야 한다. 바라기는 이 글을 통해서 하나님의 선

교에 동참한 여성들의 또다른 숨겨진 이야기들이 계속 드러나길 기도

하며 글을 마친다.

3부

복음주의 선교학,
한국현장과 만나다

9장

"선교적 그리스도인"으로서의
신노년 세대

이 글은 "선교적 그리스도인"으로서의 신노년 세대", 『선교신학』 53
집 (2019. 2:111-141)에 발표되었다.

9장 "선교적 그리스도인"으로서의 신노년 세대

1. 들어가는 말

한국 사회는 65세 이상의 고령인구가 2017년 중반에 이미 14%를 넘어섰고, 2018년에는 14.3%로 나타났다. 또한 2026년에는 초고령 사회로 들어갈 전망이다.[1] 한국 사회의 노령화는 세계에서 가장 빠른 속도로 진행되고 있다.[2] 그런데 한국교회의 고령화 현상은 더욱 심각하다. 대한예수교장로회(통합) 교단의 경우만 보더라도 성도의 고령화 현상이 사회보다 더 심각하다. 2017년 노회별 세례교인의 연령별 분류를 보면, 60대 이상의 세례교인이 전체의 28.35%에 이른다.[3] 특히 농어촌지역 교회의 세례교인의 고령화는 더욱 심각한데, 세례교인 중에서 60세 이상이 전체 교인의 40%가 넘는 노회들이 전체 65개 노회 중 11개에 이른다.[4]

---

1   http://kosis.kr/conts/nsportalStats/nsportalStats_0101Body.jsp?menuId=all (2018년 2월 7일 접속).

2   이상건, "한국어판 서문: 우리시대의 가장 큰 흐름, 고령화 혁명,"『글로벌 고령화, 위기인가 기회인가』(서울: 도서출판 아날로그, 2016), 17.

3   대한예수교장로회총회(통합) 국내선교부,"총회통계자료: 제102회기 노회별 세례교인 연령별 분류,"『제 102-1차 교회부흥성장정책 연구위원회 자료집』(2016.11).

4   11개의 노회는 강원동노회(45.28%), 경안노회(44.25%), 경동노회(42.26%), 진주남노회(46.52%), 진주노회(56.77%), 땅끝노회(56.05%), 순서노회(64.35%), 전서노회(43.12%), 남원노회(50.13%), 전북동노회(47.76%), 충남노회(45.04%)이다.

이렇게 한국교회 안에서 급격하게 증가하는 노인 세대를 어떻게 접근할 것인가? 사실 그동안의 노년 세대에 대한 선교학적 접근은 주로 노인들을 교회 복지를 제공하는 방식이었다. 즉, 궁핍과 고립으로 인해 고통받는 노인들을 대상으로 교회가 어떻게 복지사역을 펼칠 것인가에 관심이 있었다.[5] 물론 노인복지를 위한 교회의 역할은 중요하다. 그러나 은퇴 후 여전히 건강하며 활발하게 사회적으로 교회적으로 공헌할 수 있는 신노년 세대들은 복지의 수혜 대상이라기보다는 새로운 공헌의 기회를 제공받아야 할 집단이다.

이 글은 급증하는 노년 세대들을 보다 하나님의 선교에 보다 적극적으로 참여하는 존재로 인식 전환하여, 이들을 한국교회와 사회에 기여하는 존재로 만들 방안을 모색하고자 한다. 특히 필자는 최근 주목받는 '신노년 세대'에 관심을 가진다. 최근 은퇴를 시작한 베이비부머 Babyboomer 세대는 과거의 노년 세대와는 달리 은퇴 이후에도 여전히 사회와 교회에 기여하며 적극적인 삶을 유지하기를 원한다. 이들은 과거의 노년 세대보다 더 활동적이기에 자신의 잠재력을 토대로 새로운 기회를 만들고자 하며, 자기주도적 삶을 계획하고 변화에 대응할 수 있고, 인생에 대한 재설계를 잘하며, 사회적 영향력을 발휘하고 고령화의 위기를 극복하고자 하는 열망이 강하다. 특히 교회 내에서의 이들은 교회활동에 아직도 왕성한 활동을 유지하며, 신앙적 연

---

5 노년 세대를 위한 선교학적 접근을 시도한 연구들은 2000년이 넘어서 주로 이루어졌는데, 대표적인 연구로는 김영동, "교회 노인학교와 노인선교의 전망," 『장신논단』 21집 (2004.6), 305-329; 전석재, 박현식, "노인복지선교를 위한 실천적 모형연구," 『선교신학』 17집 (2008.2), 116-136; 박현식, 김동주, "노인교육을 통한 선교방법의 탐색적 연구: 교회성장을 중심으로," 『선교신학』 22집 (2009.11), 210-237; 한성흠, "한국교회의 노인복지와 선교적 실천," 『복음과 선교』 18집 (2012), 255-284 등이 있다.

룬과 헌신으로 자신의 삶을 하나님의 선교에 동참하는 제2의 인생을 꿈꾼다. 즉 이들은 주도적 존재로서의 성취감을 기독교신앙 안에서 찾고자 한다.

이 글은 신노년 세대들을 교회복지의 수혜자로서가 아니라 능동적이며 적극적인 하나님의 선교에 동참하는 "선교적 그리스도인"으로서 동력화하기 위한 방안을 찾고자 한다. 이를 위해 본 속고는 다음과 같이 전개한다. 먼저 2장에서는 신노년 세대에 대하여 분석하고, 3장에서는 선교학적 근거로서의 "선교적 그리스도인"에 대한 논의를 전개한다. 이어서 4장에서는 선교적 그리스도인으로서의 신노년 세대의 사례를 살피고, 5장은 이론적 근거와 사례를 종합하여 선교학적 분석과 제언을 시도한다.

2 | 신노년 세대에 대한 이해

전통적으로 한국에서는 노년 세대를 만 60세를 시작으로 받아들이지만, 전 세계적으로는 65세가 노년을 규정하는 연령으로 대체적으로 인식한다. 유엔은 1950년 12월 총회에서 65세를 세계 각국의 고령화 지표기준으로 정하여 지금까지 대부분의 나라들은 65세를 노령의 시작 시기로 받아들이고 있다.[6]

노년기의 특징을 간단히 살펴보면, 먼저 신체적으로는 노화로 인한 신체 기능의 약화현상이 나타나고, 심리적 특징으로는 소외감, 고독감이 심해지고, 소극적인 성향이 증가하여 문제에 적응하는 방식이 수동적이며 소극적이다. 성격적인 특징으로는 성역할 지각의 변화가 일어나서, 남성은 여성적 부드러움을 보이는 반면, 여성은 남성적 공격성과 권위적 특징을 보인다. 나이가 많아질수록 경직성이 증가하고, 사물의 판단에 있어서 조심성이 증가한다. 친근한 사물에 대한 애착심이 강해진다. 사회적 특성으로는 역할의 변화로 인한 소외감과 고독감이 매우 커진다.[7]

노년기의 특징 중 하나가 바로 영적인 문제에 관심이 높아지는 것인데, 그것은 육신의 한계를 경험하면서 초월적 존재에 대한 깊은 관심을 가지게 되기 때문이다. 최근 많은 노년학의 전문가들은 노화와 영성의 관계가 매우 밀접함을 인정하고 있다. 북미대륙에서의 갤럽조사 및 다른 설문조사에 의하면, 현대시대의 노인의 높은 비율이 교회에 정기적으로 다니며, 매일 개인적 예배를 드리며, 종교적 대처전략을 사용한다고 하였다.[8] 즉, 종교적 믿음과 행동은 많은 노인들의 삶에 조직화된 강력한 영향력을 발휘한다고 결론짓는다.[9]

그렇다면 노화와 종교적 경험이 깊은 상관관계를 보이는 이유

---

6 최성훈, 『고령사회의 실버목회』(서울: 기독교문서선교회, 2017), 43.

7 추부길, 이옥경, 『실버사역 어떻게 할 것인가?』(서울: 한국가정상담연구소, 2005), 31-38.

8 종교적 대처란 기도 성경읽기, 주님에 대한 신뢰, 신에 대한 믿음, 예수 그리스도, 교회참석, 목사나 교회의 다른 사람에게 받는 지원을 의미한다. Harold G. Koenig, "노년생활에서의 종교와 건강," 『노화, 영성, 종교』(서울: 소화 출판사, 2011), 26.

9 Susan H. MaFadden, "서론: 대화를 시작하면서," 『노화, 영성, 종교』, 14.

는 무엇일까? 그것은 바로 역경의 시기에 종교가 그 진정한 모습을 드러내기 때문이다. 인간은 종교의 이론적 추상성에서부터 종교적 구체성으로 옮겨가는 경험을 이 역경의 시기에 경험하는데, 노인들은 질병, 가까운 가족이나 친구의 죽음, 자신의 예견된 죽음과 같은 역경의 시간을 통과하면서 종교의 중요한 역할을 깨닫게 된다.[10]

　　이때 종교는 적어도 네 가지 영역에서 노인들에게 중요한 역할을 한다. 첫째, 자아통합에 도움을 준다. 노인의 당면한 과제는 자신의 외부와 내부로부터의 공격에 대면하여 자아의 통합integrity을 이루는 데 있는데, 종교적 신념은 과거의 삶과 현재의 삶 사이의 통합성과 연속성의 인식을 가지는 데 기여한다. 둘째로 변화하는 환경을 통제할 수 있는 내적 힘을 제공한다. 노년기에 발생하는 다양한 어려움, 궁핍과 가족의 상실 등의 어려운 상황으로의 변화를 경험한다. 그런데 높은 수준의 종교심은 이러한 상황에서 개인적 통제감의 상승을 경험하게 한다. 이러한 변화들을 통해서 자신의 한계와 연약함을 인식하고, 역설적으로 하나님께 모든 상황을 맡겨버림으로써, 자신과 자신의 세계를 지배할 수 있는 능력이 생긴다. 셋째로, 종교는 삶의 유한성을 이해하게 한다. 죽음은 인간 존재의 엄연한 현실이며, 이 문제는 노인의 삶에서 더욱 강렬하게 현실로 다가온다. 그러나 종교는 죽음을 포함한 모든 경험이 하나님 계획의 일부라는 것을 상기시킴으로써, 인간 존재의 의미를 찾는 데 도움을 준다. 즉, 종교를 통해 유한한 육체

10　　Kenneth I. Pargament, Kimberly S. Van Haitsma, David S. Ensig, "종교와 대처," 『노화, 영성, 종교』, 57-58, 65.

적 자아 너머 자신의 진정한 정체성의 원천을 발견하고, 개인의 죽음이 결코 가치 있는 모든 것의 죽음을 의미하는 것이 아님을 깨닫게 한다. 이러한 통합적 사고는 죽음을 쉽게 받아들이도록 돕는다. 넷째, 종교는 친밀함을 제공할 수 있다. 친밀함은 노년시기에 약화되는 경향이 있는데, 하나님은 모든 사람에게 잠재적 부모의 모습으로 친밀감을 제공하며, 노인에게 찾아오는 소외감을 극복하도록 돕는다.[11] 이상으로 정리하면, 노년 세대는 신체적 노화로 몸은 약해지고, 사회적으로는 사회적 고립감으로 고통당하며, 심리적으로는 역할 변화로 인한 혼란을 경험하지만, 동시에 영적인 면에서는 새로운 방식으로 유한한 자신의 정체성을 해석함으로써 영적 통합을 경험할 수 있는 시기이기도 하다.

이제 신노년 세대로 논의를 돌려보자. 신노년 세대란 1차 베이비붐 세대와 2차 베이비붐 세대를 총칭하여 정의하는데, 전 세계적으로는 2차 세계대전이 끝나면서 많은 선진국에서 신출산율이 급증하여 출생아가 급증한 시기를 말한다.[12] 한국의 경우는 베이비붐 세대는 한국전쟁 후 출산율이 급증한 시점에서 산아정책의 도입을 통해 눈에 띄게 출산율이 둔화되는 시점을 기준으로 1955년부터 63년 사이에 출생한 세대를 지칭한다.[13] 특히 한국사회 안에서의 베이미 부머들이 은퇴를 하기 시작하면서 신노년 세대라는 명칭이 등장했다. 신노년

---

11 위의 글, 69-73.
12 박현식, 전오진, "성공적 노후를 위한 노년 세대와 신노년 세대 인식 비교," 『지역사회연구』 22권 4호 (2014. 12), 219.
13 홍인종, "뉴시니어에 대한 목회상담적 이해," 장흥길, 임성빈 편, 『뉴시니어, 다시 부흥의 주역으로』 (서울: 도서출판 한지터, 2015), 232.

세대라는 명칭은 과거 노년 세대라는 부정적인 의미를 극복하고 노인을 바라보는 관점을 보다 긍정적이며 생산적인 존재로 이해하고자 하는 관점의 변화의 일환으로 채택된 개념이다. 비슷한 표현으로 뉴시니어 New Senior 라는 표현도 널리 쓰이고 있는데, 이들에 대하여 안신형은 "건강, 여유있는 자산, 적극적인 소비의욕의 가진 한국의 전후 베이비붐 세대가 고령화하면서 새로운 소비계층으로 등장한 집단"을 말한다. 이들은 종전의 시니어 세대와는 다른 소비행태를 보이기 때문에 "뉴시니어 세대"라고 말한다. 즉, 이들은 유년시절 한국교회 주일학교 부흥을 이끈 세대들이며, 중장년시기에는 한국교회의 양적 성장을 견인했던 세대들이다. 이들은 중장년층이 되면서 교회의 핵심활동 연령층으로 자리 잡았고, 이들이 2015년부터는 고령층에 진입하면서 한국교회의 고령화도 빠르게 진행하게 만드는 세대이다.[14]

김정근은 오늘날 한국사회에 등장한 신노년 세대에 대하여 "뉴시니어 세대" New-Senior 라는 명칭을 사용하면 이들의 특징을 정리하였다. 그에 의하면, "뉴시니어 세대"는 현재의 고령층과는 매우 다른 경험을 가지고 있기 때문에 이들의 욕구도 다르다. 현재의 고령층은 대부분 일제 강점기와 한국전쟁을 경험하면서 삶의 질보다는 생존 자체에 목표를 둔 세대인데 반해, 베이비부머들은 한국전쟁 이후 태어나 급속한 한국경제성장과 대중소비를 경험하였기에 삶의 질과 성공적인 노화를 고민하는 세대이다. 이들은 해외대중문화가 유입되고, 컬

---

14 김정근, "세대 변화를 품은 교회: 뉴시니어 세대의 이해와 임파워링을 위한 과제," 장흥길, 임성빈 편, 『뉴시니어 다시 부흥의 주역으로』 (서울: 도서출판 한지터, 2015), 168.

러텔레비전을 보면서 유년시절을 보냈고, 한국영화와 대중음악이 전성기를 맞았던 시기에 청소년을 보냈기에 다양한 문화적 경험을 보유한 집단이다.[15] 이들은 또한 경제적인 측면에서도 현재의 노년 세대보다는 훨씬 더 소득수준이 높다. 이들의 교육수준도 부모 세대보다는 훨씬 높은 편이기에 뉴시니어들은 기존 고령층에 비해 이성적인 측면에서 자발적인 판단과 결정을 내리는 경향이 상대적으로 높다.[16] 따라서 이들은 "고령층은 사회적 도움의 수혜자"라는 고정관념을 깨고, 사회에 자신들의 경험을 전파하여 기여하고자 하는 '사회기여층'으로 자신을 인식하는 경향이 높은 세대이며, 현재의 고령층보다 더 독립심이 강하고 변화에 개방적이며, 이성적이고, 다른 세대와의 소통을 추구하며, 삶의 의미를 찾아가는 집단이다.[17]

이상으로 필자는 신노년 세대의 상황과 욕구, 특징들을 살펴보았다. 이들은 노령화를 통해 일반적인 노년 세대들의 경험을 공유하면서도, 동시에 변화된 사회적 환경으로 인해 현재의 노년 세대와는 뚜렷한 차이를 보이는 편이다. 특히 이들은 노년기에 경험하는 종교적 고양심으로 인해 초월적 존재에 대한 관심이 더 높아지고, 자연스럽게 인생의 의미를 추구하면서도, 동시에 여전히 은퇴 이후에도 왕성한 활동의 욕구와 사회적 기여자로서의 정체성을 지니고 있으며, 과거 한국교회 성장의 견인세력으로서 여전히 한국교회의 중심적 역할을 기대할 수 있는 집단으로 등장하였다.

---

15 위의 글, 171.
16 위의 글, 172-173.
17 위의 글, 174.

3. 선교 신학적 기초: "선교적 그리스도인"

본 장에서는 신노년 세대를 한국교회의 중요한 공헌자로, 개인적으로는 하나님의 선교에 참여하는 존재로서 어떻게 그 정체성을 만들 수 있을지 선교신학적 기초를 제시하고자 한다. "선교적 그리스도인"에 대한 논의는 최근 선교학계에서 크게 두각을 드러낸 선교적 교회론 안에서 등장했다. 선교적 교회론은 선교의 관점에서 교회를 새롭게 인식하는 교회론으로 교회를 세상과의 관계 속에서 이해한다. 교회는 세상의 변혁을 위해 존재하며, 교회 자체가 존재의 목적이 아님을 인식하는 관점이다. 따라서 선교적 교회론에서는 세상 속으로 파송받은 존재로서의 그리스도인 됨을 강조한다. 전통적 교회론이 모이는 패러다임을 강조하여 지역교회 내의 활동에 집중하도록 하였다면, 선교적 교회론은 흩어지는 패러다임을 강조하기에 성도의 세상 속에서의 삶과 활동에 더 관심을 가진다.

선교적 교회론에서 평신도의 삶의 양식을 중요한 구성요소로 주목한 경우는 여럿 있다. 그중에서 최동규는 한국적 상황에서의 선교적 교회에 대한 연구를 활발히 전개하는데, 최근 연구중 하나가 바로 선교적 교회론 안에서의 평신도의 정체성에 대한 연구이다. 그는 한국교회의 왜곡된 이원론과 성직주의가 선교적 백성으로서의 평신도 사도직의 중요성을 간과하는 결과를 가져왔다고 주장한다. 그는 평신도의 선교적 사명의 실천은 일상 속에서의 그리스도를 닮은 인격

과 말과 행위의 실천을 통해서, 또한 직업을 통한 소명의 구현을 통해서 가능하다고 주장한다.[18]

비슷한 관점으로 황병배도 선교적 교회론 안에서 성도들의 선교적 삶에 대하여 언급한다. 그는 선교적 교회의 7가지 기둥에 대하여 언급하였는데 그중의 하나로 '하나님의 백성'을 선교사로 인식하는 것이라고 하였다. 그는 성도들이야말로 자신들의 삶의 자리에서 복음을 전하며 하나님 나라의 가치를 드러내는 선교사적인 삶을 살아야 하는 존재이며, 이런 의미에서 하나님의 백성들은 모두 선교사들이라고 주장한다.[19]

몇 개의 연구만 보더라도, 선교적 교회론에서 하나님의 백성으로서의 선교적 성도는 필수불가결한 요소가 된다. 이 선교적 존재로 파송받은 하나님의 백성으로서의 성도들의 삶이 바로 선교적 제자도로 표현되기도 한다. 선교적 존재로서의 자아 정체성을 가진 그리스도인들이 자신의 삶의 현장에서 제자도를 실천하는 것이 바로 선교적 제자도이다.[20] 그러므로 그리스도인들의 선교적 제자도의 실천이란 모든 그리스도인들이 선교적 존재로서의 정체성을 인식하고, 세상속에서 선교적 제자도의 삶을 살아가는 것을 의미한다. 이런 선교적 제자도를 실천하는 선교적 존재로서의 성도들을 "선교적 그리스도인"으로 규명하며 이들에 대한 연구를 심화시킨 경우가 바로 한국일의

---

18 최동규, "선교적 교회의 평신도를 위한 사도직 이해," 『선교신학』 41집 (2016), 481.

19 황병배, "한국의 선교적 교회로부터 얻는 선교적 통찰," 『선교신학』 47집 (2017), 405.

20 Craig Van Gelder and Dwight J. Zscheile, *The Missional Church in Perspective: Mapping Trends and Shaping the Conversation* (Grand Rapids: Baker Books, 2011), 4.

"선교적 그리스도인"에 대한 연구이다. 한국일에 의하면, "선교적 그리스도인"은 교회 안과 밖에서 봉사의 일을 함으로써 그리스도의 몸을 세워나가는 존재인데, 그리스도의 몸을 세워 나간다는 의미는 성도 개인을 하나님의 나라를 위해 봉사의 일을 하도록 준비시키는 것이며, 이러한 그리스도인의 봉사는 성도의 공동체를 세우는 일뿐 아니라, 성도들이 세상 속에 흩어져 살아갈 때 일상의 삶 속에서도 그리스도의 몸의 지체로 세워지는 것을 포함한다. 이것은 성도들이 세상 속에서의 삶을 통해 보이지 않는 교회를 세워나가는 일과 연결되어 있으며, 따라서 성도들은 교회의 지체로서 보이는 차원과 흩어지는 차원의 양면을 함께 지닌다.[21]

이러한 관점에서 볼 때 "선교적 그리스도인"의 선교 현장은 자신이 속해 있는 삶의 현장 바로 그곳이며, 따라서 그리스도인의 삶 자체가 하나님의 선교의 내용이 된다. 또한 선교적 존재로서의 모든 그리스도인은 일차적으로 자신의 삶의 현장에서 하나님의 선교의 증인으로 살아가도록 요청받는다.[22] 따라서 "선교적 그리스도인"이란 교회 내에서의 활동보다는 일상의 삶의 현장에서 어떻게 그리스도의 제자로서 그리스도를 드러내는가에 따라 규정된다.

한국일은 그의 또 다른 글, "루터의 소명론에 대한 선교적 해석과 적용-선교적 그리스도인"에서 "선교적 그리스도인"에 대한 논의를 심화시킨다.[23] 이 글에서 그는 "선교적 그리스도인"이란 모든 그리

---

21 한국일, 『선교적 교회의 이론과 실제』 (서울: 장로회신학대학교 출판부, 2016), 68-69.
22 위의 책, 70.

스도인들이 세상으로 파송받았다는 선교적 존재로서의 사명을 인식하는 것이며, 이런 관점에서 소명은 위로부터의 하나님의 부르심이라면, 파송은 소명을 실천하는 방식으로 세상으로의 보내심을 의미한다고 강조한다.[24] 따라서 모든 그리스도인은 삼위일체 하나님의 파송받은 존재로서 자기정체성을 규정한다. 즉, 선교는 그리스도인의 모든 삶속에서 실천해야 하는 소명이 되며, 모든 사람이 타문화권 선교사가 될 수는 없으나, "선교적 그리스도인"으로서 "선교적 삶"을 살아야 하는 소명적 존재임을 강조한다.[25]

이상훈도 비슷한 관점에서 선교적 존재로서의 하나님의 백성의 삶에 대하여 설명한다. 그는 하나님의 백성의 삶에 대하여 언급하면서, 하나님의 백성은 두 가지 양식의 선교에 참여하는데, 먼저 하나님의 백성은 선교적 존재Being로서의 선교와 선교적 행함Doing으로서의 선교에 참여하는데, 특히 선교적 존재로서의 선교에로의 참여 요청은 "선교적 그리스도인"의 개념과 일맥상통한다. 그는 선교적 존재로서 살아간다는 것은 이 땅에서 하나님 나라의 백성으로서의 존재, 즉, 이 세상에 살지만 하나님 나라의 가치를 가지고 살아가는 "거류민"Resident Aliens로 살아가는 것이며, 거룩한 빛으로서 세상과 구별된 존재로 하나님 나라의 윤리로 살아가는 것이며, 하나님 나라를 향한 대안 공

---

23 한국일, "루터의 소명론에 대한 선교적 해석과 적용-선교적 그리스도인," 『장신논단』 49, no. 4, (2017.12).

24 한국일, 위의 글, 310, 311; 이충광은 '선교적 인생'이라는 표현을 사용하여, 선교적 그리스도인의 개념을 좀 더 개인적 차원의 삶과 직접 연결하는 연구를 진행하였다. 그가 말하는 선교적 인생이란, 예수 그리스도를 본받아 하나님 나라의 가치를 이루기 위해 자신의 삶을 하나님의 통치 아래 내어놓는 것"으로 정의하였다. 이충광, "선교적 그리스도인: 우당 이회영의 선교적 인생에 대한 연구" (미간행 신학 석사학위논문, 장로회신학대학교, 2017), 10.

25 한국일, 위의 글, 324.

동체의 일원으로서 살아가는 것이다.[26]

　　"선교적 그리스도인"에 대한 논의는 복음주의 진영에서는 일터신학으로 발전하였다. 일터신학은 일터사역을 위한 신학적 근거를 제시하는 것인데, 즉, 대부분의 하나님의 백성들이 시간을 보내는 교회 밖에서의 삶의 현장이 바로 하나님을 섬기는 소명의 현장, 선교의 현장이라는 신학적 인식이다. 사실, 과거 교회는 '성속의 분리'라는 잘못된 이해가 교회의 사고와 행동에 깊은 영향을 미쳤다. 그러나 일터 신학은 종교적 활동이 하나님께 속한 것이라면, 세상에서의 삶은 세속적인 것으로 생각하는 오류를 바로잡고자한 것이다. 이것은 직업 현장에서의 그리스도인들의 선교적 소명에 대한 중요성을 잃어버리게 된 교회의 신학적 오류를 바로잡고자 한 접근이었다. 일터신학은 실제 "선교적 그리스도인"의 삶의 현장이 하나님의 백성의 구체적 선교 현장이라는 사실을 새롭게 조명해주었다.

　　일터신학은 근본적으로 두 가지 확신에 근거하는데, 첫째, 모든 신자들은 매일 매일의 삶의 환경 안에서 전임사역자Full-time minister 로서 그리고 선교사missionary 로 살아가도록 부름 받았다는 확신과, 둘째, 오늘날의 기독교 문화 안에서 여전히 잔존하는 성속의 구분을 깨고, 또 성직자와 평신도를 분리시키고 있는 직업의 위계hierarchy of vocations를 깨뜨려야만 한다는 확신이다.[27] 특히 복음주의진영의 대표적인 로잔운동에서 일터신학의 강조점을 발견하는데, 케이프타운 서약문에도 "성

26　이상훈, "하나님 백상의 선교적 사명과 책무," 한국선교신학회 편, 『선교적 교회론과 한국교회』(서울: 대한기독교서회, 2015), 248-252.

27　https://www.lausanne.org/networks/issues/workplace-ministry (2018년 2월 10일 접속).

속의 분리"라는 잘못된 견해가 교회의 사고와 행동에 스며들어 왔고, 이러한 이분법으로 인해 결국, 종교적 활동은 하나님께 속해 있고 세상적 활동은 하나님께 속해 있지 않다고 말하게 되었음을 한탄한다. 그 결과 많은 그리스도인들이 소위 세속적 일을 하며 대부분의 시간을 보내면서도 이러한 이분법에 깊이 영향 받는다고 지적하였다. 또한 서약문은 성속의 분리야말로 하나님의 선교를 위한 하나님의 모든 백성을 동원하는 것을 방해하는 중요한 장애물임을 인식하였다. 또한 이 서약문은 일상의 현장이 하나님이 성도들을 불러 세우신 선교 현장임을 확증하였다.[28]

　　이상의 논의를 정리해보면 다음과 같은 결론을 내릴 수 있겠다. 즉, 하나님의 백성으로서의 성도 한명 한명이 선교적 존재이며 그들의 삶의 현장이 바로 하나님의 선교가 일어나는 현장이다. 모든 그리스도인들은 하나님의 선교에 동참하도록 세상 속으로 파송받은 존재이며, 이러한 선교적 자의식을 지니고 일터 현장 속에서 하나님의 나라를 구현하는 과제에 참여한다. 따라서 "선교적 그리스도인"이 된다는 의미는 전체 교회의 대부분을 차지하는 평신도들을 그들의 삶의 현장에서 하나님의 선교의 적극적 동역자로 인식하는 것이며, 삶의 현장이 바로 복음에 의해 변혁되어야 할 장소임을 강조하는 것이다. "선교적 그리스도인"의 삶과 존재로서의 복음증거는 이제 불신자들과의 매일 매일의 접촉의 현장인 세상에서 구체적으로 드러난다.

---

28 "Capetown Committment", II-A-3, https://www.lausanne.org/content/ctc/ctcommitment (2018년 11월 28일 접속).

4 | "선교적 그리스도인"으로서의 신노년 세대 동력화의 실제

앞 장에서 필자는 하나님의 선교에 동참하는 "선교적 그리스도인"으로서의 신노년 세대를 인식하는 이론적 근거를 제시해보았다. 즉, "선교적 그리스도인"으로서 신학적 정체성은 신노년 세대의 욕구에 잘 부합된다. 이들의 교회와 사회 속에서의 기여자로 활동하고자 하는 욕구는 이제 하나님의 선교에 동참하는 "선교적 그리스도인"으로서의 정체성과 만나 강화된다. 따라서 "선교적 그리스도인"으로서의 정체성은 신노년 세대의 동력화를 위한 신학적 근거가 될수있다.

그렇다면 구체적으로 어떻게 본 장에서는 "선교적 그리스도인"으로 살아가는 신노년 세대 공동체를 형성하기 위한 목회적 실천을 시도하는 3가지 사례를 분석하고자 한다. 첫째는 분당에 소재한 예수소망교회의 실버목회, 둘째는 부천에 소재한 부천새롬교회의 새롬가정지원센터의 노인사역, 셋째는 나섬 공동체에서 운영하는 뉴라이프선교회이다. 이제 각각을 살펴보자.

(1) 예수소망교회의 실버사역

분당에 위치한 예수소망교회의 실버사역은 신노년 세대들만의 활발한 친교 공동체를 형성함으로써, 은퇴 이후에도 의미 있는 삶을 영위할 뿐 아니라, 삶의 현장 안에서 하나님의 선교에 동참하는 존재로 살도록 격려하는 사례가 된다. 구체적 프로그램으로는 65세 이상의 노년 세대들의 자치모임인 '샬롬 공동체'와 장노년을 위해 진행하는 '인생학교'[29]를 들 수 있겠다.

　예수소망교회의 샬롬 공동체는 65세 이상의 노인들의 모임으로 신앙생활, 건강과 복지, 친교행사 및 변화하는 세상에 대한 이해를 돕는 자치모임이다.[30] 샬롬 공동체의 핵심역할은 "건강한 노년을 위한 신앙의 성숙, 노인성도의 교제, 다양한 경험과 배움"에 있다. 샬롬 공동체의 목적은 "하나님의 약속을 따라 하늘나라에 대한 소망을 견고히 하며 지나온 삶의 시간을 성찰하며, 신앙생활, 건강과 복지, 다양한 문화체험을 지원하고 변화하는 세상에 대한 이해를 돕는 것"이다.[31]

　샬롬 공동체 모임은 봄과 가을 두 번에 걸쳐서 3개월간 진행된다. 금요정기모임은 약 2시간 진행되는데, 그 내용은 찬양과 예배, 건강 체조와 특강, 그룹모임과 점심 등으로 구성된다. 모임의 규모는 매주 약 200여 명이 참석하는데, 교회 내의 자치 단체로 그 규모가 가장 크고 활발하다. 정기모임 중에 진행되는 강연에서 다루어지는 주제도 다양하다. 시니어를 위한 성경 및 신학강좌에서부터 소통과 공감의 시니어라이프, 이탈리아 도시기행, 시니어를 위한 건강강좌, 시니어를

29　이상훈 목사와의 인터뷰 중에서 (2018년 2월 9일).

30　http://community.jesushope.or.kr/page_Ngmo12 (2018년 2월 10일 접속).

31　박인조, "100세 시대 교회사역을 중심으로 한 교회노인학교 프로그램" (미간행 발제문), 4; 박인조 목사와의 인터뷰 중에 제공받음 (2018년 2월 20일).

위한 패션 강좌, 단순한 복음과 교회, 천문학, 21세기에 다시 보는 한국근현대사, 시니어를 위한 영화강좌, 신앙과 시사, 시니어 인간관계 상담강좌 등의 노인들의 다양한 관심사들을 총망라해서 제공된다.

이 프로그램은 신도시개발에 따른 경제적으로 다소 윤택한 노인층을 겨냥한 프로그램으로 지적 수준이 높고 중산층에 해당되는 지역의 신노년 세대를 대상으로 성공적으로 진행되고 있다. 이 모임의 성공 원인으로는 첫째, 공동체의 기획과 운영이 회원들에 의해서 주도적으로 진행되는 것, 둘째로는 교회 내 작은 교회의 역할을 하는 특징 때문이다, 즉, 이 공동체가 예배, 교육, 친교 및 목회적 돌봄이 함께 이루어지기 때문이다. 경건한 예배가 있고, 잘 준비된 교제와 친교의 시간이 있으며, 노년의 욕구를 충족시킬 탁월한 강연으로 인해 참석자들의 만족도가 매우 높은 편이다.[32] 샬롬 공동체는 특히 예배를 중요하게 생각하는데, 잘 준비된 예배를 정성스럽게 준비하고 참여하는 신앙적 모습을 통해서 참여자들은 더욱 경건해진다. 샬롬 공동체의 성공요인으로 진지하고 잘 준비된 예배를 꼽을 정도다.[33]

친교 공동체로서의 인생대학은 또 다른 관점에서 노년 세대를 위한 프로그램으로 자리를 잡고 있다.[34] 원래 인생대학은 2012년에 샬롬 공동체의 부설 선택 프로그램으로 시작되었다. 이후 대상을 확대하여 중년 이후의 성도들도 참여하고 있다. 인생대학의 취지는 중년 이후의 성도들에게 자신의 삶을 돌아보며 제2의 인생을 위한 새로

32　위의 글, 5
33　이성민 목사와의 인터뷰 중에서 (2018년 2월 9일).
34　http://community.jesushope.or.kr/page_mmCd50 (2018년 2월 13일 접속).

운 시도를 계획하는 학습 공동체로서의 역할을 하는 것이다. 인생대학은 그 목적을 3가지 세부 목표로 진행하는데, 중년 이후의 성도들로 하여금 현재의 삶에 안주하는 소극적인 삶에서 탈피하여 새로운 배움을 통한 자기 개발을 독려하는 배움 트랙과 재능기부를 통한 사회적 활동을 시도하는 봉사트랙과, 노동을 통한 사회적 생산 활동에 이르도록 격려하는 것 생산 트랙으로 나누어져 있다.

인생대학의 학습 내용으로는 시문학, 예술, 영화, 경제, 경영 등과 관련된 다양한 인문학과 관련된 강의가 진행된다. 구체적인 강의 내용으로 신학, 인문학, 경영학, 예술 등의 다양한 영역의 강의가 총망라된다. 예를 들어 2016년 가을학기의 인생대학의 경우, "내 삶의 색깔 내기"라는 주제로 고전읽기를 시도하였는데, 에리히 프롬의 소유냐 존재냐, 아우구스티누스의 행복론, 루터의 크리스천의 자유, 케에르케고르의 공포와 전율, 파스칼의 팡세, 성 테레사의 기도의 삶, 라인홀드 니버의 도덕적 인간과 비도덕적 사회, 논어, 삼국지, 수호전, 장자 등의 고전들을 읽기도 한다. 이러한 고전읽기를 통해서 지적 욕구를 채우며, 나아가 봉사트랙과 생산트랙을 통해 은퇴이후에도 사회의 기여적 존재로 설수있도록 돕는다.

요약하면, 예수소망교회의 실버사역은 비교적 윤택한 지역의 신노년 세대를 위한 성공적인 사역을 진행하는 경우이다. 주목할 것은 교회 안에서 독립된 자치모임으로서의 샬롬 공동체는 신노년 세대의 주체적 운영을 가능하도록 함으로써 신노년 세대의 은퇴 이후의, 자기실현의 공간을 제공하였다는 점이다. 또한 정성 가득한 예배가 회원들의 자발적 준비와 진행으로 이루어짐으로써 종교적 통합의 시기를 지나는 노년 세대의 욕구와 부합되었다는 점 등이 성공의 요인이다. 특히 인생학교의 경우 신노년 세대들의 교회 공동체 내에서의 자기실현의 욕구뿐 아니라, 나아가 은퇴 이후 새로운 방식으로 사회적 생산의 활동을 가능토록 준비시킨다는 점에서 신노년 세대의 욕구와 부합된다.

(2) 부천새롬교회의 가정지원센터

부천새롬교회 부설로 운영되는 새롬가정지원센터는 빈곤지역에 방치된 어린이의 문제가 결국 가정 안에서의 방치와 학대에서 시작된다는 사실을 깨닫고, 가족해체의 위기를 극복하기 위해 2001년 설립되었다.[35] 새롬가정지원센터는 2003년부터는 지역사회의 가난한 노인들을 위한 도시락배달부터 시작하였는데, 곧 이 사역은 가정지원센터에서 운영하는 작은 공간에서 밥상공동체를 형성하는 방식으로 발전되었다. 가정지원센터는 리모델링을 통해 '꿈터'라는 소박한 공간을 마련했는데, 지역사회의 가난한 여성노인들을 위한 밥상공동체의 중심이 되었다.

'꿈터'공간에서는 이제 노인들의 교제와 식탁공동체뿐 아니라, 그들의 문화와 예술의 공간이 되기도 하는데, 이곳에서 진행되는 한글교실은 지역노인들에게 단연 최고의 인기프로그램으로 자리잡았

---

35 이원돈, 『마을이 꿈을 꾸면 도시가 춤을 춘다』(서울: 도서출판 동연, 2011), 56-57.

다. 한글교실에 참여하는 노인들은 90%가 초등학교도 다닌 적이 없기에, 글을 읽지 못하는 노인들을 위한 문해교육의 현장이 되었다. 이 외에도 이곳에서는 실버 방송단, 영화제작, 사람책 제작, 연극 뮤지컬, 인형극 등이 노인들을 위한 프로그램으로 진행된다. 동아리 활동으로 진행되는 실버방송단의 경우 주제 토크를 통해서 스토리텔링을 시도하고, 영화제작을 통해서 자신의 이야기를 스스로 구성해나가는 경험을 하게 하며, 자신의 이야기를 그림, 구술로 기록하는 경험을 하며, 연극이나 뮤지컬 인형극을 통해서는 다양한 이야기구성을 통해 인생을 돌아보고, 해석하여 새롭게 구성하는 경험도 하게 된다.

새롬가정지원센터의 오세향 원장에 의하면, 새롬가정지원센터에서 진행되는 은빛날개 프로그램은 지역주민으로서의 노인들이 시민으로서의 자존감을 회복하고, 잃어버렸던 사회적 위치를 부여받고 다양한 세대와 어울려 주체적으로 마을주민으로 살아가도록 하는 것을 목적으로 한다.[36] 그녀는 이 지역에 많은 노인복지시설이 존재하지만, 노인들이 꿈터를 선호하는 이유로 "밥상공동체의 힘"이라고 분석한다. 이곳에서는 노인들 스스로 둘러앉아 밥을 먹고, 배식을 받지 않는다. 설거지도 돌아가며 하고, 아무리 몸이 불편해도 거의 모든 노인들이 밥을 스스로 떠서 먹는다. 즉, 이곳에서의 노인들은 '공동체'의 주체적 존재이다. 이곳에서는 노인을 복지수혜의 대상이 아니라, 공동체 구성원으로 받아들여진다.[37]

---

[36] 오세향 원장과의 현장면담은 2017년 11월 30일에 이루어졌고, 추가로 이메일 인터뷰가 진행되었음. 오세향 원장과의 이메일 인터뷰 중에서 (2018년 2월 10일).
[37] 위의 인터뷰.

공간으로서의 '꿈터'는 낮에는 지역의 여성노인들을 위한 공간으로, 밤에는 길거리를 배회하며 방황하는 청소년들을 위한 휴식공간으로 활용되고 있다. 2013년에 새롬가정지원센터는 부천시와 협력하여 지역 청소년들을 위한 무료급식을 제공하는 밥차를 시작했는데, 매번 약 200그릇이 준비되어야 한다. 그런데 밥차 운영을 위해 꿈터의 노인들이 한 달에 한 번씩 이 밥차에서 진행하는 무료급식활동에 봉사자로 나선다. 이때 수혜자가 참여자로 변화된다. 노인들의 주체적 참여는 영화제작까지 시도하였다. 이들은 지역노인들에게 자신들의 이야기를 소재로 영화제작을 시도한 것이다. 영화동아리로 만들어진 영화 "청춘꽃매"가 서울노인영화제 대상을 받기도 했다.

요약해보면, 새롬가정지원센터의 노인사역의 대상은 신노년 세대만을 겨냥한 프로그램은 아니다. 오히려 이 프로그램은 가난한 지역의 교육의 기회를 얻지 못한 여성노인들을 대상으로 '꿈터'라는 공간에서 진행되는 문해교육과 다양한 동아리활동을 통해서 자아실현을 경험토록 하는 것이 핵심이다. 이 지역의 노인들의 배우고자 하는 욕구는 문해교육에 대한 열정으로 나타나고 있다. 주목할 것은 가난하고 교육의 수준이 높지 않은 지역에서의 노인사역도 노인의 주체성을 강조하고 있다는 점이다. 특히 이곳에서는 '밥차'를 위한 식사준비를 통해 지역사회를 위한 봉사활동을 시도하는데, 이것을 통해서 이곳에서의 노인들은 복지의 수혜자로만 아니라 지역사회와 교회의 기여자로 변화된다.

(3) 나섬교회 뉴라이프 미션사역

나섬교회의 뉴라이프 미션사역은 국내외국인노동자들을 위한 다문화목회를 오랫동안 선구자적으로 감당하였던 유해근 목사에 의해서 시작되었다. 30년이 넘도록 진행해왔던 다문화사역을 함께 동고공락하였던 평신도 봉사자들이 어느덧 은퇴와 함께 노년의 시기를 맞이하게 되었다. 평신도 봉사자들의 은퇴를 지켜보면서 새로운 사역을 구상하게 되었다, 신앙적 연륜이 깊고 안정적인 헌신을 제공하는 시니어들이 은퇴 이후 여전히 하나님의 나라의 확장을 위한 동역자로 쓰임받는 길을 모색하게 된 것이다. 유해근 목사는 극심한 고령화현상을 경험하는 한국교회의 새로운 대안은 헌신된 시니어 평신도들이라고 주장한다. 이들은 지난 30여년이 넘도록 한국교회의 성장을 만들어낸 헌신된 일꾼들이며, 이들은 은퇴이후 새로운 하나님의 선교를 위해 헌신할 열정과 신앙적 연륜을 겸비한 일꾼이다.

2012년에 이르러 본격적으로 뉴라이프비전학교가 시작되었고, 매년 두차례 10주간 진행되는데 현재 15기를 마쳤다. 이 교육과정의 핵심은 은퇴한 시니어들에게 새로운 제2의 삶의 시작할 동기유발과 비전제시이다. "제2의 인생을 선교적 삶으로", "은퇴는 없다", "동대문이 땅끝이다"와 같은 슬로건을 통해서 은퇴자들에게 은퇴이후 새롭고 의미 있게 선교사역에 자신의 삶을 헌신하도록 독려하는 것이다. 동대문 근처에 소재한 뉴라이프 비전센터의 설립은 새로운 전환점을 제공하였다. 뉴라이프 미션비전스쿨의 교육과정을 마친 후 배움의 내용을 실천할 수 있는 현장으로 동대문근처의 중앙 아시아인들이 밀집해있는 지역에서 뉴라이프 비전센터를 시작한 것이다. 이곳은 1990년부터 우즈베키스탄, 키르기즈스탄, 러시아, 몽골 등의 중앙아시아에서 온 외국인들이 모여 삶의 터전을 이룬 곳이다. 동대문 지역은 국내 외국인들을 위한 선교와 섬김은 충분히 감당할 수 있는 의미 있는 선교현장이었다. 뉴라이프 비전센터가 동대문지역에 소재함으로써 "은퇴한 시니어와 다문화이주민을 융합한 새로운 개념의 공동체를 위한 선교로, 동대문을 거점으로 소외된 이웃 이주민을 섬기는 독특한 방식의 사역"이 시작된 것이다.[38]

동대문 비전센터에서 진행되는 가장 대표적인 사역이 바로 그 지역에 있는 외국인들을 위한 한국어 교실이다. 특히 뉴라이프 비전학교 수료자들은 평균 연령이 70세로 전직 교사, CEO, 회사원, 주부 등의 다양한 경험과 전문성을 갖춘 평신도 시니어들이다. 예를 들어 비전센터에서 진행되는 한국어 교육 팀장을 맡고 있는 한 봉사자는 대학교에서 교수로 은퇴 후 동대문 비전센터에서 한국어를 이주민에게 가르치는 일을 하고 있다.[39] 이외에도 한자교실, 음악교실, 한국어 성경공부모임, 한국어능력시험인 토픽 준비교실 등이 진행되고 있고, 이외에도 금요기도모임, 성경셀모임, 기수별 기도모임, 길거리 전도 등이 진행되고 있다.

뉴라이프선교회는 동대문에서의 선교사역으로 머무르지 않고 "미션 하이웨이"라는 프로그램으로 아시아지역의 타문화권 선교사

---

38 이정희, "이시대의 땅끝에서, 훈련된 시니어와 선교활동 펼쳐," 『주간기독교』 2152호 (2018.6), 6.
39 한지은, "한국에서 선교할 수 있으니 보람있고 기쁩니다! 땅끝, 동대문에서 만남 나그네들 품는 뉴라이프미션," 『한국장로신문』, 2018. 5. 19, 기사 20.

역으로 확장되었다. 유해근 목사에 따르면, "미션 하이웨이란 전세계에 현지인 선교사들을 역파송하고 우리의 뉴라이프 선교회원들을 동원하여 역파송 선교사와 동역하게 하는 사역이다. 한 곳에서 오랫동안 사역하는 선교사와 달리 전세계의 선교 네트웍을 활용하여 세계 곳곳에서 선교적 삶을 누리고, 하나님 앞에서 가장 효과적으로 쓰임받도록 하는 사역이다."[40] 나섬 공동체가 오랫동안 진행해온 사역중 하나가 국내 이주민 중에서 목회사역으로 부르심이 있는 일꾼을 신학교육을 제공하여 일꾼으로 성장시키고 결국 그들을 자신의 모국이나 제3국으로 역파송하였다. 그리고 바로 이들, 한국말에 이미 능통한 역파송 선교사와 한국교회의 준비된 시니어 선교사가 동역하는 새로운 선교유형이 탄생한 것이다. 현재 진행되는 미션하이웨이 사역으로는 필리핀 지역에서 진행되는 행복학교, 몽골에서 진행되는 평화캠프, 터키에서 진행되는 교회사역 등등이다. 시니어 평신도들은 자신들의 상황에 맞게 3개월 혹은 6개월 등의 기간 동안 선교현장으로 가서 이들과 협력하는 방식이다. 이러한 선교는 한국인이 주도하는 선교가 아니라, 역파송선교사들이 주체가 된다. 이제 시니어들은 동대문 비전센터뿐 아니라, 나아가 아시아로 가서 선교사역에 참여한다.

요약하면, 뉴라이프선교회는 신노년 세대의 선교적 기여에 집중한다. 먼저, 뉴라이프비전학교라는 교육과정을 통하여 신노년 세대의 은퇴 이후에 선교적 삶을 살도록 도전하고 격려하고, 나아가 선교

---

40 유해근, "노마드 톡 157: 다시 생각하는 미션하이웨이," http://www.nasomchurch.com/ (2018년 12월 1일 접속).

의 구체적 실천 현장으로서 동대문비전센터에서의 봉사를 통해서 선교에 참여하는 방식을 채택한다. 동대문비전센터에서의 사역은 실제로 신노년 세대들의 동질집단에 의해서 이루어진다는 점에서 특정 교회만이 관여하는 사역이 아니라, 다양한 교회의 신노년 세대의 신앙인들이 참여한다. 뿐만 아니라, 역파송 선교사들과의 네트워크를 통해서 아시아지역까지 신노년 세대들이 참여할 수 있는 길을 열어줌으로써 명실상부 이들에게 선교사로서의 정체성을 보다 분명하게 제공한다. 필자가 판단하기에 이 사례는 가장 적극적인 형태의 신노년 세대를 동력화하는 사례라고 할 수 있겠다.

5. 선교학적 분석 및 제언

교회 안의 신노년 세대를 복지의 수혜자로만 아니라, 보다 적극적인 기여자로 전환할 수 있는 방안은 무엇일까? 필자는 특별히 신노년 세대에 주목하여 이들에게 "선교적 그리스도인"으로서의 새로운 신학적 정체성을 부여할 때 이들을 교회의 돌봄의 대상으로만 머무르지 않고, 교회 안에서는 그리스도의 몸을 세워가는 역동적 주체로서 활동할 뿐 아니라, 자신들의 일상의 현장에서 하나님의 선교에 동참하게 된다고 주장하였다. 또한 필자는 어떻게 교회의 노인사역이 실제로 하나님의 선교에 주도적으로 참여하도록 동력화할 수 있을지를 3가지 사례에서 구체화하려고 시도했다. 3가지 사례 모두는 노년 세대들이 복지사역의 수혜자로만 남아있지 않고, 보다 능동적으로 그리스도의 몸을 세우는 일에 동참하며, 재능 기부와 은사의 활용을 통해 교회와 사회에 공헌하는 존재로서 변화한 특징을 지닌다. 이제 필자는 위의 사례들의 공통점과 특이점을 분석함으로써 신노년 세대를 "선교적 그리스도인"으로 동력화할 수 있는지 방안을 제시하고자 한다.

첫째로, 신노년 세대를 "선교적 그리스도인"으로 동력화하기 위한 기초 작업은 대상의 사회문화적 환경을 보다 면밀하게 분석할 필요로부터 시작된다. 위의 세 사례들은 모두 뚜렷하게 지역사회의 문화와 특성, 그리고 교회의 문화와 경험들을 반영하는 맞춤형접근을 시도하였다. 예를 들어, 가난한 지역의 부천새롬교회의 경우, 한글교실을 통한 문해 교육은 학교를 다닌 적이 없는 가난한 지역노인들의 욕구에 부합하는 접근이었다. 교회안에서 진행하는 프로그램으로 머물거나, 교회로 참여자들을 인도하려는 의도보다는 가난한 지역의 소외된 노인들을 섬기려는 의도에서 진행된 것이기에 신앙적 교육은 다소 간접적이다. 프로그램이 진행되는 건물도 교회건물이 아니고, 마을의 한 귀퉁이에 자리잡은 허름한 "꿈터"라는 공간에서 진행된다. 이 공간은 지역사회의 평범한 노인주민들을 불러 모우기에 안성맞춤이다. 예수소망교회의 경우 분당이라는 지역의 특성상, 경제적 여유가 있고, 지적 욕구가 상대적으로 강한 신노년 세대 은퇴자들을 향한 프로그램을 마련하였다. 특히 샬롬 공동체의 특강들은 지적 욕구가 높은 은퇴자들에게 호응도가 높다. 뉴라이프선교회의 경우에도 참가자들이 은퇴 이후에 국내 다문화선교사역이든, 해외 선교사역에 참여하고자 하는 신앙적 기여 욕구를 응답하는 방식으로 전개되었다. 위의 3가지 사례는 모두 대상으로 삼고 있는 노년 세대의 상황, 욕구, 신앙적 경험 등을 모두 잘 반영하여 그들의 관심사에 응답하는 방식으로 진행되었다. 이것은 "선교적 그리스도인"에로의 동력화는 무엇보다 대상자들이 처한 상황과 밀접하게 연결된 접근이 필요함을 보여주는 것이다.

둘째, 신노년 세대를 "선교적 그리스도인"으로 동력화하기 위해서는 이들에게 자신들이 기여자로서의 정체성을 강화하는 것이 중요하다. 예를 들어 새롬가정지원센터의 은빛학교의 경우, 그 지역의 다른 교회들의 노인학교와 뚜렷한 차이를 보이는데 그것은 바로 참여하는 노인들의 주체적이며 능동적인 참여에 있다. 노인들은 프로그램의 수혜자일 뿐 아니라, 프로그램의 운영자로 참여한다. 나아가 노인들은 새로운 생산자로 공동체에 공헌한다. 이들은 영화를 찍거나, 혹은 책을 출판하는 등의 자신들의 이야기를 재생산하여 나눈다. 특히 가장 소외된 집단이었던 가난한 지역사회의 노인여성들을 대상으로 자신의 이야기를 스토리텔링을 통해 객관화시키고, 나아가 영화제작, 문예활동, 인형극 발표 등을 통해서 사회 속으로 들어가 공헌하게 한다. 이러한 경험들은 결국 아무 쓸모 없는 버려진 존재로서의 자기 정체성에서 공동체와 사회에 공헌하는 생산적 존재로서의 새로운 정체성으로 변화된다. 그리고 바로 이러한 자기정체감을 통해서 복지 수혜자에서 이제 사회 공헌자로 변화된다. 예수소망교회의 샬롬 공동체의 경우도 마찬가지이다. 샬롬 공동체가 성공적인 이유는 모임을 위한 모든 준비와 기획, 진행 등이 어르신들의 주도하에 이루어진다. 물론 교역자의 도움이 없는 것은 아니지만, 다른 노인학교에 비해 노인 구성원의 자발적이며 주도적인 역할분담이 눈에 띠게 활발하다. 뿐만 아니라, 자치회로서의 회비 및 특별 행사를 위한 특별 모금은 공동체 내에서 자발적으로 이루어지는데, 이러한 경험들도 샬롬 공동체에 대한 애착심을 높이며, 노인들의 주도적 참여를 독려한다. 나섬 공동체의 뉴라이프선교회의 경우는 더욱 참여자들의 주도성이 뚜렷하다. 뉴라이프 선교회라는 이름의 명칭도 회원들의 자발적 결정이었고, 이어지는 사역들도 참여자들의 자발적 제안들로 구성된 것이 많다. 예를 들어 한국어 학교의 경우에도 교육계에서 은퇴한 시니어들이 한국어 교육을 시도하게 되었고, 자연스럽게 자신의 은사와 경력에 의해 발전하였다. 결국 "선교적 그리스도인"으로서의 신노년 세대를 만들기 위해서는 자신들이 공동체에 능동적으로 기여하며 참여하도록 해야 한다.

셋째, 신노년 세대를 "선교적 그리스도인"으로 동력화하기 위해서는 이들로 하여금 하나님의 선교에 동참하는 공헌자로서의 신학적 정체성을 강화시킬 필요가 있다. "선교적 그리스도인"으로서의 노인들은 이제 하나님의 선교에 동참하는 존재로서의 정체성을 가지고, 능동적 존재로 자신의 삶을 대하게 되며, 비록 은퇴하였더라도 하나님의 선교에 참여하는 자신만의 역할을 찾는다. 예를 들어 예수소망교회의 인생학교는 노년과 장년 세대를 위한 제2의 인생을 시도하도록 격려한다. 인생 학교는 노년 세대를 대상으로 하는 샬롬 공동체의 부속프로그램으로 시작하였으나, 이후 장년 세대에게도 확대되었다. 이것은 결국 장년 및 노년 세대에게 자신의 인생을 신학적으로 새롭게 해석하는 기회를 제공한다. 특히 은퇴 이후 새로운 일을 시도하는 것이 하나님의 선교에 동참하는 일이라는 확신은 새로운 도전을 과감하게 받아들인다. 노년 세대가 선교사역의 기여자로 전환되는 가장 뚜렷한 사례가 바로 뉴시니어미션이다. 뉴시니어비전스쿨의 경우 지역교회의 한계를 넘어서서 선교에 동참하려는 은퇴자들의 욕구를 정확하게 파악하고, 이들을 대상으로 맞춤형 교육을 실시하고 있다. 특히 뉴시니어비전스쿨의 경우 개교회적 차원을 넘어서고 있는데, 다양한 교파의 평신도들이 선교사역에 의미있는 참여를 열망하고 있음을 엿볼 수 있다. 이들은 자신들의 시간과 열정을 투자하여 의미 있는 선교사역에 자발적으로 참여한다.

넷째, 신노년 세대의 "선교적 그리스도인"으로 동력화 하는 데 있어서 중요한 과제가 바로 노년 세대 사역을 위한 전문 인력의 개발이다. 모든 사례에서 뚜렷하게 나타나는 특징은 이들을 대상으로 하는 프로그램의 담당자에게 나타나는 강력한 소명의식과 리더십이 관련 프로그램의 내용과 질을 결정 짓는다는 점이다. 먼저 새롬가정지원센터의 경우 원장인 오세향 원장은 자신의 사역을 평가하면서 이 사역이 하나님의 소명에 따라 진행하는 것이며, 사회복지사로 사역을 하는 것이 아님을 명확하게 하였다. 오세향 원장은 지역의 가장 소외된 집단, 혹은 가장 빈곤한 집단에게 다가가는 것이야말로 참으로 예수의 선교임을 인식하였다. 마찬가지로 예수소망교회의 샬롬 공동체의 경우에도 비슷한 수준의 헌신과 뚜렷한 소명의식을 이 프로그램의 지도자에게 발견할 수 있었다. 인생대학의 이상훈 박사 또한 이 프로 그램의 탄생과 발전, 현재까지의 운영의 핵심적 역할을 하고 있다. 그는 현재 전체 강의를 혼자 진행할 정도로 인생대학의 핵심적 인력이다. 가장 뚜렷한 리더의 헌신을 볼 수 있었던 사례가 나섬 공동체의 유해근 목사이다. 그는 지난 30년 동안 진행한 나그네를 섬기는 사역, 즉, 나섬 공동체 사역의 가장 큰 보람은 두 가지인데, 첫째가 역파송 선교사들을 길러낸 것이며, 둘째가 뉴시니어선교사역이라고 할 정도로 이 사역에 대단한 열정을 가지고 있었다. 실제 그는 시력을 중도에 잃게 되는 장애를 가지고 있는데 이러한 육체적 한계와 역경을 극복하며, "동대문이 땅끝이다", "은퇴는 없다" 등등의 슬로건으로 은퇴자들을 도전한다.[41] 결국 선교적 존재로서의 노년 세대를 형성하기 위한 노력은 프로그램을 통한 접근이라기보다는 지도자의 신학과 소명의식에 근거한 지속적 설득과 노력이 없이는 불가능하다는 점을 보여준다.

다섯째, 신노년 세대를 "선교적 그리스도인"으로 동력화하기 위해서는 모든 활동의 핵심에 지적탐구의 욕구와 영성적 접근의 균형이 필요하다. 2장에서 밝힌 대로 노년의 시기는 종교적 통합시기이다. 노년 시기는 죽음이 가까이 오면서 인간존재에 대한 근본적 질문을 맞닥뜨리게 되는 시기이다. 따라서 이들은 예배를 통하여 자신의 신앙을 점검하고 하나님이 부르시는 날을 소망하면서 자신의 삶을 신앙적 관점에서 정비한다. 이들에게는 지적 욕구를 채우는 강의 만큼이

---

41 유해근 목사와의 인터뷰(2018년 11월 29일).

나 정성을 가득 담은 예배가 중요하다. 예수소망교회의 경우 금요일에 진행되는 샬롬 공동체의 중요한 구성요소로 잘 준비된 예배는 이러한 노인들의 욕구를 채우는 역할을 한다. 뉴시니어 선교회에서도 기도의 중요성이 강조된다. 뉴라이프선교회의 경우, 모든 회원들을 대상으로 금요기도회가 회원들의 자발적 모임으로 진행되는데 이것은 적극적인 선교가 기도를 통한 영성의 활성화로 이루어진다는 회원들의 인식 때문이다. 즉, 예배를 중심으로 하는 영성의 고양과 지적 탐구가 균형 있게 이루어져야 한다.

6. 나오는 말

최근 신학교마다 은퇴 이후 새롭게 제2의 인생을 하나님 나라의 확장을 위해 헌신하고자 늦깎이 학생들이 상당히 많이 찾아오고 있다. 필자가 만난 어떤 학생은 과거 은행의 부행장까지 역임한 바 있는데, 그는 3년의 신학교육을 마치고 곧 베트남으로 파송 받아 선교사로서의 제2의 인생을 시작한다. 또 다른 학생은 대학에서 오랫동안 행정업무를 담당하였는데 그는 은퇴 후에 선교지로 가서 자신이 그동안 했던 행정업무와 관련된 사역에 참여하면서 남은 생애를 선교를 위해 헌신하고자 신학교를 찾아온 경우였다. 특히 이 학생은 최근 국

어교사 자격증까지도 따서 이제 선교지에서 한국어를 배우려는 현지
인들에게 가르칠 준비를 마쳤다.

비슷한 현상이 최근 은퇴를 앞둔 평신도들 중에서 점차 늘어나
고 있다. 이들은 은퇴 이후 가정 부양의 책임에서 벗어나 하나님의 선
교에 동참하는 새로운 삶을 살고자 하는 마음으로 새로운 길들을 찾
는 이들이다. 이와 같이 신노년 세대는 더 이상 사회적 복지의 수혜자
로 자신을 인식하지 않는다. 이들은 은퇴 이후에도 여전히 교회와 사
회 안에서 기여자로 활동하기 원한다. 이들에게 자신들의 삶이 하나
님의 선교에 동참하도록 요청받은 존재이며, 자신이 속한 삶의 현장
에서 선교적 존재로 살아가야 하는 "선교적 그리스도인"의 정체성으
로 강화할 때, 이들은 보다 능동적이며 주도적인 하나님 나라의 일꾼
으로 자신의 역할을 찾게 될 것이다. 이 작은 소고가 한국교회가 급증
하는 신노년 세대를 "선교적 그리스도인"으로 동력화하는 데 작은 보
탬이 되길 소망한다.

10장

한국교회 성장운동에 대한 평가: 코스타스의 이론을 중심으로

이 글은 "예장통합교단의 교회성장운도에 대한 평가: 오를란도 코스타스의 통전적 교회성장의 관점에서" 총회 교회성장운동지원본부 백서, (서울: 한국장로교출판사, 2019), 335-354쪽에서 처음 출판되었음.

10장   한국교회 성장운동에 대한 평가:
      코스타스의 이론을 중심으로

1. 들어가는 말

2. 오르란도 코스타스의 통전적 교회성장이론

3. 총회교회성장운동의 개요

4. 총회교회성장운동의 주요 특징들:
   코스타스의 통전적 교회성장이론의 관점에서

5. 나오는 말

1. 들어가는 말

1992년부터 20년간 실시한 만사운동 이후, 예장 통합 교단의 교세는 계획했던 대로 1만 교회 40만 성도로 성장하지 못했다. 그러나 20년 동안 그 목표를 향하여 교단 소속의 모든 교회들이 총력을 다해 교회성장운동을 펼친 것은 그 자체만으로도 의의가 있다. 왜냐하면 예장통합교단이 전도를 통한 교회성장을 위한 노력을 멈추지 않았다는 증거가 되기 때문이다. 복음전도를 위한 교회의 노력은 결코 멈출 수 없는 교회의 사명이며, 그 결과 교회는 건강하게 성장해야 한다는 신학적 정당성은 계속 강조되어야 한다.

그럼에도 불구하고, 양적 성장만을 강조하는 교회성장전략은 이미 많은 한계점을 드러냈다. 전도가 교회의 본질이라는 신학적 확신은 확고하게 흔들림이 없어야 하지만, 오늘날과 같은 상황에서는 새로운 접근이 필요하다. 오늘날은 교회 내적으로는 숫자에 집착한 교회성장 지상주의에 대한 회의감이 팽배해져 있고, 교회 외적으로는 사회 속에서 비판적 대상이 되고 있으며, 복음전도사업은 어느새 개교회의 양적 성장의 도구로 전락했다고 한탄하는 상황이다. 이러한 상황에서 양적 성장만을 강조하는 교회성장운동은 분명한 한계를 가질 수밖에 없다.

이러한 문제점을 인식한 예장통합교단은 양적 성장 중심의 교회성장운동의 한계점을 극복하면서도, 균형 잡힌 교회성장을 위한 노력도 포기하지 않기 위해서 새로운 교회성장운동을 2014년부터 펼치게 되었다. 이 새로운 교회성장운동은 2014년 예장통합교단부터 5년간 진행하였다. 이에 필자는 교회성장운동에서 통전적 교회성장을 강조하였던 오를란도 코스타스 Orlando Costas 의 교회성장이론의 관점에서 교단이 진행하는 교회성장운동을 평가하고자 한다. 북미대륙을 중심으로 전개된 초기 교회성장운동은 지나치게 숫자적 접근을 하여 숫자적 성장과 질적 성장을 구분하지 않고 동일시함으로써 많은 문제점을 낳았다. 이후 교회성장운동은 보다 통전적이며 입체적인 접근이 필요함을 인식하게 되었고, 특히 오를란도 코스타스의 교회성장이해는 통전적 접근의 대표적인 이론이다. 따라서 이번 장에서는 오를란도 코스타스의 통전적 교회성장의 개념을 통해 예장통합교단이 진행한 총회교회성장운동을 평가할 것이다.

2. 오르란도 코스타스의 통전적 교회성장이론

고린도전서 3장 7절에 "심는 이와 물주는 이는 아무것도 아니로되 오직 자라게 하시는 이는 하나님뿐이니라"라는 이 구절은 교회가 하나님의 손길에 의해서 신비로운 방식으로 성장함을 지지하는 구절이다. 이 본문은 그리스도의 몸으로서의 교회는 생명체로서 성장하는 것이 자연스러운 일이라는 사실을 보여준다. 그러나 여기서 말하는 교회의 성장은 숫자적 성장만을 의미하는 것은 아니다. 하나님의 백성으로서의 교회는 유기체적 특징을 지닌다. 참된 생명체로서의 교회의 성장은 온전해지고, 성숙해지는 자라남의 경험이다. 결국 교회의 성장은 통전적이어야 한다.[1]

그렇다면 교회의 통전적 성장이란 무엇인가? 교회의 통전적 성장이란 생명체로서의 교회가 다각적 차원으로 성장을 함께 경험하는 것을 의미하는데, 이것은 교회의 건강성의 증진을 담지하며, 생명체에서 발견되는 성장과 성숙이 함께 이루어지는 현상을 포함하는 교회의 성장을 의미한다.[2] 교회의 통전적 성장은 오를란도 코스타스Orlando Costas에 의해서 처음 제안되었다. 오를란도 코스타스는 교회의 통전적 성장wholistic growth of the church란 성령의 교제 안에서, 그리스도의 몸이면서 하나님의 약속의 백성으로서의 교회가 기대할 수 있고 또 기대해야 하는 통합적integral이며, 정상적인normal 확장의 과정이다. 이것은 살아있는 기관이며 세상으로 파송 받은 소명적 기관으로서의 교회의 정상

---

1 필자는 교회성장(Church Growth)와 교회의 성장(Growth of the Church)를 구별한다. 전자는 강조점이 '성장'에 있다면, 후자는 강조점이 '교회'에 있다. 전자는 초기교회성장학자들의 성장 중심적 이론을 내포한 표현이라면, 후자는 통전적 교회성장운동을 지지하는 학자들에 의해 주로 강조되는데, 이들은 초기교회성장운동이 교회 그 자체에 대한 신학적 성찰이 결여된 채 성장 자체에 집착하였다는 점을 문제제기하면서, 용어의 사용에 있어서도 차별화하려고 하였다. 즉, 성장 그 자체보다 교회에 대한 바른 신학적 이해를 강조한다.

2 박보경, 『통전적 복음주의 선교학』 (서울: 도서출판 케노시스, 2016), 232.

적인 확장의 과정이다.[3] 코스타스는 교회의 성장을 숫자적 성장으로만 환원시키는 것에 대하여 심각하게 우려하면서 교회의 성장은 훨씬 복잡하고 심오한 관점에서의 다차원적 현상으로 이해해야 한다고 강조하였다. 그는 교회를 유기체organism, 공동체community, 그리고 사회적 기구social institution로 정의하는데, 특별히 교회의 유기체적 특성과 관련하여 교회의 성장은 다차원적으로 이루어져야 한다고 강조한다. 그에 의하면, 교회는 수적으로는 넓게breadth, 경험적으로는 깊게depth, 그리고 가시적인 모델로서는 고귀하게height 포괄적으로 성장해야 한다고 주장한다.[4] 코스타스는 교회의 통전적 성장이야말로 교회가 참다운 교회로 살아낼 때 저절로 경험되는 것임을 강조한다. 코스타스는 자신의 또 다른 글에서 통전적 교회성장의 4가지 차원을 언급한다. 첫째, 숫자적 차원의 성장, 둘째, 유기체적 차원의 성장, 셋째, 개념적 차원의 성장, 넷째 성육신적 차원의 성장이다. 이 네 가지 차원은 상호 연결된 방식으로 동시적으로 일어날 수 있고, 그럴 때 교회는 통전적인 성장이 경험된다.[5] 이제 4가지 차원의 성장을 좀 더 살펴보자.

첫째, 통전적 교회성장은 숫자적 성장numerical growth의 차원을 담는다. 숫자적 성장이란 하나님의 나라를 위한 개인의 모집recruitment인데, 이것은 사람들을 예수 그리스도 안에서의 회개와 신앙으로 인도하는 것이다. 나아가 이들을 지역교회의 신앙공동체로 안에서의 코이

---

3 Orlando Costas, "A Wholistic Concept of Church Growth," *Exploring Church Growth*, ed. Wilbert Shenk (Grand Rapids: William Eerdmans, 1983), 100.

4 Orlando Costas, *The Integrity of Mission* (New York: Harper & Row, 1979), 37.

5 Orlando Costas, *Church and Its Mission* (Wheaton: Tyndale Publishing, 1974), 90; Orlando Costas, "A Wholistic Concept of Church Growth," 102.

노니아로 초청하는 것이다. 이 지역교회 공동체는 예수 그리스도를 향한 동일한 결단을 한 사람들의 모임이며, 교회생활이란 예배와 순종, 그리고 세상을 향한 복음전파사역을 위해 존재하는 공동의 목적을 지닌 사람들의 모임이며, 이러한 사람들과의 교제 안으로 들어감을 의미한다.

둘째로, 통전적 교회성장은 유기체적 성장organic growth의 차원을 담는다. 이것은 교회 내의 조직구조, 운영과 관련된 측면의 성장을 의미한다. 즉, 교회의 내적 구조가 얼마나 성장하는가를 살피는 것인데, 교회의 통전적 성장은 조직 구조의 효율성 영역의 성장, 민주적 운영의 성장을 포함한다. 교회는 하나님의 선교라는 과제를 바르게 수행해야 할 존재이며, 이를 위해서는 조직운영에 있어서도 성숙이 필요하다. 그는 이 구조적 성숙을 유기체적 성장으로 설명한 셈이다. 교회의 유기체적 조직과 구조가 성장성숙하지 않고 숫자적 성장만 강조하는 것은 통전적 성장이 아니다. 그런데 코스타스는 숫자적, 혹은 유기체적 성장만으로 통전적 성장을 이룰 수 없다고 강조한다. 오히려 그것은 교회적 비만ecclesial obesity 현상일 가능성이 있다.

코스타스의 세 번째 교회성장의 차원은 개념적 성장conceptual growth이다. 개념적 성장이란 교회공동체의 신학적 차원의 성장을 말한다. 코스타스는 통전적 성장에서 중요한 것이 바로 이 개념적 차원의 성장인데, 즉, 교회는 자신이 누구이며, 왜 세상으로부터 도피하지 않고 세상 속에 몸담아 존재해야 하는지, 또 교회는 어떤 존재로서 세상속에서 살아야 하는지에 대한 신학적 확신의 성장이 필요하다. 코스타스에 의하면, 교회는 세상 속에 존재하여 그리스도의 구속의 사역을 지속적으로 참여해야 하는 존재임을 신학적으로 확신해야한다. 다시 말해 교회는 하나님의 신비를 세상 속에서 선포하도록 부르심을 받았는데, 교회는 이 부르심의 깊이와 넓이와 높이를 바르게 이해할 책임이 있다. 그리고 이러한 성찰의 성장이야말로 선교의 본질적 차원이다. 코스타스는 기존의 교회성장운동이 신학적 확신보다는 방법론에 지나치게 치우치는 것을 우려하면서 건전한 교회성장이론을 위한 신학적 성찰을 강조하였다. 그는 교회의 성장이 하나님의 선교와 어떻게 연결되는가를 밝히고자 하였다. 그는 교회의 통전적 성장을 위해서는 반드시 성찰적 사고reflective thought가 필요하다고 강력하게 주장한다. 즉, 교회생활에서 신학이 교회현장과 분리되어 신학자들의 특권으로만 남는 것은 교회의 통전적 성장에 심각한 방해가 된다고 주장한다. 코스타스는 성찰적 사고야말로 하나님의 선교를 실천하는 교회의 사명이며, 교회가 하나님의 선교를 이루는 통로가 된다고 강조한다.[6]

넷째로 그는 교회의 통전적 성장은 디아코니아적 성장diaconal growth의 차원을 담아내야 한다고 주장한다. 그는 교회가 지역사회의 다양한 문제에 참여하고, 기독교적 가치관으로 세상과 소통하며, 섬김과 봉사를 통해 사회에 공헌하는 성장을 이루어야 한다고 주장한다. 이 차원은 또한 교회의 예언자적, 중보자적 사역, 약하고 고난받는 자들을 위한 옹호적 행동과 선포에서의 성장이다. 이 디아코니아적

---

6 Orlando Costas, *Christ Outside the Gate: Mission Beyond Christendom* (Grand Rapids: Orbis Books, 1992), 47.

성장은 우리의 선교가 진정으로 하나님의 선교에 참여하는 것인지를 결정짓는 중요한 요소이다. 교회의 디아코니아적 성장이란 세상에서 희망과 고통을 함께 경험하는 것이며, 세상 속에서 그리스도인의 현존을 지속적으로 질문하고 평가하는 과정을 포함한다.

코스타스의 주장을 정리해보자. 그에게 있어서 교회의 통전적 성장은 숫자적 성장 그 이상이다. 그는 유기체적 성장이라는 표현을 사용하여 교회가 하나님의 나라를 미리 맛보고 세상에 보여주어야 하는 존재로서의 구조적 성숙을 이루어야 한다고 강조한다. 예를 들어 교회의 리더십 구조는 소위 세상적 리더십과는 구별되어야 한다. 더 많은 생산물을 만들어내려는 효율성을 강조하는 경영적 접근은 교회의 유기체적 성장이라고 볼 수 없다. 또한 개념적 차원은 어떻게 교회의 성장을 이해할지 교회로 하여금 분별할 수 있도록 돕는다. 교회 안에서의 효율성을 위한 경영적 접근의 사용과 그 한계를 분별할 수 있는 잣대가 바로 신학적 성찰이다. 또한 디아코니아적 차원의 성장은 지역교회가 참다운 선교적 존재임을 실천하는지를 보여주는 잣대를 제공한다. 그럼에도 불구하고 코스타스가 숫자적 성장 자체를 무의미한 것으로 치부하지는 않는다. 그는 개인의 회심과 그리스도인 공동체 안으로의 진입과 교제, 그 결과 지역교회의 숫자적 성장은 그 자체가 목표가 될 수 없지만, 그렇다고 하더라도 교회의 참다운 성장의 한 차원이라는 사실을 결코 간과하지 않는다.

코스타스는 통전적 성장의 차원과 함께 통전적 교회성장을 파악하기 위해서는 성장의 질 qualities of growth 에 대하여 살펴야 한다고 주장한다. 즉, 3가지 성장의 질적 요인은 각각 영성 spirituality, 성육신 incarnation,

충실함faithfullness이다. 이 세 가지 성장의 질적 요인은 그 교회의 성장
이 정당한 성장인지를 살필 수 있는 신학적 변수가 된다. 여기서 영성
이란, 교회가 경험하는 성장이 얼마나 성령의 역동적 활동에 의해 이
루어지는 것인지를 살피는 것인데, 즉, 이 성장이 과연 성령의 역사로
인한 성장인가? 그래서 성령의 열매가 과연 경험되고 있는가? 이 성
장이 과연 기쁘고 살아있는 성도의 신앙을 표현하고 있는가? 와 같은
질문을 던지게 한다. 둘째, 성육신의 질적 요인은 교회의 성장이 그
교회가 몸담고 있는 사회적 환경 안에 뿌리를 내리고 있는가? 라는
질문과 관련 있다. 다시 말해 교회의 성장이 그 사회의 수많은 사람들
속에서, 특별히 고통받는 사람들 속에서, 그리스도의 포괄적 현존을
증거하고 있는가를 살피는 것이다. 셋째, 충실함이란, 그 교회의 성장
이 역사 안에서 하나님이 하시는 일과 어떻게 서로 연결되어있는가?
에 대하여 질문한다. 즉, 이 교회의 성장이 하나님의 약속의 백성으로
서의 교회에게 부여된 소명과 어떻게 연결되어있는가 라는 점을 살핀
다.[7] 그리고 코스타스는 성장의 질qualities과 성장의 차원dimension을 연결
하여 아래의 그림과 같은 성장하는 교회의 프로파일을 제시한다.

〈표 1〉 코스타스의 성장하는 교회의 프로파일[8]

성장의 질 (qualities of growth)	성장의 차원 (dimensions of growth)			
	숫자적 성장	유기체적 성장	개념적 성장	디아코니아적 성장
영성				
성육신				
충실함				

코스타스는 이 교회성장 프로파일를 통해서 교회의 성장을 분석해야 한다고 주장한다. 그는 교회성장의 현상은 단순히 숫자화 할 수 있는 것이 아니기에, 어떤 통계조사로 완벽하게 교회의 성장의 요인들을 파악할 수는 없고 서로의 요인들이 복잡하게 작용할 가능성이 높지만, 그럼에도 불구하고 최소한의 객관적인 데이터분석을 위한 양적 측정방법과 질적 측정방법을 함께 사용하여 분석해야 함을 주장한다. 예를 들어, 숫자적 성장의 차원을 위해서는 적어도 10년 동안의 교회 성도들의 전체수의 변화를 살펴야 하며, 이중에서도 생물학적 성장 혹은 이탈, 수평이동으로 인한 성장 혹은 감소, 혹은 회심 혹은 낙심으로 인한 성장 및 감소의 통계수치를 파악해야 한다. 나아가 유기체적 성장을 파악하기 위해서는 재정적 사용^{전체수입과 지출, 특히 선교를 위한 지출}_{의 전체 지출에서 얼마를 차지하는지 등등} 교회지도자의 숫자와 그들의 공헌도, 교회 안에서의 성도들의 교제활동과 예배경험 등을 분석해야 한다. 이것들은 예배의 집중도, 성도간의 교제관계의 밀도, 개인의 경건생활, 교회공동체생활의 참여도 등과 관련된 지수를 파악해야 한다. 또한 개념적 성장의 척도는 교인들의 성경적, 교회론적, 신학적 지식들이 구체적으로 어떻게 신앙과 실천에 영향을 주는지를 파악하는 것이다. 이들의 개인적 신앙이 보다 제도화된 교회의 교리적 선언과 신앙고백과 어떻게 연결되는지를 보기 위해서는 교회성도들을 위한 설문조사가 필요할 수 있다. 마지막으로 디아코니아적 성장을 측정하기 위해서는

---

7   Orlando Costas, "Wholistic Concept of Church Growth," 101-102.
8   위의 글, 105.

교회가 지역사회를 위해서 제공하는 디아코니아적 사역들의 내용과 그 참여도를 살필 수 있다. 그리고 그 사역들의 구체적인 결과들, 또한 이러한 사역이 실제 이웃들에게 어떻게 받아들여지는지 지역사회를 향한 설문조사를 실시하여 교회의 디아코니아적 성장을 파악할 수 있겠다.[9]

이제 정리해보자. 오를란도 코스타스의 통전적 교회성장개념은 신학적이면서 동시에 현장적이고, 다차원적이며, 복합적이다. 오늘날 한국교회는 교회의 성장을 마치 세속적 야망에 물든 교회지도자들의 이기적 야심의 발로 정도로 이해하는 교회성장 혐오주의와 성장지상주의 의 양극단적 사고 사이에서 표류하고 있다. 이러한 상황 속에서 코스타스의 이론은 교회의 통전적이며 균형적인 성장에 대한 새로운 가능성을 제공하고 있다.

3. 총회교회성장운동의 개요

이번 장에서는 본 교단이 지난 5년간 실시한 총회교회성장운동을 중요한 사역을 중심으로 연도별로 개요하고자 한다.

---

[9] 위의 글, 103-104.

먼저 본 교단이 새로운 교회성장운동을 시작하고자 한 배경에는 급격하게 감소하는 교세로 인한 교단적 위급성의 인식과 교회성장을 위한 노력들이 부정적으로만 그려지는 교회밖의 다양한 요소들로 인해 크게 위축된 교회들을 다시 격려하기 위한 것이기도 했다. 2012년 예장통합교단의 만사운동이 마무리되었으나, 20년간의 대장정이 마무리되는 2012년에 교단역사에 있어서 처음으로 교세가 감소하는 사태가 벌어지고 말았다. 안타깝게도 이후 3년 연속 총회의 교세감소가 지속되었다. 이러한 교인수의 감소는 교회 재정의 감소, 교회의 선교적 사명의 위축이라는 위기를 초래할 위기에 직면하였고, 주일학교가 없는 교회의 증가, 청년부 없는 교회의 증가, 한국교회의 사회적 이미지의 실추 등으로 한국교회의 총체적 위기가 교단의 직접적인 과제로 등장하게 되었다.

이러한 상황의 긴급함을 인식한바, 예장통합총회는 지역교회의 지속가능한 부흥과 성장을 위하여 교회성장운동을 2014년 제 99회기부터 5년간 전개하기로 결의하였다. 먼저 98회기 교회성장위원회를 특별위원회로 두어 1년간 연구한 뒤, 제 99회기 총회 때 마침내 결의되었던 것이다. 특히 이번 교회성장운동은 그동안 진행해온 전체 교인수의 증가를 위한 도운동의 방식을 바꾸어 세대별 성장방안을 마련하기로 하였다. 즉, 다음세대와 청년세대, 장년세대, 노년세대별로 전문화된 성장전략을 다르게 마련하여, 결과적으로 통합적 교회성장을 이루도록 하는 방식이었다. 이 운동을 위해 교회성장운동지원본부가 설치되었다. 분과는 다음세대 분과, 청년세대분과, 장년세대 분과, 노년세대 분과와 지도자 영성분과로 총 5개로 나누어 운동이 전개되였다. 교회성장운동지원본부는 5년 동안 진행될 교회성장운동을 '동반성장', '균형성장', '지속가능성장'이라는 슬로건을 발표하고, 5개년 로드맵을 마련하였다. 5개년 로드맵은 아래와 같다.

1년차 (99회기) - 터다지기 (실태조사, 의식 확산, 동기부여, 조직 및 세미나, 지원조사, 기본계획수립, 봉사자 발굴, 봉사자 훈련 및 파송, 본부요원 훈련, 순회세미나)

2년차 (100회기) - 씨뿌리기 (현장개척, 현장 연결, 현장점검, 봉사자 격려, 1차 봉사자 대회)

3년차 (101회기) - 싹틔우기 (중간평가, 현장반응점검, 성장운동 안착, 현장반응조사, 중간점검 활동, 리바이블 대회, 중간보고대회, 성공사례 간증)

4년차 (102회기) - 열매맺기 (제도약과 확산, 현장 확대, 현장 재점검, 봉사자 격려, 봉사자 재발굴, 2차 봉사자 대회)

5년차 (103회기) - 추수하기 (현장 안정화, 현장자생력 강화, 성공현장 순회, 성장보고대회, 새로운 출발)

총회교회성장운동지원본부가 만들어지면서 교단적 차원의 교회성장운동이 본격적으로 전개되었다. 먼저 총회교회성장운동지원본부의 현판식이 2015년 1월에 있었고, 그 이듬해 4월에는 또한 각 세대별 성장을 위한 구체적인 매뉴얼이 제작 완료되어 전국교회에 배포되었다. 특히 세대별 전문화된 접근의 개발을 위해서 구체적인 매뉴얼에는 각 세대별 현황파악과 성장방안이 마련되었다. 먼저 다음세대의 성장방안을 살펴보면, 먼저 급격하게 주일학교 어린이 부서의 상황을 분석한 후,[10] 이러한 현황분석에 근거하여 다음세대의 분과에서는 구체적으로 미자립교회에 파송할 평신도 교회학교 지도사Laity-Volunteer Church-school Supervisor를 파송하기 위한 프로젝트, 도농 교회학교 자매결연 운동을 통해서 미자립교회의 교회학교세우기 프로젝트, 농어촌지역의 미자립교회의 교회학교 세우기 프로젝트 등이 진행되었다.

청년세대에서도 맞춤형 성장방안이 마련되었는데, 자립대상 교회의 청년세우기 프로젝트, 미자립교회 연합청년부 만들기 프로젝트 등이 대표적인 프로젝트였다. 장년세대의 경우에는 동반성장을 위한 7대 공유 운동 전개하기, 공유목회 모범사례집 발간하기, "동행하는 주일" 운동 펼치기, 동반성장 목회 워크숍 진행하기 등등이 진행되었다. 노년세대의 성장방안으로는 교회 내 노인학교 개설 및 확대하고, 이미 실시하는 노인학교의 경우 그 운영을 활성화시키는 방안을 마련하며, 노인 소그룹운동을 펼치는 것을 포함하였다. 또한 노인들을 대상으로 행복전도사를 발굴하는 사업을 펼치기로 하였다. 또한 해피바이러스 사업을 통해서 노인들을 대상으로 하는 사업을 진행하고, 또한 정부와 총회노인학교연합회와 함께 진행하는 "원 플러스 원" 사업이 진행되었다.[11]

---

10 총회교육자원부, "총회 교회학교 각종 통계분석표," 제 98회기 총회교육자원부 분석 자료, 4; 총회교육자원부의 현황분석에 의하면 다음과 같이 파악되었다. 첫째, 교단교회의 주일학교 학생 수가 지속적으로 감소하고 있고, 둘째, 교단 내 주일학교 학생 수가 없는 교회가 전체 50%에 육박하고 있으며, 셋째, 고학년에 비해 저학년으로 갈수록 학생 수가 급격하게 줄어들고 있으며, 넷째, 교회학교를 위한 교육전도사가 교단전체 교회의 1/4정도만 파송되고 있으며, 다섯째, 지방의 경우에는 교육전도사를 거의 찾아볼 수 없는 실정이며, 여섯째, 중고등부 학생수는 2009년 이후 급격하게 줄어들고 있다.
11 우영수, "노년세대를 위하여: 노회지도자 세미나 분과별 테마토크 발제물." 자료는 총회국내선교부에서 제공받았음.

이어서 각 노회에서도 교회성장운동이 전개되었다. 먼저 노회별로 교회성장운동본부가 조직되었고, 노회별 교회성장운동의 발대식이 총 23개의 노회에서 2015년 1월부터 6월까지 진행되었다. 이때 교회성장운동의 모범적인 사례는 공모를 통해서 선발하여 총회 때 표창하고 수련회 및 촉진대회 때 발표하였다. 제99회기에는 총 15개의 교회, 기관, 및 노회가 표창을 받았다. 2015년 가을에는 처음으로 '동행하는 주일'을 실시하게 되었다. 동행하는 주일은 장년세대분과에서 진행하는 '동반성장'을 위한 방안으로 제시된 것인데 명절 시기에 성도들이 고향을 방문할 때 시골의 작은 교회를 섬기는 주일로 총회가 선포하는 것이었다. 이것은 5년 내내 진행되었다.

100회기에도 노회 지도자 세미나가 2016년 3월에 진행되었다. 2016년 4월에는 "잃어버린 한 영혼을 품기 위하여"라는 주제로 '가나안교인세미나'가 장년세대분과와 청년세대분과에서 공동주관으로 진행되어, 증가하는 가나안교인들에 대한 진단과 대안모색을 위한 방안이 다루어졌다. 100회기 중의 중요한 사업이 교회성장을 위한 목회세미나였다. 이것은 교회성장운동 2단계를 맞이하여 건강하게 성장하고 있는 교회들의 모범적인 사례들을 소개하고 공유함으로써 목회의 동력에 활력을 불어넣고자 기획되었다. 교회성장을 위한 목회세미나는 전국적으로 2015년 11월부터 2016년 6월까지 총 19회 진행되었다. 이와 함께 노회별로 모범적인 교회들을 각 노회별로 1개 교회씩 추천받아 초 55개의 교회가 교회성장상을 수여받기도 하였고, 이 교회들의 이야기들을 모아 교회성장사례집도 제작하여 전국의 총대들에게 배부하였다. 이것은 건강한 교회를 이루는 교회들을 향한 총회의 격려와 응원의 상징적 의미가 담겨 있었다.

교회성장운동의 3년차인 101회기에는 '지역으로 찾아가는 교회성장운동'에 강조점이 있었다. 먼저 '제101회기 교회성장운동지원본부 노회 지도자 세미나'는 동일한 방식으로 2016년 12월에 실시하였다. 이때 '인구절벽시대의 교회성장동력과 대안모색'이라는 주제로 진행되었다. 특히 한국교회가 직면한 상황이 위기적 상황임을 인식하여 지속적 교회성장을 위한 방안을 서구교회의 경험을 중심으로 제안하였다.

101회기는 5개년 로드맵 중에서 싹틔우기의 해인데 이를 위해서 각 지역별로 순회리바이벌대회를 진행하기로 하여 다음 해 2월과 3월에 각각 5개의 지역별로 진행되었다. 순회리바이벌대회는 동부지역, 수도권지역, 중부지역, 이북지역 등으로 나누어서 진행하였다. 이 순회리바이벌대회는 총 5회 진행되었다. 싹띠우기 단계로서 중간점검의 성격을 지녔고, 각 지역에서의 모범적 사례를 공유하는 자리가 되었다. 또한 '제101회기 장년층 전도 및 목회세미나'가 2017년 3월에 "베이비붐세대 분석과 전도 및 목회방안 모색"이라는 주제로 개최되었다. 이 대회는 교회성장운동지원본부 장년세대분과가 총회국내선교부와 공동으로 주최하여 개최되었는데, 712만 명에 달하는 베이비붐세대가 은퇴 후 제2의 인생에 대한 설계를 통한 전도방안과 목회방향을 모색하는 자리를 마련하였다.[12]

102회기는 총회가 총회의 주제를 "거룩한 교회, 다시 마을 속

---

12 임성국, "장년층, '여가, 자원봉사' 중시,"『한국기독공보』 (2017. 3. 17).

으로"로 정하였고 주제 사업으로 "마을목회"로 잡았다. 이에 교회성장운동본부도 그 교회성장운동 4년차로 그 주제를 '마을목회'와 연계하여 진행하였다. 이에 따라 마을목회 관련 세미나들이 전국적으로 전개되었는데, 이를 교회성장운동지원본부가 함께 협력하였다. 마을목회 관련 세미나로는 먼저 2018년 1월부터는 시찰별 시범교회를 위해 각 권역별로 진행되었다. 마을목회세미나가 마무리되면서, 다시 3월부터는 '마을목회확산을 위한 권역별 세미나'가 4월까지 지역별로 진행되었다. 마을목회를 위한 프로그램으로 총회는 다시 마을목회를 실시하고 있는 교회를 직접 탐방하는 프로그램도 권역별로 진행하였다. 마을목회를 위한 프로그램은 2018년 7월에 절정을 이루었다. 즉, 각 노회, 시찰별 시범교회 및 노회 등의 참석하여 '마을이 살아야 교회가 산다'라는 제목으로 '2018 마을목회대회'가 진행된 것이다. 이 대회는 제102회기 동안 진행된 마을목회에 대한 실천결과를 총정리하고 마을목회의 신학적 발전 및 지역교회 현장에서의 지속적인 확산을 위한 선교대회로 진행되었다. 이때, 마을목회 공모대회에서 당선된 5개의 교회에 시상하고, 또한 마을목회 토크 콘서트 및 공연, 100인 토론회 및 종합토론회를 통해서 마을목회의 다양한 측면이 다방면으로 다루어졌다. 이 대회에서는 마을목회 홍보부스도 설치하여 마을목회의 실천을 각 노회별, 시찰별 실시할 수 있는 방안을 마련하기도 했다.[13]

102회기 교회성장운동지원본부의 독립적 프로그램으로는

---

13 임성국, "마을목회, 제3의 종교개혁," 『한국기독공보』 (2018. 7. 2).

2017년 11월에 노회교회성장운동본부 지도자세미나를 개최한 것이다. 이 지도자 세미나는 총 5개년의 교회성장운동 계획 중에서 4년차인 '열매맺기'의 단계에서 총회가 추진하는 마을목회 운동과 적극적으로 연계하였다. 이번 세미나에는 교회성장운동을 적극적으로 지원하기 위해 참가자들에게 매번 받던 등록비를 받지 않고 전액 총회가 지원하였다.[14]

2018년 6월에는 교회성장운동지원본부의 장년세대분과에서 주관하여 '베이비붐 세대의 전도 및 목회세미나'가 지난해에 이어서 실시되었다. 이 세미나에서는 50대 712만명에 이르는 베이비붐세대를 위한 선교전략을 모색하였다. 이들의 은퇴가 가져올 변화를 미리 분석하고, 대비하여 새롭게 펼쳐질 교회의 상황들을 준비하도록 독려하였다. 또한 이들이 은퇴 이후 제2의 인생을 시작할 수 있도록 각자의 달란트와 재능으로 교회와 지역을 섬기도록 교회가 새로운 비전을 제시해야 함으로 강조하였다.[15]

또한 교회성장운동본부는 교회성장에 있어서 핵심적 역할을 하는 목회자의 리더십계발의 중요성을 인식하여, 이 운동을 자립대상 교회 목회자 리더십훈련을 위한 훈련과 연계하여 진행하기로 하였다. 2018년 7월에는 동반성장위원회가 총회훈련원과 함께 주최하여 영적지도력 계발 훈련을 위한 강사양성 세미나를 처음 실시하였다. 총회교회성장운동이 마무리되는 시점이 다가오면서, 지난 4년간 진행

14 표현모, "열매맺기 단계, 마을목회로," 『한국기독공보』(2017. 12. 9).
15 임성국, "베이비붐 세대에 관심을 가져야 합니다," 『한국기독공보』(2018. 6. 7).

된 교회성장운동을 정리하기 위한 백서 발간을 운동본부는 결의하였다. 이와 함께 지난 4년간의 자료를 정리하고, 동반 균형 지속가능한 성장이 된 모범교회 사례모집과 공유목회 사례를 모집하기로 결의하였다. 이제 5년간 진행해온 교회성장운동이 2019년 9월 총회를 기점으로 마무리하게 된다.

4 | 총회교회성장운동의 주요 특징들: 코스타스의 통전적 교회성장이론의 관점에서

2장에서 필자는 코스타스의 이론을 살펴보았고, 다시 3장에서는 본 교단이 99회기부터 5년간 진행한 총회교회성장운동을 개괄하였다. 이제 이 운동의 주요 특징들을 살펴보고, 그 특징들이 어떻게 코스타스의 교회성장이론의 관점에서 평가되는지 분석하고자 한다.

(1) 질적 목표의 제시

2장에서 필자가 언급한 대로 교회의 성장은 통전적인 것이 되어야 한다. 따라서 교회성장의 목표를 양적 혹은 숫자적 차원으로만 접근하는 것은 교회의 성장을 피상적으로 이해하게 만든다. 하나님의 백성의 공동체로서의 교회가 성장하는 것은 복합적이면서도 동시에 신비로운 것이다. 이러한 관점에서 볼 때, 본 교단이 지난 5년 동안 진행한 교회성장운동의 가장 뚜렷한 공헌점은 그동안의 양적 접근을 지양하고, 교회성장을 질적 차원을 강조함으로써 교회의 성장운동으로 보다 통전적으로 접근하려고 하였다는 점이다. 이번 교회성장운동에는 어디에도 숫자적 목표를 제시하지 않고 있다. 사실, 그동안 본 교단이 진행하였던 교회성장운동은 주로 숫자적 목표를 제시하여 성도들의 전도 활성화를 시도하였다. 만사운동의 경우, 1만교회 400백만 신도를 목표로 하여 전도운동을 펼쳤고, 2007년 진행되었던 100만인 성도운동, 2008년부터 2009년까지 진행되었던 300백만 성도운동 모두 양적 성장을 목표로 삼았던 교회성장운동이었다. 이에 반해 이번 교회성장운동은 슬로건 자체가 양적 목표를 제시하기보다는 질적 목표 qualitative goal 를 제시하였다. 즉, 동반성장, 균형성장, 지속가능한 성장이라는 슬로건은 교회성장운동의 목표를 질적 목표로 삼은 것이다. 특히 질적 목표로서의 '지속가능한 성장'이라는 목표는 성장운동 자체를 일시적인 운동으로 진행하기보다는 장기적인 접근을 담지하고 있다. 즉, 교회성장은 결국 그리스도인들의 복음의 재발견과 복음의 능력을 회복할 때 가능하다는 확신속에서 단기적 혹은 숫자적 목표제시보다는 보다 장기적 접근을 시도하고 있는 것이다. 이것은 복음전도사역과 교회성장을 위한 노력은 일시적인 노력으로 이루어질 수 없으며, 또한 특정 숫자의 목표를 달성하는 것으로 교회성장을 평가할 수 있는 것이 아니라는 깨달음 때문이었을 것이다. 오히려 '동반성장', '균형성장', '지속가능한 성장'이라는 슬로건으로 그동안 본 교단이 진행해온 교회성장운동의 방향을 양적 성장에서 질적 성장의 방향으로 뚜렷하게 변화시켰다. 결국 교회의 통전적 성장wholistic growth을 강조하는 코스타스의 주장에 부합한 접근이라고 하겠다.

(2) 동반성장을 강조

이번 총회교회성장운동의 또 다른 공헌점으로는 총회의 크고 작은 모든 교회들이 동반성장을 할 수 있도록 방안을 마련한 점이다. 동반성장이란 한국교회 내의 대형교회와 작은교회 간의 인적 물적 자원의 불균형으로 인해 교단 내 교회들의 균형 있는 성장이 이루어지지 못한 것을 극복하고, 대형교회와 작은 교회가 협력하여 교단 전체의 균형 있는 성장을 이루려는 것이다. 사실, 농어촌지역의 소형 교회들은 교회성장을 기대하기는 어려울 뿐 아니라, 교회를 유지하기 위한 최소한의 인적 물적 자원이 부족한 형편이다. 교세감소로 크게 위축된 시골교회와 도시의 소형 교회가 상대적으로 어려움을 더욱 크게 체감하는 현실 속에서, 대형교회와 작은교회가, 또한 농어촌교회와 도시교회가 서로 동반성장하고, 균형발전하고 지속적 발전을 위한 방안을 마련한 것이다. 특히 "동행하는 주일운동"은 동반성장을 강조하는 대표적인 사업이었다. 이것은 추석이나 설날 같은 명절에 성도들이 고향교회나 작은 교회를 방문하여 예배드리고, 출석교회만큼 힘껏 헌금하고, 방문 후 방문교회의 주보나 역사자료 및 교회현황 사진 등을 수집하여 출석교회에 전시함으로 교인들의 지속적인 기도와 관심을 가지도록 하고, 담임목회자는 동행주일을 선포하고 고향교회나 지원교회를 방문하고 예배를 드리도록 독려하는 것을 포함한다.[16] 이와 함께 동반성장을 위한 자원의 공유운동도 함께 진행하였다. 특히 장년세대분과의 사업으로는 노회차원에서의 "5대 공유운동"을 펼쳤다. 이 공유운동은 기도공유, 반주공유, 전도공유, 예배공유, 설비 공유를 위한 노력을 펼치고, 공유목회 사례공모전과 사례모음집을 발간하는 등 실제 공유목회를 통한 동반성장을 꾀하였다. 동반성장이 슬로건에 그치지 않기 위해서 동반성장하는 사례들이 발굴되어 소개되어 동반성장의 실천을 강조하였다.

본 교단의 교회성장운동이 동반성장을 지향한다는 점은 오르란도 코스타스의 이론에 근거하면 '개념적 성장conceptual growth'의 차원을 담고 있다. 2장에서 필자가 언급한 대로 교회의 통전적 성장은 숫자적 성장만이 아니라, 신학적 차원의 성장도 포함해야 한다. 그동안 한국교회는 개교회의 성장을 보편 교회의 성장과 동일시하는 경향이 있다. 개교회 중심적 신앙생활의 사고와 구조는 개교회 이기주의를 만들어내었다. 따라서 보편교회의 성장보다는 개교회의 성장에만 집착하였다. 그 결과 회심성장보다는 손쉬운 수평이동을 통한 교회성장을 은근히 시도하고, 심지어는 양뺏기를 조장하는 일이 적지 않게 벌어졌다. 코스타스는 교회의 참다운 성장은 교회의 본질에 대한 신학적 성장이 함께 이루어져야 한다고 주장하였는데, 이런 관점에서 본

---

16 최기학, "형제가 연합하여 동거함이 어찌 그리 아름다운지요: 동행하는 주일 총회장 목회서신," 『한국기독공보』 (2018. 2. 17).

교단이 지향한 동반성장의 노력은 실제 자신이 속한 지역교회의 성장만을 강조하는 것이 아니라 그리스도를 구주로 섬기는 모든 성도들의 교회가 동반성장하기 위한 노력을 함께 시도하였다는 점에서 신학적 성장의 측면을 가진다. 예를 들어 사회적 요소로 인해 열악한 환경에 있는 농어촌교회의 성장을 돕기 위한 동반성장운동은 보편교회로서의 '함께 성장'을 강조한다. 대형교회는 작은교회의 성장을 위해 인적 물적 자원을 나누어야 한다. 감소하거나 정체된 이웃교회들을 향한 동반성장을 위한 동역의식은 보편교회에 대한 신학적 인식의 발로인 것이다. 이런 의미에서 이번 교회성장운동의 가장 뚜렷한 공헌점 중의 하나가 바로 동반성장을 위한 노력이라고 평가된다.

(3) 세대별 접근을 통한 균형성장 강조

이번 2014년부터 5년간 진행된 총회교회성장운동에서 주목할 만한 것이 바로 세대별로 세분화하여 각각의 세대별 차별화된 접근을 시도한 것이며, 이러한 맞춤형 접근으로 다양한 세대의 균형성장을 꾀한 것이다. 과거 본 교단의 교회성장운동은 전체교인의 숫자를 증가하는 방식이었다. 그러나 이러한 방식은 전체 성도의 성장에만 집중하여 특정세대별 성장 및 감소현상을 파악하지는 못하였다. 그 결과 2000년을 넘어서면서 뚜렷하게 증가하는 주일학교 어린이 및 청소년 성도들의 급격한 감소현상을 파악하지 못하였다. 그러나 이번 교회성장운동은 세대별로 세분화하고, 각 세대별로 '전문화'를 시도

하였다는 점에서 뚜렷한 차이점이 있다.[17]

교회성장운동의 세대별 맞춤형 성장방안들은 각각 세대의 필요와 욕구가 다르고, 또한 각각 세대의 처해진 상황이 다름을 인식한 것이기에 대상자들의 상황과 필요에 민감하게 대응하는 방식을 채택하였다. 이것은 코스타스의 질적 성장의 3가지 변수 중에서 성육신적 요소를 담고 있다. 코스타스는 교회의 진정한 통전적 성장은 적어도 3가지 질적 변수를 고려해야 한다고 주장했는데, 즉, 영성, 성육신, 충실성의 질적 요인이다. 특히 성육신의 질적 요인은 교회의 성장이 교회가 몸담고 있는 사회적 상황에 뿌리를 내리고 있는가? 라는 질문과 관련 있다. 이런 면에서 볼 때 이번 교회성장운동은 한국사회의 세대별로 구별되는 사회적 이슈와 과제들에 대하여 적절하게 응답하려고 노력하였다는 점에서 볼 때 코스타스가 말하는 질적 특성으로서의 성육신적 요인을 반영하고 있다. 한국교회는 한국사회가 직면한 다양한 사회적 문제와 씨름하면서, 한국 상황 안에 뿌리를 내린 상태로 교회성장을 시도해야 한다. 예를 들어 오늘날 한국사회가 직면한 문제 중 하나가 바로 인구절벽시대를 살고있는 것이다. 저출산으로 인한 갑작스러운 인구절벽문제는 교회에도 심각하게 영향을 미쳤다. 따라서 다음세대에서 주일학교 청소년 성도 인구의 감소현상을 적극적으로 다루었다는 점은 교회성장운동이 한국사회안에서의 다양한 사회적 이슈와 연결하여 논의되었음을 보여준다. 또한 장년세대에서는 가나안 교인 문제에 대하여 심도 있게 다루었다. 이것은 장년세대성도들이

17   박민균, "통합, 세대별 균형 성장지원 운동 전개," 『기독신문』 (2014. 11. 18).

한국교회에 대한 실망으로 나타나는 탈교회 현상을 주목하지 않고는 교회성장의 문제를 제대로 다룰 수 없다는 것을 인식한 것이다. 뿐만 아니라 급격한 고령화 사회로 진입하면서 새롭게 등장한 신노년세대에 대한 논의는 노년세대분과에서 활발하게 논의되었는데, 이것은 결국 한국교회성장의 견인역할을 해왔던 베이비붐 세대가 은퇴를 하면서, 이들에 대한 새로운 전도전략을 마련하려는 노력이 노년세대분과에 반영된 셈이다. 무엇을 말하는가? 각 세대별 구체화된 교회성장전략들은 한국사회가 직면한 사회적 문제에 응대하는 방식으로 마련된 것이다. 필자가 판단하기에 한국사회 안에 몸담고있는 한국교회의 통전적 성장은 한국사회가 직면한 다양한 사회적 문제와 결코 분리될 수 없기에, 이러한 문제를 적극적으로 다루고 응대하는 노력들은 이번교회성장운동의 공헌적 측면으로 판단된다.

(4) 교회성장운동과 마을목회와의 연대: 내향적 교회성장에서 선교적 교회성장으로

교회성장운동의 열매맺기 단계에서는 마을목회로 그 강조점을 두었다. 즉, 총 5개년 교회성장운동 로드맵에서 4단계 열매맺기의 단계에서는 "운동의 방향을 교회 안이 아니라, 밖을 지향하며, 총회가 추진하는 마을목회운동과 연계하여 진행하기로 하였다."[18] 이것은 교

---

18   표현모, "열매맺기 단계, 마을목회로,"『한국기독공보』 (2017. 12. 9).

회성장운동이 단순히 지역교회의 성도숫자 늘이기를 위한 노력으로 전락하는 것이 아님을 보여주는 것이었다. 특히 총회교회성장운동의 후반부에 집중되었던 마을목회와의 연계는 목회자뿐 아니라, 이론적 근거제시를 위한 신학자들의 연합적 노력이 뚜렷하게 엿보였다. 마을목회에 관한 신학적 작업을 펼친 한국일 교수, 성석환 교수 등이 마을목회를 위한 세미나와 마을목회 확산을 위한 세미나 등에 적극적으로 참여하여 활약하였고, 마을목회를 실천하는 교회들의 목회자들이 적극 참여함으로써 이론과 현장의 조화가 이루어졌다.

코스타스는 교회의 통전적 성장을 위해서는 디아코니아적 차원의 성장이 있어야 한다고 주장한다. 사실, 코스타스의 통전적 성장 개념이 이전의 교회성장운동과 뚜렷한 차이를 보이는 것이 바로 이 성육신적 성장을 강조하는 것이다. 본 교단은 교회의 성장이 단순히 지교회의 숫자적 성장을 목표로 하는 것이 아니라, 나아가서 건강하고 통전적인 성장을 이루는 것은 지역사회 안에서의 교회의 역할을 인식하고, 지역사회의 다양한 문제에 예언자적, 혹은 제사장적 사역으로 참여함으로써 세상과 소통할 뿐 아니라, 세상에 복음의 메시지를 나누며 지역사회의 특수한 상황에 성육신하는 교회로 성장한다는 의미를 담고 있다. 따라서 본 교단이 진행한 교회성장운동이 개교회의 숫자적 성장을 목표로 머물러 있지 않고, 마을과 함께 소통하는 교회로 성장하도록 한 점은 교회성장운동이 내부지향적인 운동에서 외부를 향하는 선교지향적 교회성장운동으로 전개된 것이다. 여기서 교회성장운동과 선교적 교회론이 만나고 있다. 필자는 앞으로의 교회성장운동은 선교지향적 교회성장운동이 되어야 한다고 확신하는데 이러한 시도들이 이번 운동의 마지막 단계에서 비록 기초적인 방식이라고 하더라도 시도되었다는 점에서 그 의의가 깊다고 생각한다.

(5) 교회성장운동과 교회개혁운동의 연대 필요

2장에서 필자는 코스타스의 통전적 교회성장의 차원에 유기체적 성장의 차원을 언급한 바 있다. 코스타스가 말하는 유기적 차원의 성장이란 교회의 구조적 측면을 의미한다. 즉, 교회의 예전, 목회리더십, 재정적 구조, 평신도에 대한 훈련, 평신도의 사역참여, 사역의 종류들, 조직의 효율적 운영 등에 있어서 성장이 있었는가를 살피는 것이다. 필자는 이러한 유기체적 교회성장의 측면을 교회개혁과 관련 있다고 판단한다. 그런데 사실, 이번 교회성장운동은 교회내의 민주화를 위한, 즉, 유기체적 성장을 위한 구체적인 방안이 논의된 바는 없었다. 교회정치의 민주화를 위한 노력, 교회 내 섬김의 리더십의 함양을 위한 노력, 평신도들과의 협력, 재정적 구조의 투명성의 증진 등을 위한 노력 등은 실제 당장 눈에 띄는 성장을 만들어내지는 못하지만, 교회의 통전적 성장을 위해서 반드시 필요한 과제이다.

그런데 이번 교회성장운동에서 직접적으로 유기체적 성장을 위한 방안을 마련하지는 않았으나, 간접적으로 유기체적 성장을 이루어내는 초석을 마련한 것들이 이번 총회교회성장운동의 일환으로 전개된 것도 있었다. 바로 세대별로 차별화된 교회성장방안을 마련하면서 파생된 효과들이다. 예를 들어 주일학교의 활성화를 위한 평신도

전문지도자의 육성은 그동안 목회자중심의 주일학교 교역자발굴을 평신도에게 확대하여 교회 내 리더십영역을 평신도에게 까지 확대하였다는 점에서 교회내의 민주적 운영을 위한 초석을 마련한 셈이다. 또한 예산운영에 있어서도 도시의 대형교회들이 자신들의 교회 내적 사업에 집중하기보다는 미자립교회들의 사업을 돕는 예산집행을 하게 함으로써 보다 건전한 교회 재정의 운영을 하도록 하는 효과를 낳았다.

필자가 판단하기에 진정한 교회성장은 양적 성장뿐 아니라 교회의 개혁과 함께 이루어질 필요가 있다. 교회성장운동이 교단의 양적 성장을 위한 노력으로만 보여질 때 보다 넓은 공감대 형성을 얻어내기 어렵기 때문이다. 그러나 교회내의 민주화를 위한 노력들, 혹은 교회의 독재적 리더십에 대한 개혁, 평신도 리더십의 이양을 위한 노력, 재정 사용의 투명성 확보과 같은 교회개혁적 요소들도 교회성장의 관점에서 다룰 수 있다. 따라서 필자는 향후 본 교단의 교회성장운동을 전개할 경우, 보다 의도적으로 교회개혁적 요소를 다루는 '유기체적 성장'을 위한 전 교단적 노력이 포함될 수 있기를 제안한다. 교회개혁적 요소는 오늘날의 한국사회 안에서 교회에 대한 긍정적 이미지를 제공함으로써 장기적으로 교회성장의 긍정적 요소로 작용할 수 있다. 결국 개혁을 위한 노력은 교단의 통전적 성장을 위한 요소가 될 수 있다.

(6) 교회성장에 있어서의 성령의 역사 강조

교회의 성장은 인위적인 인간의 노력으로 가능한 일은 아니다. 철저하게 성령의 역사에 의해서 부흥과 각성이 일어나며 그 결과가 자연스러운 교회의 성장으로 나타난다. 일반적으로 교회성장운동은 교회성장을 방해하는 사회학적 요소들을 파악하고, 그 장애요소를 제거함으로써 교회의 원래적 생명력으로 교회가 성장하도록 돕고자 한다. 그럼에도 불구하고, 역사를 통해서 보면 교회의 성장은 하나님의 백성들의 회개와 각성, 부흥의 경험들의 결과이지 어떤 사회학적 요소들의 확보로 인해 가능한 것은 아니다. 코스타스도 이러한 이유 때문에 통전적 성장의 질적 요인으로서의 '영성'spirituality을 중요하게 여겼다. 교회성장운동의 아버지로 불리는 도날드 맥가브란Donald McGavran도 복음의 각성으로 인한 부흥과 교회성장간의 상관관계를 밝히려고 노력하였다. 그는 부흥과 교회성장은 서로 깊게 연관되어있다고 보았다. 맥가브란은 특별히 간절하고 종종 오랫동안 지속되는 기도가 있은 후에 부흥이 일어나며, 부흥의 또다른 요소로 하나님의 말씀으로서의 성경지식을 강조한다.[19] 이러한 관점에서 볼 때 이번 총회교회성장운동이 처음부터 5번째 분과로 지도자영성분과를 운영하면서 교회성장을 위한 교회지도자의 영성고양을 위해 노력한 점은 교회성장의 인위성을 극복하고 성령의 역사의 결과로서의 교회성장이 이루어지

---

19 Donald McGavran, *Understanding Church Growth*, 3rd ed., 최동규 외 역, 『교회성장이해』 (서울, 대한기독교서회, 2017), 234-236.

기를 소망한 것이리라 본다. 다만 영성의 고양은 참다운 회개와 영적 각성의 경험이 집단적으로 일어날 때 저절로 일어나는 것이므로 앞으로의 교회성장운동은 철저한 회개운동과 영적각성운동의 전국적이며 동시다발적인 기도운동과 하나님의 말씀으로서의 성경공부의 활발한 전개를 함께 진행함으로 교회성장운동이 전개될 필요가 있다.

(7) 교회성장운동의 이론적 토대 마련 필요

총회교회성장운동의 긍정적인 측면에도 불구하고 개선해야 할 사안으로 필자는 교회성장운동의 이론적 토대를 마련하는 일을 함께 진행할 것을 제안한다. 이론적 토대란 과거의 교회성장운동에 대한 검토와 함께 새로운 교회성장운동의 신학적 당위성과 타당성을 제공하는 차원에서 다차원적으로 이루어질 필요가 있다. 먼저 교단적 차원의 새로운 교회성장운동을 진행할때 과거 진행되었던 교단의 전도 및 교회성장운동에 대한 평가에 근거하여 진행될 필요가 있었다. 본 교단이 진행하였던 만사운동이나 300백만 성도운동 등에 대한 연구가 이미 국내선교부의 교회부흥성장위원회에서 진행된바, 그동안 연구된 내용들이 이번 총회교회성장운동에서 충분히 공유되거나 성찰되지 못한 점은 아쉬운 점이다. 뿐만 아니라, 총회교회성장운동을 전개할 때 그 정당성과 필요성을 위한 신학적 토대를 마련하고 진행되었더라면 이 또한 교회성장운동을 보다 활발하게 전개할 수 있는 동력이 될 수 있다. 예를 들어 필자가 2장에서 언급한 코스타스의 통전적 교회성장이론은 실제로 본 교단의 교회성장운동을 위한 건전한 신학적 토대를 제공할 수 있다. 또한 북미대륙에서 3세대 교회성장학자로서 교회성장이론의 교회론을 제시한 찰스 반 엥겐 Charles Van Engen 의 "성장의 양" Amount of Growth 보다는 "성장을 향한 열망" Yearning for Growth 을 강조한 이론은 교회성장의 통전적 접근을 위한 신학적 토대를 제시할 수 있다.[20] 다행스럽게도 교회성장운동의 후반부에 이르러 강조되었던 마을목회적 운동 방향은 최근 선교학계에 크게 주목받는 "선교적 교회론"의 이론적 후원을 받아 진행되었기에, 그전의 교회성장운동에 비해 비교적 신학적 성찰이 튼튼한 마을목회운동이 되었다. 필자가 확신하건데, 교회성장운동이 통전적인 접근을 하기 위해서는 교회는 자연스럽게 성장하는 것이라는 신학적 확신과 함께 교회성장이 지속적으로 진행될 수 있도록 노력할 필요가 있다. 특히 오늘날과 같이 교회성장에 대한 부정적 이미지가 만연한 상황에서는 더욱 교회의 성장이 왜 필요한지에 대한 보다 면밀한 신학적 성찰을 통해 더욱 신학적으로 견고하게 운동을 전개할 수 있을 것이다.

20 Charles Van Engen, *God's Missionary People: Rethinking the Purpose of the Local Church*, 임윤택 역, 『하나님의 선교적 교회』 (서울: 기독교문서선교회, 2014), 137-139.

5. 나오는 말

필자는 이 글에서 2014년부터 2019년까지의 5년간 진행된 예장 통합 교단의 총회교회성장운동을 오를란도 코스타스의 관점에서 분석, 평가해보았다. 5년간 진행된 이번 교회성장운동은 과거의 교회성장운동이나, 전도운동과는 사뭇 다른 모습을 보이고 있다. 긍정적인 면으로는 질적 성장의 목표제시, 대형교회와 작은교회간의 동반성장 강조를 통한 교회간의 연대의식 고취, 세대별 맞춤형 접근을 통한 전문화 및 균형적 접근, 후반부에 마을목회의 강조를 통한 선교적 교회성장의 지향 등을 들수있겠다. 보다 바람직한 교회성장운동을 위해, 교회성장운동과 교회개혁운동의 연대, 교회성장운동의 신학적 토대 마련, 회개와 부흥을 위한 영성적 접근의 강화 등을 제안하였다.

필자가 생각하건데 교회성장운동의 성패는 실제적인 교세의 증감에 있는 것이 아니다. 오히려 교회성장운동의 성패는 교회의 본질이 통전적 성장에 있다는 사실을 인식하고 전 교단적으로 꾸준히 교회성장을 위해 노력할 때 이 운동의 진정한 성공적 결과를 경험하게 될 것이다. 이제 교회성장운동이 마무리되지만, 교회의 통전적 성장을 위한 노력을 결코 멈출 수 없다. 바라기는 교회는 하나님의 백성의 공동체로서의 그 본질적 역할을 감당할 때 교회는 통전적으로 성장을 경험한다는 사실을 지속적으로 상기하고 교회의 통전적 성장을 위해 노력하는 교단이 되길 기도한다.

11장

치유를 지향하는 환대의 선교

이글은 "예장통합교단의 교회성장운동도에 대한 평가: 오를란도 코스타스의 통전적 교회성장의 관점에서" 총회 교회성장운동지원본부 백서, (서울: 한국장로교출판사, 2019), 335-354쪽에서 처음 출판되었음.

11장   치유를 지향하는 환대의 선교

1. 들어가는 말

2. 선교신학에서 이야기적 접근의 중요성

3. 상처입은 세상에서 '치유를 지향하는 환대' 실천하기:
   개인적 이야기

4. 환대와 치유에 대한 이론적 접근

5. 상처입은 세상을 향한 교회의 선교:
   '치유를 지향하는 환대'를 향하여

6. 나오는 말: '치유를 지향하는 환대'의 선교, 그 여정을
   시작하며

1. 들어가는 말

코로나 팬데믹의 상황이 전 세계적으로 수많은 사람들을 고통 속으로 몰아가고 있다. 사회적 거리두기가 장기화되면서 어느새 방역에 대한 인식이 느슨해진 틈을 타서 수도권지역에서 시작된 3차 대유행이 전국적으로 확대되었고, 한국 사회 전체가 극심한 스트레스와 심리적 불안증으로 고통받고 있다. 어디에도 안전한 곳은 없고, 가족도 친구도 대면하는 일이 극도로 꺼려지며, 누구라도 갑작스럽게 밀접 접촉자가 되어 기피 대상이 되고, 확진자는 갑자기 이유없는 죄책감을 느끼고 자신을 기피하는 사람들에게 분노한다. 매일 들려오는 사망자의 숫자는 가슴 아픈 이별을 갑작스럽게 경험하는 우리 이웃들의 이야기가 담겨있다. 이 아픔의 경험은 어떤 이들에게는 사랑하는 사람과의 안타까운 이별의 슬픔과 아픔의 경험이며, 어떤 이들에게는 경제적 파산이라는 절망의 경험이며, 어떤 이들에게는 집단발병의 원인으로 낙인찍혀 회복할 수 없어져 버린 집단 따돌림의 경험이기도 하며, 어떤 이들에게는 강도 높은 사회적 거리두기로 극심한 정신적 피로감과 우울감의 경험이다. 참으로 코로나 팬데믹으로 인해 세상이 모두 함께 고통받고 있다.

필자는 코로나 팬데믹으로 인해 온 세상이 고통받는 상황에서 교회가 실천해야 할 선교는 상처받은 세상에 '치유healing를 지향하는 환대hospitality'의 선교이어야 한다고 주장한다. 지금 세상은 '치유를 지향하는 환대'의 선교에 동참하는 하나님의 백성이 필요하다. '치유를 지향하는 환대'사역은 신앙공동체 전체가 감당해야 할 선교사역이며, 동시에 삶의 현장에서 만나는 깨어진 존재들을 향한 그리스도인들의 개별적 사역으로 표현되어야 한다. 이것이 바로 오늘날 상처입은 세상에서의 교회가 감당해야 할 선교적 실천이 되어야 한다.

이 글은 특별히 이야기적 접근을 중심으로 전개한다. 이야기신학은 이야기를 통해 하나님이 어떻게 인간, 및 세상과 관여하시는지를 신학적으로 성찰하는 접근이다. 명제적 접근propositional approach은 오늘날과 같은 총체적 아픔의 현장을 담아내고, 그 아픔을 치유하기에는 한계가 있다. 이에 반해, 이야기는 인간 존재의 다양한 차원을 담아낼 뿐 아니라, 특히 심리적 차원의 깊은 깨어짐의 경험을 더 풍성하게 소통하고 치유하게 한다. 이야기는 사건의 구체적이며 다면적인 차원을 줄거리에 담아냄으로써, 인간 내면의 복잡한 심리를 간접적인 방식으로 소통하게 한다. 따라서 본 글에서는 자신이 경험한 두 개의 이야기를 통해서, '치유를 지향하는 환대'의 선교의 가능성을 제시하려고 한다.

2 | 선교신학에서 이야기적 접근의 중요성

신학이 종래에는 명제적 접근이 주를 이루었으나, 1970년대부터 신학의 방법론으로 이야기적 접근의 중요성이 부각되기 시작하였다. 이에 새롭게 등장한 이야기 신학이 주목을 받게 되었다. 이야기 신학은 이야기라는 형태를 통해서 신학의 내용을 창조적인 방식으로 다루는 것인데, 즉, 하나님에 대하여 또한 하나님이 인간과 어떻게 관여하시는지에 대하여, 그리고 그 사람들을 통해서 일어난 사건들, 그 사건 안에서 어떻게 사람들이 절망에서 희망으로, 변화되고 성장하는지를 이야기 줄거리를 사용하는 방식으로 표현하는 접근이다.[1]

가브리엘 페크레Gabriel Peckre는 신학의 영역에서 이야기가 주목받는 근원적인 이유를 오늘날의 사조와 연결한 윌리엄 도티William Doty의 주장을 인용하면서, 그동안 진행되어온 소위 과학의 토론 종결적 the cloture of science인 태도, 집단적 선언의 공허함emptiness of mass-speak, 그리고 정의definitions와 도그마dogma의 폭압tyranny에 저항하는 흐름과 관련 있다고 하였다.[2] 페크레에 의하면, 이야기는 그 안에서 얻어지는 인간 감정의 다양한 표현에 대한 갈망과 즉흥성과 자기표현의 욕구가 결국 즉각적이며 개인적인 경험의 갈망으로 나타난 현상이기도 하다고 하

---

1 Gabriel Fackre, "Narrative Theology: An Overview," *Interpretation: A Journal of Bible and Theology* 37, no. 4 (1983), 343.

2 William G. Doty, "The Stories of Our Times," in *Religion as Story*, ed. James B. Wiggins (New York: Harper & Row, 1975), 94.

였다.[3] 또한 이야기의 강조는 약자들의 목소리를 대변하는 옹호신학 advocacy theology에 의해서 크게 주목받는데, 왜냐하면 이야기는 그동안 들려지지 않았던 소외된 약자들의 소리로 들려질 수 있는 대안적 방법으로 제시되었기 때문이었다.[4]

이야기 신학은 선교학의 영역에서도 그 가치를 점차 인정받기 시작했다. 물론 선교학의 영역에서는 일찍부터 선교사들의 전기를 다루는 방식으로 이야기의 가치가 인정되어 왔었다. 그러나 최근 들어와서 이야기 신학이 적극적으로 선교학의 영역에 수용되기 시작했다. 예를 들어, 낸시 토마스Nancy Thomas는 이야기가 선교학적 성찰에 중요한 역할을 한다고 주장하였다. 그녀는 이야기야말로 역사 안에서 일하시는 하나님의 선교의 발자국footprints of God을 발견할 수 있게 한다고 하였다. 그녀에 의하면, 우리가 하나님의 선교의 발자국을 따른다는 것은, 결국 이야기 속으로 들어가서 이야기를 쓰고, 이야기를 말하고, 이야기를 배우며, 이야기로 살아가는 것이며, 그것이 바로 진정한 하나님의 선교에 참여하는 것이다. 결국 이야기는 우리들로 하여금 하나님의 선교에로 동참하도록 동기 유발한다고 하였다.[5]

프란시스 아드니Francis Adney도 이야기의 형태인 자서전적biography 접근의 중요성을 강조하였다. 아드니는 개인이 몸 담고 있는 사회/역사적 자리 안에서의 진짜 사람들의 이야기를 연구하는 것은 우리의

3 Fackre, "Narrative Theology: An Overview," 347.

4 위의 글, 347.

5 Nancy Thomas, "Following the Footprints of God: The Contribution of Narrative to Mission Theology," in *Footprint of God: A Narrative Theology of Mission*, eds. Charles Van Engen, Nancy Thomas and Robert Gallagher (Monrovia: MARC, 1999), 226.

선교 신학에 도움이 되는데, 즉, 학자들로 하여금 좀 더 정확하게 기독교 선교의 그 영향이 그 현장에서 어떻게 이루어졌는지를 이해하도록 돕는다고 주장한다.[6] 결국, 하나님의 선교에 동참한다는 것은 형이상학적으로 논증해야 하는 학문적 성찰이 아니라, 사회정치적이며 역사적인 요인이 함께 작용하는 구체적인 사람들과 현장 안에서 이루어져야 하는 것이다. 그동안의 신학이 하나님의 선교의 구체적인 상황 안에서 구체적인 인물들의 이야기로 나타나야 함을 간과해왔다는 점에서 이야기 선교학은 그 의미가 크다.

이에 필자는 적어도 네 가지 차원에서 이야기적 접근이 선교 신학의 영역에서 의미 있는 공헌을 할 수 있다고 주장한다. 첫째로, 이야기적 접근은 그동안의 선언적 명제로 혹은 추상적인 개념으로 하나님과 세상에 대하여, 그리고 인간의 운명과 해결책에 대하여 소통하였던 기존의 신학 방법론의 한계를 극복할 수 있다. 사실, 그동안 전통적인 신학은 선언적 명제와 추상적 개념들로 나열되어 실제의 사람들의 삶과 동떨어져 있었다. 그러나 이야기는 그동안의 선언적 명제와 추상적 개념으로 구성된 건조한 신학적 성찰에 생명력과 기쁨과 활력을 제공한다. 즉, 이야기는 신학이 '진짜 세계' real world 와 연결하도록 돕는다.[7] 이야기는 근본적으로 통합적이며 융합적인 방식으로 삶과 연결되어 소통되기 때문에, 이야기는 사람들이 살고 있는 그 현장, 바로 그 세상의 진짜 사람들과의 소통의 방식을 채택한다. 그리고 이

---

6   Francis S. Adeney, "Why Biography? Contributions of Narrative Studies to Mission Theology and Mission Theory," *Mission Studies* 26 (2009), 157.

7   Thomas, "Following the Footprints of God," 233.

야기는 바로 그 현장에서 어떻게 하나님의 은혜와 용서와 변혁적 능력이 번역translate되는지를 드러낸다. 이런 의미에서 이야기적 접근은 하나님의 선교가 선언적 명제로 표현되지 않고 오히려 현재 진행 중인 선교mission on the way로 표현된다.[8]

둘째로, 이야기는 특히 오늘날과 같은 고통과 아픔이 만연한 현장에 교회의 선교적 수단으로도 적절하다. 신학적 주제로서의 인간 실존의 아픔과 고통은 명제적이며, 논리적인 방식으로 설명되거나 이해되기보다는 전인적 존재로서의 인간이 수용하고 받아들여야 하며, 이것은 자신의 감정, 즉, 기쁨과 슬픔, 절망과 희망을 모두 담아져야 한다. 특히 절박한 아픔의 현장은 평소보다 훨씬 더 감성적 차원이 드러난다. 그러므로 특히 고통과 아픔이 만연한 순간에는 그 아픔과 절망에 대한 논리적 설명은 실제 고통받은 사람들에게 설득력이 별로 없다. 마치 욥의 절망과 고통에 대하여 제시한 친구들의 논리적 설명들은 비록 그것이 자신들이 제공할 수 있는 당시 최고의 지혜의 산물이라고 하더라도, 욥에게 위로가 되지 못했다. 오히려 욥의 강한 분노와 좌절과 절망을 일으켰다. 그러나 고통과 아픔의 순간에 이야기는 공감력의 가치를 여실히 드러낸다. 그러므로 이야기는 특별히 고통이 만연한 현장에서의 신학적 접근으로 적절하다.

셋째로, 종래의 전통적인 명제적propositional 소통이 다소 강제적인 반해, 이야기는 일방적이거나 침입적이지 않다. 즉, 이야기는 전달자의 경험을 상대방에게 강제하지 않아도 되며, 오히려 이야기를 통

---

8 위의 글, 230.

해서 자연스럽게 듣는 자들의 이야기와 내적 공명을 경험하도록 이끈다. 자신의 이야기를 나눌 때, 이야기는 또 다른 이야기를 만나면서 서로 연결된다. 그리고 이러한 방식으로 이야기들은 공감과 소통의 공간을 창출한다. 이야기는 선언적 선포보다 훨씬 간접적인 방식으로 변혁을 위한 능력을 제공한다. 즉, 이야기는 타인의 생각을 침해하지 않으면서도 이야기 속에 있는 새로운 관점을 간접적으로 초청함으로써 변화를 유도한다.

　　넷째로 이야기는 특히 선교적 동기유발에 유익하다. 먼저, 성경 안에서 발견되는 이야기들은 우리들로 하여금 하나님의 선교에 참여하도록 동기 유발한다. 이 위대한 하나님의 선교 이야기들은 우리들의 작은 이야기들을 함께 공명되며, 우리들의 이야기에 의미를 부여하며 우리들의 고난과 투쟁과 슬픔이 하나님의 선교를 위해 사용하는 재료가 됨을 배운다.[9] 또한 우리 자신의 이야기는 우리들을 선교에로 이끄는 동기가 된다. 개개인의 독특한 이야기들안에서, 나아가 자신이 몸담고 있는 우리들의 공동체의 이야기 안에서, 우리 모두는 선교의 동기를 발견한다.[10] 또한 세상 사람들의 이야기도 선교적 동기를 촉발시킨다. 즉, 세상 사람들의 이야기 속에서 발견되는 아픔과 슬픔, 절망과 좌절, 그리고 희망을 볼 때, 즉, 그리스도를 통한 구원의 경험이 필요한 절망하는 사람들의 이야기들은 우리들로 하여금 하나님의 선교에로 이끄는 동기가 된다.[11] 결국 이야기는 우리를 하나님의 선교

9　위의 글, 227.
10　위의 글, 228.
11　위의 글, 229.

에로의 참여로 이끈다.

요약하면, 이야기적 접근은 전통적인 신학의 방식인 명제적 접근의 약점을 극복하고 신학이 실제 사람들과의 만남을 이루어지게 하며, 고통이 만연한 현장에서 전인적 존재로 복음을 소통할 수 있게 하며, 소통의 방식에 있어서도 강제적이기보다는 초청적이다. 또한 이야기적 접근은 선교에 있어서 지속적으로 동기 유발한다. 따라서 이야기적 접근은 오늘날과 같이 고통이 만연한 때에, 보다 심오한 선교신학적 통찰을 제공할 수 있다.

3 | 상처입은 세상에서 '치유를 지향하는 환대' 실천하기: 개인적 이야기

필자는 2장에서 이야기가 선교학의 영역에서 어떤 중요성을 지니는지를 살펴보았다. 이제 본 장에서는 필자가 직접 경험한 것으로, 어떻게 필자가 상처입은 존재가 되었으며, 어떻게 그 상처를 기독교 신앙의 핵심인 죽음과 부활을 실존적 경험으로 받아들여 치유의 경험으로 이어졌는지, 그리고 그 경험이 어떻게 타인을 치유하는 선교적 환대로 이어졌는지를 이야기를 통해서 드러내고자 한다.

(1) 첫 번째 이야기

2016년 11월 25일은 필자에게는 가장 기억하고 싶지 않은 날이다. 그날은 필자의 남편이 간암 말기 선고를 받은 날이다. 환자의 상태는 돌이킬 수 없는 상태였다. 그의 나이 53세에 시한부 삶이 시작되었다. 필자의 기독교 신앙과 기독교 사역은 이때를 전후로 해서 완전히 새로운 단계에 들어갔다. 2017년 2월 12일에 남편은 죽음을 맞이했다. 약 3개월 동안의 투병 생활 중에 우리 가족은 함께 절망했고, 함께 통곡했고, 함께 분노했고, 함께 하나님께 탄원했다. 그러나 시간이 지나면서 우리는 기독교적 죽음의 참다운 의미를 찾아가는 여정을 시작했고, 서서히 그리스도인으로서 죽음의 진정한 의미를 배웠다. 죽음이 가까이 다가올수록, 우리는 육신적 죽음이 유한한 인간의 거부할 수 없고, 가장 아픈 실체임을 배웠다. 그 죽음을 직면해야 하는 당사자가 겪게 되는 두려움과 절망은 상상을 초월하는 것이었다.

죽음을 직면해야 하는 시간이 다가오고, 결국 죽음의 그림자는 완벽하게 우리 가족 전부를 덮었다. 남편은 죽음과 마주쳐야 하는 장본인이었고, 남은 가족은 인생에서 가장 소중한 사람과의 갑작스러운 이별을 받아들여야 하는 슬픔과 홀로 남겨질 두려움과 외로움에 절망하고 떨었다. 죽음은 우리의 존재를 산산조각냈다. 우리는 철저하게 부서진 존재로 그리스도의 치유와 회복을 기다릴 수밖에 없었다.

철저한 부서짐이 우리를 완전히 덮었을 때, 바로 그때부터 그리스도의 회복과 치유의 새로운 여정이 시작되었다. 절망의 심연, 바로 그 자리에서 치유와 회복의 희망이 싹터온다. 물론 남편의 죽음 이후 얼마 동안 나는 깊은 슬픔에서 계속해서 헤어 나오지 못했다. 깊은 죄책감에 시달렸고, 소명을 따라 살아간 삶에 대한 보상이 고작 이것인가? 라는 분노감과 이런 상황으로 치닫도록 내버려 둔 하나님을 원망했다.

치유와 회복은 뜻밖의 자리에서 시작되었다. 우리 가족은 남편이 목회하던 작은 교회를 출석하고 있었다. 성도는 불과 10명 남짓한 이 보잘것없는 작은 교회의 성도들은 모두 고단한 이민자들이었다. 이들 중 여럿은 가족과 공동체로부터 버림받고 병들었으며, 마음은 상처받은 자들이었다. 그리고 바로 그 충격 속에 몸과 마음이 아파하는 그 공동체 안에서 우리는 환대와 치유를 경험했다. 그 사회의 주변적 존재로 아무도 주목하지 않았던 이들이 10명 정도의 작은 공동체가 제공한 환대는 상처 입는 우리 가족을 다시 감싸 안았고, 그 안에서 우리는 치유되기 시작했다.

환대는 상호적이었다. 서글픈 현실 속에서 10명 남짓 함께 모여 예배드리는 이 작은 공동체에서 자신들과 함께 신앙 생활하던 가장 건강한 목회자가 갑자기 죽음 너머로 떠나버리자, 이들에게도 이 사건은 충격 그 자체였다. 이들의 상실감을 목격하고 우리 가족 또한 환대의 손길을 펼쳤다. 주일이면 환대의 식탁공동체가 우리들로 부터 자주 마련되었다. 상처받은 자들의 서로를 향한 환대는 결국 치유를 경험하도록 이끌었다. 죽음은 우리 모두를 절망하게 했으나, 환대를 통해서 치유는 서서히 진행되었다.

남편의 죽음 이후 처음 맞이하는 부활절에, 필자는 교회에서 부활절 설교를 하게 되었다. 절망의 경험 이후 첫 설교강단에 서는 순간이었다. 이때, 필자는 가장 큰 슬픔의 터널을 통과하는 자로서 그리스도의 죽음과 부활을 선포하며, 그리고 성도의 죽음과 부활을 희망하며 설교했다. 떨리는 목소리로 준비한 설교를 전달할 때, 성도들은 모두 눈물바다가 되었다. 그리고 설교 후, 교회 성도 중 어떤 노老권사의 권면과 위로의 말은 새로운 차원으로 설교자를 격려했고, 신비로운 방식으로 신적 위로가 제공되었다. 필자는 인생에서 가장 슬픈 경험 한가운데에서 가장 또렷하게 환대의 공동체를 통한 치유를 경험하고 있었다. 그리고 이때의 경험을 통해서 나는 기독교 신앙의 핵심이 바로 죽음의 가장 근원적인 질문에 대한 해답을 제공하는 것이라는 사실을 다시 발견하게 되었다. 이 경험들은 개인적 차원의 깨어짐과 절망의 현장에서 기독교 신앙을 통한 새로운 회복과 치유가 어떻게 환대의 공동체 안에서 서로를 향하여 펼칠 수 있었는지를 경험할 수 있었다.

(2) 두 번째 이야기[12]

첫 번째 사건 이후 정확하게 3년이 지난, 2020년 2월 코로나바이러스가 한국의 한 도시를 강타하여 전국 매스컴이 온 한국을 시끄럽게 할 때 필자는 우연히 대구에 있었다. 90세가 넘은 노모老母의

---

12 박보경, "코로나 19가 우리 곁에 바짝 다가왔을 때: 선교학적 단상," 박경수, 이상억, 김정형 편, 『재난과 교회: 코로나 19 그리고 그 이후를 위한 신학적 성찰』 (서울: 장로회신학대학교 출판부, 2020), 144-150. 이 책에서 필자는 좀 더 자세히 당시의 경험을 이야기로 풀어내고 있다.

상태가 걱정되어 고향에 내려갔다. 그런데 고향에 도착한지 하루 만에 코로나 바이러스가 집단적으로 발병했다. 매일같이 건물폐쇄와 새로운 확진자들의 소식이 들려오면서 도시는 스산하게 변해가는 모습을 직접 목격했다. 도시 전체가 완전히 멈추어 선 것 같았다. 갑작스럽게 집단 감염이 발생하였기에 의료 체계도 무너진 상황이었다. 수많은 환자들은 자택에서 기다리며, 병세가 급속도로 악화되면 그제야 병원에 갈 수 있었다.

그러던 중, 며칠 전부터 계속 감기몸살을 앓던 언니가 점점 더 심해진다는 소식을 듣게 되었다. 혹시나 하고 바이러스 검사를 받게 되었고, 언니는 코로나 확진자가 되었다. 그러나 갑작스러운 집단감염으로 의료 체계가 마비되면서, 언니는 들어갈 병원이 없어 자택에서 자가 격리하면서 대기하는 날들이 계속되었다. 하루에도 몇 번씩 병상이 마련되었는지를 담당자들에게 연락을 했으나, 계속 기다려 달라는 응답뿐이었다. 환자는 폐렴증세가 점점 심해지고, 의식도 조금씩 약해지는데, 일주일 이상 아무것도 먹지 못한 채 방안에 계속 기다리는 상황이 계속되었다. 구급차를 불렀으나 이송할 병원을 찾지 못해, 아픈 환자를 다시 내려놓고 돌아가야 하는 상황도 벌어졌다. 몇 번의 요청 끝에 구급차가 다시 왔고, 일단 환자를 실고 가능한 병원을 찾아다니기로 했다. 구급차안의 산소 호흡기에 의지한 채 병상이 마련될 때까지, 병원 앞에서 마냥 기다리며 대기했다.

마침내 병상이 마련되어 병원에 입원하여 안심을 한 것도 잠시, 급하게 병원으로부터 연락이 왔다. 이미 상태가 심각해져 희망이 없어 보이니 연명치료 여부를 결정하라는 의사 선생님의 통보를 듣고 우리 가족은 다시 하늘이 무너졌다. 가벼운 감기증상으로 아프다는 말을 들은 지 불과 일주일도 안 되어 이 비통한 통보를 받은 것이다. 큰언니의 가족들은 모든 것이 너무 갑작스럽게 진행되었기에 더욱 어찌할 바를 몰라 괴로워했다. 더욱이 80세가 넘은 형부는 충격에서 헤어 나오지를 못했다. 언니의 임종이 다가오면서 급한 대로 죽음을 준비시킬 필요가 있었다. 임종의 시간이 다가오면서, 가족과의 작별인사를 하도록 전화기를 사서 음압 병동 안을 전달하게 했다. 이제 격리 병동 안에서 간호사의 도움을 의지해, 의식이 거의 없어진 언니의 귀에 전화기를 대주면서 가족들의 작별인사를 했다.

언니의 죽음이 다가오면서 남겨진 가족들은 충격과 황당한 슬픔에 직면해야 했다. 특별히 평생 동반자로 살았던 형부에게는 이 모든 사실들이 받아들일 수 없는 충격이 되었다. 너무 갑작스럽고, 또한 배우자를 구하기 위한 좀 더 절실한 방식의 노력도 없이 이별을 고해야 했던 형부는 자책감과 삶의 허망함 속에 고통스러워했다. 이때야말로 누군가의 환대를 통해 하나님의 치유가 필요한 시기였다. 온 가족이 충격적 경험으로 괴로워할 때, 필자의 3년 전의 아픔과 절망의 경험은 새로운 방식으로 선교적 행위의 자원이 되었다. 필자가 그 작은 신앙공동체에서 제공받았던 그 환대, 그 아픔의 현장에 함께 머물러 주었던 바로 그 환대를 이제는 또 다른 아픔의 현장에서 실천해야 하는 것, 그것이 필자가 해야 할 일이었다. 그리고 그 환대는 대단한 것이 아니라, 지금의 깨어짐과 절망의 현장에서 함께 머무르고, 함께 울고, 함께 슬픔을 나누는 작은 친절들이었다. 다만 필자의 친절은 자신의 슬픔이 공유된 친절이었기에, 여기 절망하는 자들에게는 위로의 원천이 되었다. 나아가 필자가 3년 전에 배웠던 실존적 교훈, 즉, 그리스도인의 죽음의 참다운 의미를 상기시키며, 부활의 날을 소망하면서 필자가 할 수 있는 능력 안에서 환대를 실천하였다. 그래서 3년 전 필자가 맞닥뜨린 절망과 회복의 경험이 2020년 봄에 다시 또 다른 가족들의 절망적 순간에 공감과 위로의 원천이 될 수 있었던 것이다. 상처 입는 치유자로서 여기 새로운 아픔의 현장에서 '치유를 향한 환대'를 실천할 수 있었고, 우리 가족은 지금도 치유의 여정 중에 있다.

4. 환대와 치유에 대한 이론적 접근

환대란 무엇인가? 환대는 육체적으로 편안함, 안전함, 원기회복과 관련하여 호의를 베푸는 행위이고, 정신적으로 마음을 회복시키는 장소, 공간, 피난처와 관련되고, 내용적으로 관대한, 호의적, 은혜로운 등의 형용사적 내용과 관련된 개념이다.[13] 또한 조수아 지프 Joshua W. Jipp는 환대를 "외인의 정체성이 손님의 정체성으로 변화되는 행위 또한 과정"이라고 정의한다. 환대의 주된 원동력은 외인이 친구로 변

---

13 John Koening, *New Testament hospitality*, 김기영 역, 『환대의 신학』 (서울: 한국장로교출판사, 2002), 17-18.

화되는 안전하고 환영받는 장소를 만드는 것과 관련있다.[14] 환대를 보다 신학적인 개념으로 발전시킨 학자들 중에서, 여성신학자 레티 러셀Letty Russell은 환대를 새롭게 규정할reframe 필요가 있다고 말하면서, 우리가 '타인'이라고 칭하는 자들과의 협력의 한 형태a form of partnership with the ones we call 'others'라고 새롭게 정의 내린다.[15]

특히 크리스틴 폴Christine Pohl의 환대에 대한 이해는 환대의 심리적 측면을 담아낸다. 폴은 환대를 자신에게 찾아온 외인을 향하여 인간됨human-ness의 가치를 인정하는 행위로 이해해야 한다고 주장한다.[16] 특히 폴은 환대가 제공될 때 수혜자들에게 발생하는 심리적 변화, 즉, 환대가 제공하는 변혁적 힘transformative power에 주목한다. 환대의 경험은 수혜자들의 내면에 작지만 중요한 변화가 일어나게 한다. 그것은 인정받음recognition을 통해서 일어나는데, 환대를 경험한 자들은 실제로 자기평가에 있어서의 증진을 경험하게 된다. 결국 환대는 보이지 않는invisible 존재가 보이는visible 존재로 여정을 시작하도록 돕는다.[17]

한편, 진정한 환대는 상대방을 향한 존중respect의 관계가 형성될 때 가능해진다. 환대는 손님과 외인들을 향하여 상대방을 존중한다는 사실을 소통하는 것이며, 존중과 인정은 타인에 대한 온전한 집

---

14 Joshua Jipp, *Saved by faith and hospitality*, 송일 역,『환대와 구원』(서울: 새물결플러스, 2017), 22.

15 Letty M. Russell, *Just Hospitality: God's Welcome in a World of Difference* (Louisville: Westminster John Knox Press, 2009), 82.

16 Christine D. Pohl, *Making Room: Recovering Hospitality as a Christian Tradition* (Grand Rapid: Eerdmans Publishing, 1999), 6.

17 위의 책, 62.

중 full attention 으로 표현된다. 타인에 대한 온전한 집중은 상대방이 가치 있는 존재임을 보여주는 것이다.[18] 환대에 있어서 인정과 존중은 하나님의 형상을 입은 존재로서의 인간됨 human-ness 의 공통적 기반 때문에 가능해진다. 이 인간됨의 공통적 경험을 통해서 우리는 낯선 사람들에게도 다가갈 수 있게 된다.[19]

환대는 또한 단순한 봉사적 행위 이상이며, 삶을 나누는 것이다. 환대의 현장은 이제 삶과 자원의 나눔이 함께 연결되어 쌍방 간에 영향을 미친다. 결국 환대의 현장에서의 존중과 소통은 일방적이기보다는 쌍방적이다.[20] 이런 의미에서 진정한 환대는 우정 없이는 불가능하다. 이러한 환대에서의 우정을 가장 잘 표현되는 곳이 바로 식탁의 나눔이다. 식탁의 나눔은 실제로 참여자들이 가장 평등한 egalitarian 순간이다. 식탁 나눔의 시간은 타인에 대한 가장 분명하게 인식하는 시간이며 타인과 함께 하는 with others 순간이지, 타인을 위해 for others 존재하는 시간이 아니다. 함께 식탁에 앉는 것은 그들과 친구가 된다는 의미이며, 가족을 만드는 행위이다. 환대에서의 존중과 인정, 그리고 함께 머무름과 우정은 인간됨의 확증을 위해 반드시 필요한 요소가 된다.[21]

환대는 치유 Healing 의 차원을 지닌다. 이것은 환대의 공간에서 나타나는 예기하지 못한 신적 임재 unexpected divine presence 를 통해서 가능해진다.[22] 헨리 나우웬 Henry Nouwen 은 환대가 치유의 능력을 지닌다고 강

---

18 위의 책, 70-71.
19 위의 책, 65.
20 위의 책, 72.
21 위의 책, 84.

조한다. 그는 환대가 치유를 일으키기 위해서는 환대받은 자가 편히 쉴 수 있는 공간의 제공이 필요한데 여기에는 집중concentration과 공동체 community의 경험이 요구된다고 말한다.[23] 집중은 환대의 현장에서 돌봄이 필요한 타인을 향한 온전하게 집중하여 바라봄이며, 이러한 집중은 환대의 제공자가 자신의 필요와 걱정과 긴장으로 인해, 자신의 마음을 뺏기지 않고, 상대방이 다가올 수 있는 공간을 열어 겸손하게 제공하는 것이다. 그러므로 환대를 실천하는 자는 자신의 문제에 대한 관심에서의 물러남이 필요하다. 그리고 진정한 환대가 상대방을 향한 집중을 통해서 출현된다.[24]

나우웬에 의하면, 환대가 치유적일 수 있는 것은 고통받는 자들의 자리로 우리 자신이 머물러 봄으로써 가능해진다. 그리고 그 자리에서 경험한 취약성 vulnerability과 의존성 dependency의 경험을 기억함으로써 환대는 치유를 일으킨다.[25] 따라서 환대가 치유를 일으키기 위해서는 먼저 깨어짐, 즉, 상처입음의 경험이 필요하다. 그러므로 환대가 치유에 이르기 위해서는 인간의 나약성에 대한 탄식의 경험이 우선한다. 그리고 이 탄식의 시간은 환대를 통해서 소망 안에서의 연대와 결속의 차원으로 성장한다. 환대의 공동체는 이제 치유의 공동체가 될

---

22 특히 러셀은 이러한 환대에는 적어도 네 가지 핵심적 요소들이 겹쳐서 나타나는데, 1) 예기치 못한 신적 임재, 2) 주변인들을 위한 옹호하며 대변함 3) 상호적 환영, 4) 공동체의 형성이다. 이에 대하여는 그의 책 Just Hospitality, 82-84을 보라; 또한 Ross Longmead, "Refugees as Guests and Hosts: Towards a Theology of Mission among Refugees and Asylum Seekers," *Exchange* 43 (2014), 46.

23 Henry Nouwen, *The Wounded Healer*, 최원준 역, 『상처입은 치유자』 (서울: 두란노서원, 1999), 120.

24 위의 책, 121-122.

25 Pohl, *Making Room*, 65.

수 있다. 물론 치유가 일어난다는 것이 아픔이 경감되는 것은 아니다. 다만, 상처와 아픔이 새로운 비전을 위한 출구와 기회로 해석됨으로써 가능해지는 것이다. 즉, 공동체 안에서 아픔을 서로 고백할 때, 서로의 소망이 깊어지고, 서로의 나약함을 공유할 때, 환대의 치유적 차원이 고양된다.[26]

예수 그리스도는 그야말로 상처입은 존재로서의 환대를 보여준 전형이다. "하나님의 형체에서 종의 형체로의 이동은 한마디로 인간으로서 상처받는 삶을 자처하는 일이었다."[27] 뿐만 아니라, 예수 그리스도의 십자가는 우선적으로 신적인 환대의 행위이다. 십자가의 중심에는 창조를 통하여 피조물을 환대하시고, 타락으로 스스로 문을 닫은 세상에서 자신을 열어 보이는 하나님이 계시다. 따라서 십자가의 환대는 그리스도의 본질적인 소명일 뿐만 아니라 그리스도인의 본질적인 소명이다.[28] '치유를 지향하는 환대'는 일방적이기 않고 상호적이다. 예수 그리스도의 환대도 상호적이었다. 예수께서는 하나님의 환대를 몸으로 보여주시기도 했으나, 동시에 인간의 환대를 받기도 하셨다.[29] 그의 생애가 바로 상호적 환대의 이야기로 가득 차 있다. 엠마오에서 만난 제자들과의 식탁 교제에서도 부활하신 예수는 손님이자 주인이었다. 그 식탁은 일방적이기보다는 상호적인 공동체적 성경

---

26 Nouwen, 『상처입은 치유자』, 125-126.

27 유지미, "상처입은 치유자," 『성서 마당』 (2007 가을), 65.

28 Hans Boersma, *Violence, Hospitality, and the Cross: Reappropriating the Atonement Tradition* (Grand Rapids: Baker Academic, 2006), 18; 김아영, "십자가의 환대의 관점에서 본 국내 무슬림 난민 사역," 『선교신학』 제58집 (2020), 72에서 재인용.

29 Amos Yong, *Hospitality and the Other: Pentecost, Christian Practices and the Neighbor*, (Maryknoll: Orbis Books, 2008), 101.

해석으로 인한 치유적 환대가 일어났다. 레슬리 헤이 Leslie Hay 는 이 환대의 식탁에서 부활하신 그리스도의 현존을 경험할 수 있었다는 점에서 "성례적 환대" Sacrament of Hospitality 가 된다.[30] 또한 선한 사마리아인의 이야기는 깊은 상처로 고통받은 사람을 향한 하나님의 환대를 보여준다. 또한 예수께서 옥합을 깨뜨린 여자와 만나는 이야기도 환대의 중요한 메시지를 제공한다. 여기 '이름 없고 초대받지 않은' 여인이 손님으로 오신 예수를 진정으로 환대하는 모습으로 등장한다.[31] 결국 마리아에게서 태어나서 마지막에 아리마대 요셉의 무덤에 묻히기까지 예수께서는 다른 사람들의 환대에 의지했던 존재이기도 했다. 이것은 환대의 수용자, 손님이 됨으로써 도리어 하나님의 구원하는 환대를 보여주는 것이었다.[32]

나아가 환대는 선교적 차원을 지닌다. 환대를 경험한 존재가 또다른 타인을 향한 환대를 실천하게 함으로써 환대는 선교적 소명이 된다. 환대가 선교적 소명이 되기 위해서는 먼저 환대의 신적 차원을 이해해야 한다. 즉, 환대가 인간 행위이기 이전에 하나님의 행위이기 때문에, 엄밀하게 말하면 환대는 하나님의 환대에 참여하는 것이다. 다시 말해 인간이 하나님의 선교에 참여하듯이 하나님의 환대에 참여하는 것이 된다. 하나님의 환대를 먼저 경험한 자들로서 그리스도인들은 환대를 실천해야 하는 선교적 소명을 지닌 자들이다.[33]

---

30 Leslie A. Hay, *Hospitality: The Heart of Spiritual Direction* (New York: Morehouse Publishing, 2006), 46.

31 Hay, *Hospitality: The Heart of Spiritual Direction*, 45.

32 Yong, *Hospitality and the Other*, 102.

33 김의혁, "북한이주주민을 향한 환대의 선교," 『선교신학』 제47집 (2017), 165-66.

장 바니에Jean Vanier는 환대가 "오늘날의 경쟁적이며, 위계적인 그래서 약자들을 주변으로 밀어버리는 그런 사회적 가치를 저항하는 삶의 방식"이라고 주장한다.[34] 지프도 교회의 선교적 소명을 하나님으로부터 소외되고 서로 간에도 소외된 인간에게 생명과 구속을 베푸는 하나님의 환대에 참여하는 것이라고 하였다.[35] 따라서 교회의 환대는 교회의 정체성과 사명의 핵심이 되며, 기독교신앙의 불가결한 요소가 된다.[36]

헨리 나우웬Henry Nouwen은 모든 그리스도인들이 치유자가 되어야 한다고 주장했는데,[37] 이것은 '치유를 지향하는 환대'가 모든 그리스도인들에게 주어진 선교적 소명임을 강조한 셈이다. 나우웬은 특히 치유자는 영성 함양을 위한 노력이 필요하다고 강조한다. 왜냐하면 오직 영성 함양을 통해서만 인간관계 안에서 발생하는 폭력을 막을 수 있고, 치유자나 수혜자가 다같이 자신이 얼마든지 깨어질 수 있는 존재인지, 그리고 서로가 인생의 동료여행자로서 인정하고, 서로에게 발돋움할 수 있는 자리가 마련될 수 있도록 도와야 하는 존재인지를 깨닫게 되기 때문이다.[38] 또한 나우웬은 치유자에게 필요한 태도가 바로 상대방을 충분히 알고자 하는 관심이라고 말한다. 즉, 치유자로서의 그리스도인들은 오랜 세월동안 이들의 삶을 모양지은 즐거움과 아

---

34 Jean Vanier, *The Heart of L'Arche: A Spirituality for Every Day* (New York: Crossroad, 1995), 29.

35 Jipp, 『환대와 구원』, 164.

36 위의 책, 23.

37 Henry Nouwen, *Reaching Out: The Three Movements of the Spiritual Life*, 이상미 역, 『영적 발돋움』 (서울: 두란노서원, 1998), 108.

38 위의 책, 107.

픔, 기쁨과 슬픔, 성공과 좌절을 상대방의 이야기를 통해서 알아차릴 수 있어야 하며,[39] 바로 이런 자발적 경청과 서로를 온전히 그리고 진정으로 마주하는 것이야말로 가장 수준 높은 형태의 환대이다.[40]

요약해보면, 환대는 외인을 향한 물질적 필요를 채워주는 단순한 친절 행위 이상이며, 상대방을 향한 인정과 존중을 담은 행위이다. 따라서 환대는 우정이 없이는 불가능하다. 이러한 환대는 치유적 차원을 담고 있는데, 상대방이 진정으로 다가올 수 있는 공간을 마련하고, 고통받는 자리에 머물러봄으로써 가능해진다. '치유를 지향하는 환대'는 결국 선교적 차원을 지닌다. 환대를 통해 치유를 경험하게 되면 환대의 수혜자는 환대의 선교적 소명을 깨닫고 환대를 실천하게 된다. 여기 환대의 선교적 차원이 드러난다.

5 | 상처입은 세상을 향한 교회의 선교: '치유를 지향하는 환대'를 향하여

이 글은 상처입은 세상을 향하여 교회가 펼쳐야 할 선교가 바로 '치유를 지향하는 환대'의 사역이라고 주장한다. '치유를 지향하는

---

39 위의 책, 110.
40 위의 책, 111.

환대'의 사역은 예수 그리스도의 사역에 기초한다. 예수 그리스도의 성육신은 스스로 취약한 존재가 되셔서 세상 속으로 들어오시고, 십자가를 통해서 상처입은 치유자의 선교를 실천하신 분이다. 교회의 선교는 예수 그리스도의 선교를 이어서 실천하는 존재이다. 특별히 오늘날과 같이 온 세상이 고통과 상처로 가득할 때, 교회는 환대의 사역을 다른 어떤 선교사역보다 더 우선적으로 감당해야 할 과제로 인식하고 실천해야 한다. 그리고 이러한 교회의 환대는 강자의 자리, 혹은 중심의 자리에서 약자나 주변인에게 베푸는 선행으로서의 환대가 아니라, 예수 그리스도의 환대처럼 교회도 가장 취약한 존재가 되어 환대의 선교를 실천해야 한다. 그럴 때 이 환대는 비로소 치유를 경험하게 한다. 이제 교회의 환대 사역을 통한 치유 경험이 어떻게 선교적 행위로 이어지는지 3장의 필자의 이야기와 연결하여 각각 교회의 역할, 신학의 역할, 그리고 선교의 역할로 나누어서 성찰해보고자 한다.

(1) 교회의 역할: 환대를 위한 공간 마련하기

오늘날과 같은 아픔이 만연한 시대에 교회는 우선적으로 고통받는 자들을 위한 환대의 공간을 제공해야 한다. 여기 교회의 역할role of church이 필요하다. 지금은 세상의 아픔의 이야기를 위한 물리적이며, 심리적인 공간이 필요하다. 다시 말해, 사람들의 고통을 거리낌 없이 표현하고 나누고 이야기로 회자할 수 있는 환대의 공간이 필요하다. 필자는 3장에서 필자의 가정에 찾아온 깨어짐의 경험이 작은 이민교회 공동체를 통해서 환대의 공간을 어떻게 제공받았는지를 설명하였다. 필자에게 있어서 이 작은 교회공동체는 아픔의 경험을 이야기로 나누고, 함께 울고, 함께 웃는 물리적, 심리적 환대의 공간이었다. 이 공간은 공감의 공간이었다. 필자의 가족을 환대하였던 이 작은 교회 공동체는 깨어짐과 소외의 경험으로 가득한 공동체였다. 이민사회 안에서도 여전히 주변부에 있었던 이들의 환대는 깨어진 존재로 등장한 필자의 가족들에게 충분히 환대적이었다. 필자의 가족 또한 자주 식탁공동체로의 초대와 아픔의 나눔으로 상호적 환대가 실천되었을 때, 아픔의 경험은 공유되고 확장되었다.

오늘날과 같은 아픔이 만연한 시대에 교회는 사람들의 아픔을 주저함 없이 나눌 수 있는 환대의 공간을 교회가 제공해야 한다. 특히 깊은 아픔은 이야기로 소통될 필요가 있다. 필자가 2장에서 언급했듯이, 이야기는 고통이 만연해진 현장에서 더욱 그 진가를 발휘한다. 인간 고통의 심연을 이해하는 것, 삶과 죽음을 이해하는 것, 만성화된 아픔의 현장 안에서 인간됨을 잃지 않고 견디어내는 것, 이 모든 것은 공감의 공간, 즉, 환대의 공간에서 그 진가를 발휘한다. 이 환대의 공간에서 이야기는 다른 사람의 고통을 내 안에 초청하고, 진정한 공동체를 경험하게 하고, 이 공동체가 함께 그 고통의 무게를 함께 짊어지게 한다.

지금 온 세상은 코로나 19 팬데믹에 의해서 아무런 준비도 없이 우리들의 삶을 송두리째 바꾸어놓았다. 무엇보다 이번 팬데믹은 인간이 얼마나 취약한 존재인지를 보여주고 있다. 팬데믹은 사람들의 심리적, 경제적, 정치적 차원에도 깊은 영향을 미치고 있다. 무엇보다 수많은 사람들이 가까운 가족과 친구들의 죽음을 지켜보면서 그 마지막 죽음의 자리에서도 함께하지 못했다는 아픈 현실로 인해 충격 속에 있고, 장례식에서조차도 마음껏 모여 슬픔을 나눌 수 없는 현실은 수많은 사람들을 또다시 비탄함 속에 빠지게 하였다. 특히 개인의 죽음을 사적 영역에서만 다루는 한국의 사회에서 코로나로 인해 사망한 사람들을 애도하는 모습은 거의 찾기 힘들다. 하루 사망자 수치는 숫자일 뿐 개개인이 병상에서 느꼈을 두려움과 외로움에 대한 공감은 없다.[41] 이러한 극단적인 사례가 아니더라도 전반적으로 코로나로 인해 나타나는 인간성이 상실되고 있다. 안명숙은 코로나 팬데믹으로 인해 나타나는 심리적 현상을 두려움으로 인한 서로에 대한 경계심이 높아지고, 두려움으로 인한 공격성이 높아지며, 인간관계에 있어서도 접촉의 상실로 인해 고립감과 외로움이 심각해진 모습으로 특징 짓는다.[42] 이와 같이 사회 곳곳에서 인간성 상실과 고립, 외로움과 두려움에 의한 경계심과 공격성이 높아질 때, 교회는 아픔을 나눌 수 있는 공간을 세상에 제공해야 한다. 교회는 갑작스럽게 고난을 경험하는 이웃들을 향하여 환대의 공간을 제공하고, 그 안에서 신적 치유를 경험하도록 위로의 사역을 펼쳐야 한다.

---

41 안명숙, "재난 시대 위기 속에서의 인간성 상실과 교회의 위로사역," 대한예수교장로회총회, 『재난시대를 극복하는 한국교회』 (서울: 킹덤북스, 2020), 232.

42 위의 글, 227-230.

(2) 신학의 역할: 아픔의 이야기를 해석하기

환대의 공간에서 회자되는 이야기들이 치유로 이르기 위해서는 "공동체적 성경해석"이 필수적이다. 그리고 여기에 신학의 역할 role of theology 이 있다. 환대의 공간에서의 나누는 이야기는 공동체의 성경해석을 통해서 새롭게 조명될 수 있기 때문이다. 이야기 신학의 중요한 주창자인 한스 프라이 Hans Fry 는 "공동체적 성경해석"을 이야기 신학의 주요한 특징으로 제시한다.[43] 필자의 주장과 연결해보면, 환대의 공간에서 제공하는 공동체적 성경해석은 서로의 고통의 무게를 공동체적으로 함께 나누어지는 것과 그 고통이 삶에 가져다 주는 의미를 함께 파악하게 한다. 환대의 공간에서 나누는 아픔의 이야기들은 "공동체적 성경해석"을 통해서 신앙의 공동체로 하여금 삼위일체 하나님의 사랑의 사역에 대한 새로운 해석의 지평을 함께 열어서 우리로 하여금 더 큰 하나님의 세계를 보게 해 준다. 나아가 이 공간은 깨어짐과 상처입음 속에서도 함께 하시는 '콤파시오 데이' Compassio Dei , 즉, 체휼하시는 하나님의 임재를 통해 치유를 경험하는 신비적 경험이 된다.[44]

필자가 남편의 죽음 이후 절망의 시간에서 다시 일어날 수 있었던 것은 4월의 부활절 주일설교를 부탁받았을 때 즈음이었다. 부활

---

43 김동건, "한스 프라이 신학의 특징: 서사와 언어," 『신학과 목회』 제28집 (2007), 163-164. 한스 프라이의 신학에 있어서 공동체적 성경해석의 중요성에 대하여는 이 논문의 163-170을 참고하라.

44 현한나, "'이주와 난민 신학' 기반 세우기: 그루디(Daniel G. Groody)의 신학과 메타포로서 '환대적' 선교," 『선교신학』 제55집(2019), 444; 이 개념은 원래 Christof Sauer, "Missio Dei and Compassio Dei: Minority Christians Experiencing God's Acts in the Face of Hostility," *Scriptura* 103 (2010), 60-65에서 제안된 것이다.

절 설교를 준비하는 과정은 필자에게 있어서 삶과 죽음에 대한 신학적 성찰의 순간이었다. 이 기간 필자는 기독교신앙의 핵심인 십자가와 부활사건이 어떻게 죽음 앞에 무참히 무너지는 유한한 인간의 절망적 실존에 희망을 주는지를 새롭게 해석할 수 있었다. 필자는 이 작은 교회 공동체 안에서 인간의 나약성과 인생의 허무함, 삶과 죽음의 근접성과 돌연성을 고백하고 기독교신앙의 핵심인 부활의 소망을 나눔으로써 새로운 결속과 연대를 경험한 것이다. 이 시간은 삶과 죽음, 만남과 이별, 아픔과 고난에 대한 필자의 표면적 지식이 "공동체적 성경해석"을 통해 깊어지고 승화되는 순간이 되었다.

그러므로 오늘날 교회가 세상을 향한 치유를 제공하기 위해서는 환대의 공동체 안에서 발생하는 공동체적 성경해석이 필수적이다. 그리고 아픔의 당사자가 공동체 안에서 세상이 경험하는 상처에 대한 신학적 성찰을 제공하는 것이다. 그럴 때에야 치유를 위한 환대의 새로운 공간이 교회를 통해서 마련될 수 있을 것이다. 지금 교회는 본래적으로 선교적 공동체이어야 하기 때문에 세상을 위해 존재한다는 사실을 기억해야 한다. 예수 그리스도께서 세상의 구원을 위해 오신 것처럼, 교회의 사역 또한 세상의 구원을 위해 존재해야 한다.

그러나 오늘날 우리의 교회는 세상의 아픔에 관심을 가질만한 여유가 없을 만큼 큰 상처를 입고 있다. 한국교회의 특성상 '모이는 패러다임'의 갑작스러운 철폐는 그동안 유지하여 왔던 교회됨의 자기 정체성을 송두리째 빼앗긴 것처럼 느끼게 하는 것도 사실이다. 강제적 모임금지를 거부할 수는 없어 어쩔 수 없이 받아들이기는 하지만, 교회는 이러한 조치를 따르는 것 자체만으로도 충분히 고통스럽다.

필자가 강조하고자 하는 것은 오늘날 교회가 직면한 상황에 대한 신학적 해석을 통한 관점의 변화이다. 교회의 현재 경험을 교회를 향한 탄압이라는 공세적 반응으로 받아들이는 것이 아니라, 온 세상의 아픔에 대한 고통 분담의 관점으로의 전환과 상처입은 세상을 위한 치유하는 존재로서의 교회의 선교적 본질의 회복이 필요하다. 이러한 관점의 변화는 세상의 고통에 열린 귀를 가진 신학을 통해서 가능해진다. 그러므로 교회는 지금의 상황에 대한 신학적 조명을 통해서 상처입은 세상을 향하여 삶과 죽음에 대하여, 인간과 자연세계와의 관계에 대하여 신학적 응답을 멈추지 않아야 한다. 어쩌면 세상은 자신들의 상처로 인하여 경청할 귀가 없을 것 같으나, 실상은 실존적 질문에 대하여 해답을 찾고 있기 때문이다.

(3) 선교의 역할: '치유를 지향하는 환대' 재현하기

'치유를 지향하는 환대'를 통해서 상처가 승화될 때, 우리의 치유경험은 타인을 향한 환대사역으로 재현되고 확장된다. 여기 선교의 역할role of mission이 있다. 상처입음의 경험이 환대를 통해서 치유되면, 그 경험은 이제는 상처로만 남지 않는다. 오히려 그 경험은 선교적 발돋움을 위한 신적 자원divine resource이 된다. 물론 이것은 환대 공동체 안에서 신비롭게 경험되는 예기치 못한 신적 임재unexpected divine presence를 통해서 가능해진다.[45] 즉, 자신의 상처가 타인의 아픔을 치유할 수 있는 자원이 된다는 사실을 깨닫게 됨으로써, 상처입은 치유자로서 새

로운 타인과 공동체를 향하여 또 다른 치유를 위한 환대를 실천하게
된다. 여기 환대가 선교적 행위로 나타난다.

필자에게 2020년 봄에 코로나로 인해 언니가 어이없이 죽음을
맞이하게 되었을 때, 필자는 필자의 상처가 아로새겨진 치유적 환대
를 또 다른 상처받은 자들에게 나눌 수 있었다. 작은 교회공동체 안에
서 필자의 가족들이 경험한 환대와 치유는 이제 새로운 아픔의 현장
에서 선교적 환대로 새롭게 태어난 셈이다. 물론 공동체 안에서 일어
난 치유가 필자의 가족에게만 작동한 것은 아니었다. 2017년 이후 필
자와 이 교회 간의 관계는 교회구성원 전체에게 새로운 방식으로 발
전되었다. 치유를 경험한 이 공동체 구성원 모두가 다른 이들을 치유
하는 존재로 거듭나기 시작했다. 치유를 지향하는 환대는 이후 구성
원들의 삶의 현장에서 방사형으로 확장되었다.

여기서 주의할 것이 있다. 바로 선교적 환대가 발생하기 위해
서는 환대의 제공자가 먼저 고통과 상실의 경험, 즉 상흔傷痕을 지녀야
한다는 점이다. 환대가 중심의 권력에서 주변부로 향할 때 그것은 일
시적인 선행이 될 수 있으나, 신적 치유를 일으키지는 못한다. 권력의
중심에서 주변부로의 환대, 힘 있는 존재로부터의 힘없는 존재들을
향한 환대는 기껏해야 선행적 나눔이며, 최악의 경우 권력의 확장이
며 따라서 또 다른 폭력이 될 수 있다. 그러나 환대가 진정한 '신적 치
유'를 지향하기 위해서는 환대의 제공자가 먼저 깨어짐의 경험을 해
야 한다. 즉, 선교적 환대는 상처입은 자가 또 다른 상처입은 자를 향

---

45 Letty Russell, *Just Spirituality*, 82; Longmead, "Refugees as Guests and Hosts," 46.

한 환대의 현장에서 탄생한다.

그러므로 교회는 상처입은 존재로서의 자기 이해를 통해서 상처입은 세상과 만날 수 있다. 권력의 중심이 아니라, 권력의 변두리, 소외된 경험으로 인한 상처입은 치유자로서의 새로운 자아 정체성이 신학적 성찰을 통해서 형성될 때 교회는 진정한 선교적 환대를 제공할 수 있다. 수전 호프에 의하면, 우리에게 필요한 것은 "힘있는 자의 선교가 아니라, 연약함, 취약함, 평범함을 통한 선교이며, 따라서 우리는 선교에 있어서의 무력함을 후회하기보다 축하해야 한다고 말한다.[46] 그리고 인간심리 안의 고통과 연약함을 인내로 견디는 것은 선교 영성에 매우 중요한 부분이고, 이 선교 영성은 세계 안의 깨지고 상실된 곳으로 기꺼이 나아가 세상의 아픔을 깊이 껴안을 수 있도록 우리를 돕는다.[47]

지금 한국 교회는 사회로부터 반사회적 집단으로 지속적으로 낙인찍히고 있다. 몇 년 동안 서서히 진행되어온 교회의 부정적 이미지는 이번 코로나 사태로 인해서 순식간에 회복이 불가능할 정도로 악화되었다. 매일 들려오는 매스컴에서의 교회의 현장예배 강행으로 인한 집단 감염의 소식들로 인한 사회적 낙인은 기성교회를 향하고 있다. 교회는 불신자들의 조롱거리가 되어버렸다. 지금 교회가 겪는 상처는 교회 내적인 부패함, 극심한 사회적 불안감, 그리고 반기독교적 언론의 역할 등이 함께 복잡하게 상호작용하여 결국 교회전체가

---

46 Susan Hope, *Mission shaped Spirituality: the Transforming Power of Mission*, 이민희 역, 『선교를 이루는 영성: 신앙을 새롭게 하는 선교의 힘』 (서울: 브랜든 선교연구소, 2019), 157-58.
47 위의 책 164.

반사회적 혐오의 집단으로 낙인찍히게 된 것이다. 필자가 생각할 때 지금의 상황은 상처받은 세상을 향한 환대가 진정으로 치유를 일으키기 위한 공통의 경험으로서의 고통과 상처입음이 교회에 마련되는 순간이다. 이제야 비로소 교회는 치유를 제공할 수 있는 환대, 즉, 선교적 환대를 실행할 수 있는 준비가 된 셈이다.

6 | 나오는 말: '치유를 지향하는 환대'의 선교, 그 여정을 시작하며

코로나 팬데믹이 전 세계를 휘몰아치면서 많은 사람들이 고통 속에서 신음하고 있다. 육체적인 아픔뿐 아니라, 사회, 경제적 고통도 날로 커지고 있다. 오늘날처럼 아픔이 만연한 시기에는 우리들의 선교학도 고통받은 이들이 신음 소리에 함께 공명하고 그 고통의 심연을 온전히 응답할 수 있는 신학이 되어야 한다. 건조한 명제적 접근은 사람의 고통에 공감하고 고통 중에 있는 사람의 필요에 적절히 응답하기에는 한계가 있다. 바로 여기에 필자가 우리 시대 사람들의 삶을 이야기적으로 접근하는 이유가 있다.

필자는 오늘날과 같은 특별한 아픔의 시기, 주님의 몸된 그리스도의 교회는 환대를 통하여 치유를 일으키는 공동체가 됨으로써 고통의 심연을 함께 체휼하시는 하나님의 선교에 부름받고 있다고 확신한다. 교회가 이 하나님의 선교에 참여하기 위해서 특별히 세 가지를 주목하였다: 그것은 아픔의 이야기를 외면하지 않고 마음껏 토로할 수 있는 이야기 공동체로서의 교회의 역할; 그리고 그 이야기를 공동체적 성경해석에 근거하여 새롭게 해석할 수 있는 신학의 역할; 그리고 공동체적 환대받음을 통해 치유를 경험한 자들이 다른 이들의 아픔의 공간과 경험에서 치유를 재현하는 선교적 역할이다. 바라기는 우리의 아픈 상처를 싸매시며 치유하시는 환대의 하나님이 이 시대의 교회와 세상을 향한 치유를 멈추지 않으시길 기도드리며 글을 마친다.

참고문헌

서양서적

Adeney, Frances S. "Why Biography?: Contributions of Narrative Studies to Mission Theology and Mission Theology." *Mission Studies* 26 (2009), 153-172.

Alan Nicols, ed. *The Whole Gospel for the Whole World*. Lausanne: Regal Books, 1989.

Baird, Annie L. A. "The Future of Unmoon." *The Korea Mission Field* 6 no. 8 (August 1910).

_____. "Higher Education of Women in Korea." *The Korea Mission Field* 8 no. 4 (April 1912).

_____. "Are We Satisfied?." *The Korea Mission Field* 8 no. 5 (May 1912).

_____. "Vote or Not for Married Women in Station and Mission." *The Korea Mission Field* 9 no. 2 (February 1913).

_____. "Schedule and Notice of Language Class," *The Korean Mission Field* 9 no. 3 (March 1913).

Beaver, Pierce. *All Loves Excelling: American Protestant Women in World Mission*. Grand Rapids: Eerdmans, 1968.

Boersma, Hans. *Violence, Hospitality, and the Cross: Reappropriating the Atonement Tradition*. Grand Rapids: Baker Academic, 2006.

Bradbury, Steve. "Introducing the Micah Network." In *Justice, Mercy and Humility: Integral Mission and the Poor*. Edited by Tim Chester. London: Paternoster Press, 2002.

Brown, A. J. "Death of Mrs. William M Baird." *The Korea Mission Field* (November, 1916).

Chapman, Elister. "Evangelical International Relations in Post-Colonial World: The Lausanne Movement and the Challenge of Diversity, 1974-89." *Missiology: An International Review* 37 no. 3 (July 2009), 355-368.

Christ, Carol P. and Judith Plaskow, eds. *Womanspirit Rising: A Feminist Reader in Religion.* San Francisco: Harper and Row, 1979.

Clark, Daniel. "Integral Mission 'At the Car Wash': Facing the Challenges of Post-Odebrecht South America." *Baptistic Theologies* 10 (January 2018), 62-76.

Clawson, Michael. "Mission Integral and Progressive Evangelicalism: The Latin American Influence on the North American Emerging Church." *Religions* 3 (2012), 790-807.

Commonwealth Secretariat. *Gender Difference in Leadership Style and Impact* June 2013.

Costas, Orlando. "A Wholistic Concept of Church Growth," In *Exploring Church Growth.* Edited by Wilbert Shenk. Grand Rapids: William Eerdmans, 1983.

_____. *The Integrity of Mission.* New York: Harper & Row, 1979.

_____. *Church and Its Mission.* Wheaton: Tyndale Publishing, 1974.

_____. *Christ Outside the Gate: Mission Beyond Christendom.* Grand Rapids: Orbis Books, 1992.

Doty, William G. "The Stories of Our Times." In *Religion as Story.* New York. Edited by James B. Wiggins. New York, Harper & Row, 1975.

Escobar, Samuel. "Book Review: The Lausanne Movement: A Range of Perspective." *Journal of Latin American Theology* 11 no. 2 (2016), 189-196.

Fackre, Gabriel. "Narrative Theology: An Overview." *Interpretation: A Journal of Bible and Theology* 37 (April 1983), 340-51.

George, Sherron. "God's Holistic Mission: Fullness of Parts, Participants, and Places." *Missiology: An International Review* 41 (March 2013), 286-299.

Hay, Leslie A. *Hospitality: The Heart of Spiritual Direction.* New York: Morehouse Publishing, 2006.

Heldt, Jean-Paul. "Revisiting the Whole Gospel: Toward a Biblical Model of Holistic Mission in the 21st Century." *Missiology: An International Review*. 32 (Feburary 2004), 149-172.

Hill, Patricia. *The World Their Household: The American Woman's Foreign Mission Movement and Cultural Transformation, 1870-1920*. Ann Arbor: University of Michigan, 1985.

Hunt, Robert A. "The History of the Lausanne Movement, 1974-2010." *International Bulletin of Missionary Research* 35 no. 2 (April 2011), 81-84.

Johnson, C. Neil. "Transformation to, within, and through the Marketplace." In *A Unifying Vision of the Church's Mission*. Edited by Luis K. Bush. Thailand: Forum for World Evangelization, 2004.

Keum, Jooseop, ed. *Together Towards Life: Mission and Evangelism in Changing Landscapes*, Geneva: WCC Publication, 2013.

Kirkpatrick, David. "C. Rene Padilla and the Origin of Integral Mission in Post-War Latin America." *Journal of Ecclesiastical History* 67 (February 2016), 351-371.

Lieneman-Perrin., Christine. Atola Longkumer, and Afrie Songco Joye. *Putting Names with Faces: Women's Impact in Mission History*. Delhi: ISPCK Publisher, 2014.

Lorke, Mélisande. and Dietrich Werner, ed. *Ecumenical Visions: A Reader for Theological Education, Supplemental Readings*. Geneva: World Council of Churches, 2013.

Madison, Ford. "The Mandate of the Laity III: The Mandate of Laity." In *Proclaim Until Christ Comes, Calling the Whole Church to Take the Whole Gospel to the Whole World*. Edited by J. D. Douglas. Minneapolis: World Wide Publication, 1990.

Micah Network. "Declaration on Creation Stewardship and Climate Change." *IBMR* 33 (April 2009), 182-184.

Montgomery, Helen Barrett. *Western Women in Eastern Lands*. New York: Macmillan, 1910.

Lieneman-Perrin, Christine,, Atola Longkumer, and Afrie Songco Joye. *Putting Names With Faces: Women's Impact in Mission History*. Delhi: ISPCK Publisher, 2014.

Longmead, Ross. "Refugees as Guests and Hosts: Towards a Theology of Mission among Refugees and Asylum Seekers." *Exchange* 43 (2014), 29-47.

Oliver, Robert T. *Verdict in Korea*, State College. PA: Bald Eagle Press. 1952.

Padilla, C. Rene. "Teologfa Latinoamericana: Jzquierdista o Evangelica?." *Pensamiento Cristiano* 17 no. 66 (1970).

_____. "Open Letter to President Barack Obama." *Journal of Latin American Theology* 4 (January 2009), 6-15.

_____. "My Theological Pilgrimage." *Latin American Theology* 4 (February 2009), 91-111.

_____. "Globalization and Christian Mission." *Journal of Latin American Theology* 9 (February 2014), 17-41.

_____. "Globalization of Greed." *Journal of Latin American Theology* 9 (February 2014), 43-67.

_____. "The Globalization of Solidarity." *Journal of Latin American Theology* 9 (February 2014), 69-90.

_____ and Lindy Scott. "The War in Iraq: The Latin America Churches Speak Out." *Journal for Preachers* 29 (January, 2005), 29-36.

Pohl, Christine D. *Making Room: Recovering Hospitality as a Christian Tradition.* Grand Rapid: Eerdmans Publishing, 1999.

Robert, Dana. *American Women in Mission: A Social History of Their Thought and Practice.* Macon: Mercer UP, 1996.

_____. ed. *Gospel Bearers, Gender Barriers.* New York: Orbis Books, 2002.

_____. *Christian Mission: How Christianity Became a World Religion.* Wiley-Blackwell, 2009.

_____. "Global Friendship as Incarnational Missional Practice." *International Bulletin of Mission Research* 39 no. 4 (2017), 180-84.

Rosener, Judy. "Ways Women Lead." *Harvard Business Review.* (November/December, 1990).

Ross, Cathy. "Without Faces: Women's Perspectives on Contextual Missiology." In *Putting Names With Faces: Women's Impact in Mission History.* Delhi: ISPCK Publisher, 2014.

Russell, Letty M. *Just Hospitality: God's Welcome in a World of Difference.* Louisville: Westminster John Knox Press, 2009.

Sauer, Christof. "Missio Dei and Compassio Dei: Minority Christians Experiencing God's Acts in the Face of Hostility." *Scriptura* 103 (2010), 60-65.

Salinas, Daniel, "Carlos Rene Padilla-Jijon." *Journal of Latin American Theology.* 4 (February 2009), 68-90.

Shenk, Wilbert R. "2004 Forum for World Evangelization: A Report." *International Bulletin of Missionary Research* 29 no. 1 (January 2005), 31.

Shepping, Elisabeth. "Sanitary Work in Korea." *The Missionary Survey* (October 1920).

_____. "S. S. Empress of Canada." *The Missionary Letter* 7 (August 1930).

_____. "Korean High School Girls." *The Korea Mission Field* 24 no. 3 (March 1928).

Stott, John. "Twenty Years After Lausanne: Some Personal Reflections." *International Bulletin of Missionary Research* 19 no. 2 (April 1995), 50-55.

_____. *Making Christ Known: Historic Mission Documents From the Lausanne Movement, 1974-1989.* Grand Rapids: Eerdmans, 1996.

Thomas, Nancy. "Following the Footprints of God: The Contribution of Narrative to Mission Theology." In *Footprints of God: A Narrative Theology of Mission.* Edited by Charles Van Engen, Nancy Thomas, and Robert Gallagher. Monrovia: MARC Publisher. 1999

Toffler, Alvin. *The Eco-Spasm Report.* New York: Bantam, 1975.

Tucker, Ruth A. "The Role of Bible Women in World Evangelism." *Missiology* no. 13 (April 1985).

_____. "Women in Mission: Reaching Sisters in Heathen Darkness." In *Earthen Vessels: American Evangelicals and Foreign Missions, 1880-1980.* Edited by Joel Carpenter and Wilbert Shenk. Grand Rapids: Eerdmans, 1990.

_____. *Guardians of the Great Commission: The Story of Women in Modern Mission.* Grand Rapids: Zondervan, 1988.

Van Gelder, Craig and Dwight J. Zscheile. *The Missional Church in Perspective: Mapping Trends and Shaping the Conversation.* Grand Rapids: Baker Books, 2011.

Vanier, Jean. *The Heart of L'Arche: A Spirituality for Every Day.* New York: Crossroad, 1995.

Winsborough, Hallie Paxson (compiled) and SarahLee Vinson Timmons, eds. *Glorious Living: Informal Sketches of Seven Women Missionaries of the Pres-byterian Church, U. S.*, Atlanta: Committee on Women's Work, Presbyte-rian Church, U.S., 1937.

Yammamori, Tetsunao and C. Rene Padilla, eds. *The Local Church, Agent of Transformation.* Buenos Aires: Kairos Publication, 2004.

Yih, Lee. "The Mandate of Laity II: A Theology of Laity." In *Proclaim Until Christ Comes: Calling the Whole Church to Take the Whole Gospel to the Whole World.* Edited by J. D. Douglas. Minneapolis: World Wide Publication, 1990.

Yong, Amos. *Hospitality and the Other: Pentecost, Christian Practices and the Neighbor.* Maryknoll: Orbis Books, 2008.

한글서적

고예진. "에니 베어드(Annie L. Baird)의 저서에 나타난 한국문화이해양상 고찰." 『인문과학 연구논총』 33집 (2012.2), 9-33.

곽승숙. "에니 베어드의 신소설 연구." 『한국문학이론과 비평』 63권(2014), 139-159.

김경완. "에니 베어드와 문서선교." 한국기독교문화연구소 편, 『베어드와 한국선 교』. 서울: 숭실대학교 출판부, 2008.

김성연. "근대 초기 선교사 부인의 저술활동과 번역가로서의 정체성." 『현대문학 의 연구』 55권 (2015), 253-290.

김도훈. "대한예수교장로회(통합)의 통전적 신학적 정체성과 온 신학의 과제." 『장 신논단』 48, 1 (2016), 115-144.

김동건. "한스 프라이 신학의 특징: 서사와 언어." 『신학과 목회』 제28집 (2007), 155-186.

김아영. "십자가의 환대의 관점에서 본 국내 무슬림 난민 사역." 『선교신학』 제58 집 (2020), 42-78.

김영동. 『우정의 선교, 열정을 붙잡다』. 서울: 도서출판 케노시스, 2019.

_____. "교회 노인학교와 노인선교의 전망." 『장신논단』 21집 (2004. 6), 305-329.

김인수. 『언더우드 목사의 선교편지(1885-1916)』. 서울: 장로회신학대학교 출판부, 2002.

김의혁. "북한 이주 주민을 향한 환대의 선교." 『선교신학』 제47집 (2017), 146-173.

김수미. "통전적 선교: 복음선포와 증명의 조화." 『복음과 선교』 29 (2015), 11-46.

김승호. "목회자 이중직에 대한 신학적 고찰." 『신학과 실천』 47호 (2015. 11), 571-594.

김정근. "세대변화를 품은 교회: 뉴시니어 세대의 이해와 임파워링을 위한 과제." 장흥길, 임성빈 편., 『뉴시니어 다시 부흥의 주역으로』. 서울: 도서출판 한지터, 2015.

김재인 외 3인. 『한국여성교육의 변천과정 연구』. 서울 한국여성개발원, 2001.

김필균. "환경청지기의 돌봄과 선교적 함의." 『복음과 선교』 49 (2020), 45-80.

김행선. 『6·25전쟁과 한국사회 문화변동』. 서울: 도서출판 선인, 2009.

김현진. "온전한 복음과 온전한 교회개혁의 방향성." 『복음과 선교』 42 (2018), 13-61.

대한예수교장로회총회(통합) 국내선교부. "총회통계자료: 제102회기 노회별 세례교인 연령별 분류." 『제 102-1차 교회부흥성장정책 연구위원회 자료집』.

목회와 신학 편집실. "목회자 이중직에 대한 설문조사분석." 『목회와 신학』 (2014. 5).

박민균. "통합. 세대별 균형 성장지원 운동 전개." 『기독신문』 (2014. 11).

박보경. "로잔운동에 나타난 전도와 사회적 책임의 관계." 『복음과 선교』 22(2013), 9-43.

_____. 『통전적 복음주의 선교학』. 서울: 도서출판 케노시스, 2016.

_____. "코로나 19가 우리 곁에 바짝 다가왔을 때: 선교학적 단상." 박경수, 이상억, 김정형 편. 『재난과 교회: 코로나 19 그리고 그 이후를 위한 신학적 성찰』. 서울: 장로회신학대학교 출판부, 2020.

박현식, 김동주. "노인교육을 통한 선교방법의 탐색적 연구: 교회성장을 중심으로." 『선교신학』 22집 (2009. 11), 210-237.

박현식, 전오진. "성공적 노후를 위한 노년세대와 신노년 세대 인식 비교." 『지역사회연구』 제 22권 4호 (2014. 12), 217-237.

박경수. "목회자 이중직을 보는 관점과 태도." 『좋은 교회(Good Church)』 (2016. 1), 4. http://goodchurch.re.kr/, 2016년 3월 12일 접속.

박경수. "목회자 이중직을 보는 관점과 태도." 예장통합 총회 국내선교부 목회자 이중직 위원회 제출 논문, 2015. 4.

박영환. "베를린 세계복음전도대회가 로잔대회에 끼친 영향과 과제., 『선교신학』 46집 (2017. 5), 108-144.

서정운. "아시아신학의 나눔과 모색." 장신대 세계선교연구원 편. 『아시아 선교신학의 모색과 나눔』. 서울: 장신대 세계선교연구원, 2015.

설충수. "제임스 레그(James Legge)와 호레이스 G. 언더우드(Horace. G. Underwood)의 신관비교 연구." 『장신논단』 44, 1 (2012), 107-130.

송인화. "1950년대 지식인 여성들의 교육과 기독교: 임옥인의 들에 핀 백합화를 보아라를 중심으로." 『한국문예비평연구』 36집 (2011. 12).

숭실대학교 100년사 편찬위원회. 『숭실대학교 100년사』. 제1편: 『평양숭실편』서울: 숭실대학교 출판부, 1997.

숭의 100년사 편찬위원회. 『숭의 100년사』. 서울: 학교법인 숭의학원, 2003.

안명숙. "재난 시대 위기 속에서의 인간성 상실과 교회의 위로사역." 대한예수교장로회총회. 『재난시대를 극복하는 한국교회』. 서울: 킹덤북스, 2020.

안승오. "로잔신학의 흐름에 있어서 우선순위의 문제." 『선교신학』 40집 (2015. 11), 143-170.

안희열. "로잔운동이 세계선교에 끼친 공헌과 한국교회가 나아가야 할 방향." 『선교와 신학』.

옥성득. "한국선교 1세대 책임진 에니 베어드." 『뉴스 앤조이』, 2016. 6. 8.

_____. 『다시쓰는 초대한국교회사』. 서울: 새물결플러스 출판사, 2016.

양창삼. 『조선을 섬긴 행복: 서서평의 사랑과 인생』. 서울: Serving the People, 2012.

양국주. 『바보야 성공이 아니라 섬김이야』. 서울: Serving the People, 2012.

오지석. "한국교회 초기 혼인관에 대한 연구: 애니 베어드(Annie L. Baird)의 「고영규전」을 중심으로." 『기독교사회윤리』 12집 (2006), 75-96.

유지미. "상처입은 치유자." 『성서 마당』 (2007. 가을), 60-67.

이부덕. "통일의 선험적 과제: 이산세대의 인권회복과 선교적 사명." 『선교와 신학』 35집, 49-82.

이인성. "에니 베어드의 선교문학." 한국기독교문화연구소 편. 『베어드와 한국선교』. 서울:숭실대학교 출판부, 2009.

이상규 역. 『윌리엄 베어드의 선교일기』. 서울: 숭실대학교 한국기독교박물관, 2013.

이은선. "21세기 한국여성리더십에 있어서의 유교와 기독교(1)."『동양철학 연구』 62집 (2010. 5).

언더우드기념 사업회. 『언더우드 기념 강연집』. 서울: 연세대학교출판부, 2011.

이만열, 옥성득. 『언더우드 자료집 I』. 서울: 연세대학교출판부, 2005.

_____. 『언더우드 자료집 II』. 서울: 연세대학교출판부, 2006.

이명석. "생태학적 신학의 발전에 대한 탐구와 선교적 적용."『복음과 선교』 50 (2020), 245-273.

이현모. "피조세계도 선교의 대상인가?."『복음과 선교』 49 (2020), 277-309.

이상건. "한국어판 서문: 우리시대의 가장 큰 흐름, 고령화 혁명." Paul Irving ed. *The Upside of Aging*. 김선영 역.『글로벌 고령화, 위기인가 기회인가』. 서울: 도서출판 아날로그, 2016.

이상훈. "하나님 백상의 선교적 사명과 책무." 한국선교신학회 편.『선교적 교회론과 한국교회』. 서울: 대한기독교서회, 2015.

이원돈. 『마을이 꿈을 꾸면 도시가 춤을 춘다』. 서울: 도서출판 동연, 2011.

이정희. "이시대의 땅 끝에서, 훈련된 시니어와 선교활동 펼쳐."『주간기독교』 2152호 (2018. 6).

이충광. "선교적 그리스도인: 우당 이회영의 선교적 인생에 대한 연구." 미간행 신학석사학위논문, 장로회신학대학교, 2017.

임성국. "장년층, '여가, 자원봉사' 중시."『한국기독공보』 (2017. 3).

_____. "마을목회, 제3의 종교개혁."『한국기독공보』 (2018. 7).

임윤택. 『해방후 최초의 선교사 체험기』. 서울: 두란도 출판사, 2009.

임희모. 『서서평 예수를 살다』. 서울: 도서출판 케노시스, 2015.

오현선. "개혁된 교회, 개혁하는 교회." 전국여교역자연합회, 호남신학대학교 기독교교육연구소 편,『여성목회입문서』. 서울: 한국장로교출판사, 2012.

소향숙 외 3인. 『서서평 선교사의 섬김과 삶』. 서울: 도서출판 케노시스, 2014.

백춘성. 『천국에서 만납시다』. 서울: 대한 간호협회 출판부, 1980.

전석재, 박현식. "노인복지선교를 위한 실천적 모형연구."『선교신학』 17집 (2008. 2), 116-136.

장남혁. "신학교육의 목적과 방향에 대한 로잔운동의 입장."『선교신학』 48집 (2017. 11), 208-235.

장훈태. "로잔운동과 신학교육."『선교신학』 40집 (2015.11), 241-274.

정종훈. "언더우드의 생애, 선교활동, 정신에 비추어 본 기독교 대학의 학풍." 『장신논단』 47, no. 1 (2015), 233-258.

정승현. "로잔운동을 통한 이슬람 선교연구." 『장신논단』 48, no. 4 (2016. 12), 281-309.

최동규. "선교적 교회의 평신도를 위한 사도직 이해." 『선교신학』 41집 (2016), 453-490.

최성훈. 『고령사회의 실버목회』. 서울: 기독교문서선교회, 2017.

최윤배. "개혁신학의 관점에서 본 목사 이중직." 예장통합 총회 국내선교부 목회자이중직위원회 제출논문, 2015.

최찬영. 『최찬영 이야기』. 서울: 조이선교회 출판사, 1995.

최형근. "21세기 선교의 새로운 패러다임, BAM." 목회와 신학 편집부 역. 『21세기 선교』. 서울: 두란노 아카데미, 2010.

_____. "로잔신학에 나타난 공공신학의 선교학적 함의." 『ACTS 신학저널』 제38집 (2018), 355-390.

추부길, 이옥경. 『실버사역 어떻게 할 것인가?』. 서울: 한국가정상담연구소, 2005.

한국기독교역사학회 편. 『한국기독교의 역사 III: 해방이후 20세기 말까지』. 서울: 한국기독교역사연구소, 2012.

한국일. 『선교적 교회의 이론과 실제』. 서울: 장로회신학대학교 출판부, 2016.

_____. "루터의 소명론에 대한 선교적 해석과 적용 - 선교적 그리스도인." 『장신논단』 49, no. 4 (2017.12), 309-336.

한국기독교역사학회 편. 『한국기독교의 역사 3: 해방이후 20세기 말까지』. 서울: 한국기독교역사연구소, 2009.

한성흠. "한국교회의 노인복지와 선교적 실천." 『복음과 선교』 18집 (2012), 255-284.

현한나. "'이주와 난민 신학' 기반 세우기: 그루디(Daniel G. Groody)의 신학과 메타포로서 '환대적' 선교." 『선교신학』 제55집 (2019), 428-458.

홍인종. "뉴시니어에 대한 목회상담적 이해." 장흥길, 임성빈 편. 『뉴시니어, 다시 부흥의 주역으로』. 서울: 도서출판 한지터, 2015.

황병배. "한국의 선교적 교회로부터 얻는 선교적 통찰." 『선교신학』 47 (2017), 79-411.

번역서적

Ahn, Katherine H. *Awakening the Hermit Kingdom.* 김성웅 역. 『조선의 어둠을 밝힌 여성들』. 서울: 도서출판 포이에마, 2012.

Baird, Richard. *William Baird of Korea.* 김인수 역, 『배위량 박사의 한국선교』. 서울: 도서 출판 쿰란, 2004.

Baird, Annie L. A. *Daybreak in Korea.* 심현녀 역. 『어둠을 헤치고: 빛을 찾은 사람들』. 서울: 다산글방, 1994.

Bevans, Stephen B. & Roger P. Schroeder. *Constant in Context: A Theology of Mission for Today.* 김영동 역. 『예언자적 대화의 선교』. 서울: 도서출판 케노시스, 2011.

Brown, George T. *Mission to Korea.* 천사무엘, 김균태, 오승재 역. 『한국선교이야기』. 서울: 도서출판 동연, 2010.

Guder, Darrell. "통전적 선교신학을 향하여: 세계, 공동체, 이웃." 『선교와 신학』 15 (2005. 6), 153-177.

Hope, Susan. *Mission shaped Spirituality: the Transforming Power of Mission.* 이민희 역. 『선교를 이루는 영성: 신앙을 새롭게 하는 선교의 힘』. 서울: 브랜든 선교연구소, 2019.

Jipp, Joshua. *Saved by Faith and Hospitality.* 송일 역. 『환대와 구원』. 서울: 새물결플러스, 2017.

McGavran, Donal., *Understanding Church Growth.* 3rd ed. 최동규 외 역. 『교회성장이해』. 서울, 대한기독교서회, 2017.

Koenig, Harold G. 김열중, 이순주 역. "노년생활에서의 종교와 건강." 『노화, 영성, 종교』. 서울: 소화 출판사, 2011.

Koening, John. *New Testament Hospitality.* 김기영 역. 『환대의 신학』. 서울: 한국장로교출판사, 2002.

Lausanne Movement. *The Cape Town Commitment: Study Edition.* 『케이프타운 서약: 하나님의 선교를 위한 복음주의 헌장』. 최형근 역. 서울: IVP, 2014.

Nouwen, Herny. *Reaching Out: the Three Movements of the Spiritual Life.* 이상미 역. 『영적 발돋움』. 서울: 두란노서원, 1998.

_____. *The Wounded Healer.* 최원준 역. 『상처입은 치유자』. 서울: 두란노서원, 1999.

Padilla, Rene. *Mission Between the Time: Essays on the Kingdom.* 홍인식 역. 『통전적 선교』. 서울 나눔사, 1994.

_____. *Mission Between the Time: Essays on the Kingdom* (Revised & Updated). 이문장 역. 『복음에 대한 새로운 이해』. 서울: 도서출판 대장간, 2012.

Ray, Darby Karthleen. *Working.* 홍병룡 역. 『일』. 서울: 포이에마, 2012.

Ross, Kenneth. et al. *Ecumenical Missiology.* 한국에큐메니컬 학회 역. 『에큐메니컬 선교학: 변화하는 지형과 새로운 선교 개념』. 서울: 대한기독교서회, 2018.

Schreiter, Robert. *Ministry of Reconciliation.* 임상필 역. 『화해의 사역』. 서울: 한국장로교출판사, 2004,

Stevens, Paul. *Work Matters: Lessons from Scriptures.* 주성현 역. 『일의 신학』. 서울: CUP, 2014.

_____. *Doing God's Business.* 홍병룡 역. 『일터신학: 하나님의 사업을 꿈꾸는 이들을 위한 성경적 지침』. 서울: IVP, 2018.

Underwood, Horace G. *The Call of Korea.* 한동수 역. 『와서 우릴 도우라』. 서울: 기독교문서선교회, 2000.

_____. *The Religions of Eastern Asia.* 서울: 한국기독교역사연구소, 1998.

Underwood, Lillias Horton. *Underwood of Korea.* 이만열 역. 『언더우드: 조선에 온 첫 번째 선교사와 한국 개신교의 시작 이야기』. 서울: IVP, 2015.

_____. *Fifteen Years Among the Top-Knots.* 김철 역. 『언더우드 부인의 조선견문록』. 서울: 도서출판 이숲, 2011.

Van Engen, Charles. *God's Missionary People: Rethinking the Purpose of the Local Church.* 임윤택 역. 『하나님의 선교적 교회』. 서울: 기독교문서선교회, 2014.

Wright, Christopher. *The Mission of God.* 정옥배, 한화룡 역. 『하나님의 선교』. 서울: IVP, 2010.